民俗学とは何か

柳田・折口・渋沢に学び直す

新谷尚紀

吉川弘文館

目　　次

1　民俗学への誤解を解く……………………………………………1
(1)　日本民俗学はフォークロアでもなく文化人類学でもない……1
フォークロアとのちがい／フォルクスクンデとのちがい／民族学・文化人類学とのちがい／日本民俗学は広義の歴史学

(2)　誤解の原因と理解への道筋………………………………………6
失われた10年／戦後のアカデミズム世界で／和歌森太郎や宮田登の功績

(3)　隣接諸学の大攻勢のなかで………………………………………10
ハレ・ケ・ケガレ論とケガレ・カミ論／両墓制と宮座祭祀／フォークロリズム論やカルチュラル・スタディーズなどの文化研究の流行のなかで／日本民俗学の基本は伝承論であり変遷論である

2　柳田國男以前の民俗学……………………………………………24
(1)　近世文人の視点と作業──風俗習慣への関心とその情報収集へ………24
大藤時彦，関敬吾，後藤総一郎たちからの情報／貝原益軒と『日本歳時記』／西川如見と『町人嚢』／本居宣長と『玉勝間』／平田篤胤の対象接近の方法／屋代弘賢と『諸国風俗問状』／菅江真澄の旅と記録

(2)　明治期の動向──西欧輸入の初期人類学と土俗研究………38
坪井正五郎と『人類学雑誌』／人類学と土俗学／鳥居龍蔵と土俗会／日本民俗学会と『民俗』

3　柳田國男の日本民俗学──それは民間伝承論………………51
(1)　柳田國男と『郷土研究』……………………………………51

　　　　郷土会と『郷土研究』の創刊／柳田國男と南方熊楠との論
　　　　争／折口信夫と「髭籠の話」／新しい学問の成立

　(2)　『民族』と新たな出発……………………………………………63
　　　　貴族院書記官長辞任と欧州滞在／雑誌『民族』の創刊／論
　　　　文と資料報告／折口の「常世及び『まれびと』」／『民俗学』
　　　　と民俗学会／折口の姿勢

　(3)　「蝸牛考」と「聟入考」…………………………………………77
　　　　「蝸牛考」と方言周圏論／「聟入考」と史学への対抗／『明
　　　　治大正史世相篇』

　(4)　日本民俗学の成立…………………………………………………85
　　　　ターニングポイントとしての昭和4年（1929）／『民間伝承
　　　　論』と『郷土生活の研究法』／木曜会と山村調査・海村調
　　　　査／日本民俗学講習会／民間伝承の会と雑誌『民間伝承』
　　　　／民俗学会から日本民族学会へ

　(5)　渋沢敬三とアチック・ミューゼアム……………………………101
　　　　渋沢栄一の嫡孫として／親方百姓の伝統精神／渋沢敬三の
　　　　民俗への視点／共同研究と彙報・ノートの刊行／民族学博
　　　　物館と日本民族学会／柳田の常民と渋沢の常民

　(6)　戦争と日本民俗学…………………………………………………118
　　　　『民間伝承』と戦争関係記事／戦時下の刊行継続／新たな
　　　　る目標

　(7)　海外へ向かう民族学と基礎固め重視の一国民俗学……………124
　　　　戦時下の民族学／一国民俗学という抑制

　(8)　柳田國男の神社研究………………………………………………128
　　　　国民精神文化研究所／柳田國男の氏神研究／柳田批判と柳
　　　　田理解

　(9)　『先祖の話』とその意義…………………………………………133
　　　　柳田の代表的な論著／執筆動機への誤読を解く／内容と主

　　　　要な論点

4　戦後日本民俗学の出発……………………………………145
（1）　民俗学研究所と日本民俗学会………………………145
　　　　民俗学研究所の設立／民間伝承の会から日本民俗学会へ／民俗学の目的と方法をめぐる議論／歴史学からの批判と声援／折口信夫の死／民俗学研究所の解散／日本民俗学会の動向／『日本民俗学大系』の刊行／柳田國男の死／日本常民文化研究所の再出発
（2）　大学教育と民俗学………………………………………182
　　　　國學院大学の伝承文学（民俗学）コース／東京教育大学の史学方法論教室／柳田文庫と成城大学文化史コース／その他の大学からも
（3）　民俗学と文化財行政……………………………………188
　　　　文化財保護法と民俗文化財／文化庁と民俗文化財

5　日本民俗学の新たな出発…………………………………194
（1）　国立歴史民俗博物館の創設……………………………194
　　　　国立民族学博物館／国立歴史民俗博物館
（2）　日本民俗学の新たな出発とその豊かな可能性………201
　　　　比較研究法と地域研究法の併行的活用／変遷論と伝承論とを併含する視点／高度経済成長と生活変化／学際化と国際化のなかで

あとがき……………………………………………………………227
付表1　柳田國男・折口信夫・渋沢敬三　対照略年譜…………230
付表2　無形の民俗文化財記録作成総表…………………………244
挿図表一覧…………………………………………………………250
索　　引……………………………………………………………254

1　民俗学への誤解を解く

（1）　日本民俗学はフォークロアでもなく文化人類学でもない

フォークロアとのちがい　柳田國男が創出し，私たちが継承している日本の民俗学は，現在いくつかの誤解に包まれています。この誤解はぜひとも解消してその基本をここに確認しておく必要があります。誤解の第1は，日本の民俗学は英語のフォークロアやドイツ語のフォルクスクンデと同じだという誤解です。第2は，日本の民俗学が文化人類学の一分野だという誤解です[1]。

　まず，第1の誤解についてですが，もともとイギリスの19世紀の新造語であるフォークロア folklore のフォーク folk とは庶民，ロア lore とは知識という意味でした。そのフォークロアとは，産業革命にともなう資本主義的経済への大転換という時代にあって，消滅していく伝統的な庶民生活の中の知識や技能，慣習や信仰，伝説や芸能などを惜しみあらためてその意味や意義を知ろうという学問として提唱されたものでした。そして，文明化した社会に残存する古代文化の持続性に注目し，たとえばキリスト教化した社会に残存するケルト的またゲルマン的な文化残存 survivals などを究明して，それを現代の未開社会の文化と比較することによって人類文化史の再構成をめざすというような内容のものでした。それはまずイギリスの古代学者ウイリアム・ジョン・トムズ William John Thoms（1803—85）が1846年8月22日に，雑誌『アセニウム』Athenoeum にアンブロウズ・モートン Ambrose Morton の筆名で書いた文章で，民間故事と民間文芸の両者をフォークロアという語のもとに包括しようと提案したのに始まるとされています。その後，ジョージ・ローレンス・ゴンム George Laurence Gomme（1853—1916）を中心に1878年，ロンドンに民俗学協会 The Folk-lore Society が設立されましたが，その協力者の中には，あの『原始文化』（1871）を著して宗教の起源としてのアニミズムを説き，またオックスフォード大学の初代人類学教授となって人類学の父ともいわれたエドワード・バーネット・タイラー Edward Burnett Tylor（1832—1917）や，その弟子で宗教の起

源として人格的なアニミズムよりも非人格的な力であるマナに注目してより原始的なアニマティズム（プレアニミズム）を提唱したロバート・ラヌルフ・マレット Robert Ranulph Marett（1866―1943）、また、『金枝篇』（1890―1936）で有名なジェームス・ジョージ・フレーザー James George Frazer（1854―1941）の名前もみられました。つまり、イギリスにおける 19 世紀後半のフォークロアの誕生は、同時にアンソロポロジー（人類学）の誕生とも連動していたといってよいでしょう。

　その後、G. L. ゴンムは 1890 年に『ハンドブック オブ フォークロア』を著してフォークロアの学問的な発展に寄与しました。それが絶版になってのちにはその増補版がシャルロット・ソフィア・バーン女史 Charlotte Sophia Burne（―1922）によって 1914 年に出版されました。しかし、フォークロアの学問的な発展はその後必ずしも順調とはいえませんでした。やがて好事家や愛好家の骨董趣味的な世界と明確な一線を画されることなく、イギリスの学問世界で独自の学術的な体系が構築されることはありませんでした。単純化していえば、イギリスのフォークロア（民俗学）やフランスでいうフォルクロール（民俗学）やトラディシオン・ポピュレール（民間伝承学）というのは、より強力で理論的なアンソロポロジー（人類学）やエスノロジー（民族学）やソシオロジー（社会学）に取って代わられたということになるでしょう。フランスではソシオロジー（社会学）が、イギリスではソーシャル・アンソロポロジー（社会人類学）が興隆します。そして、第 2 次世界大戦後はアメリカのカルチュラル・アンソロポロジー（文化人類学）が隆盛になります。それらはいずれも自国の生活文化の歴史的究明へというのではなく、世界的な視野でアジア、アフリカ、南米、オセアニアをはじめ、各地の多様な異文化研究、人類研究として発展していきました。

　ただ一方ではそれらよりも早く、ケッチンゲン大学教授からのちにベルリン大学の教授となるグリム兄弟（ヤーコプ〈1785―1863〉とヴィルヘルム〈1786―1859〉の兄弟）による基礎がため以来の 19 世紀半ばのドイツのフォルクスクンデや、イギリスで起こったフォークロアの影響のもとに北欧でカールレ・クローン Kaarle Krohn（1863―1933）やその弟子アンティ・アールネ Antti Aarne（1867―1925）によるフィンランド民俗学として、口承文芸研究の学術的な深化

が別に実現していったことは重要でした。そうした歴史から，現在では，欧米でフォークロアといえば，伝説や昔話の研究だと考えられています。しかし，日本の民俗学はこれから詳しく紹介していくように，けっして昔話や伝説の研究だけではありません。そして現在，イギリスやフランス，またアメリカでも，フォークロアというのはすでにもともとの民俗知の意味としても，また口承文芸の学問としても，その学術的な意義はほとんど認められてはいないのが現状です。つまり，世界中で現在も続く欧米中心の学術的なヘゲモニー（覇権）の中では，すでにフォークロアは学問ではないのです。フォークロアを専門とするドクターやプロフェッサーという名乗りは国際的にはほとんど通用しないでしょう。

フォルクスクンデとのちがい　ドイツ語のフォルクスクンデ volkskunde（民俗学）は，英語のフォークロア（民俗学）とも少し意味が異なっていました。たしかにイギリスよりも古く，1858年にはウイルヘルム・ハインリッヒ・リール Wilhelm Heinrich Riehl（1823—97）が「科学としてのフォルクスクンデ」を著して，ドイツ民俗学の先鞭がつけられていました。しかし，そのドイツという国は1871年にプロイセンを中心として政治的に形成された22の君主国と3つの自由都市から新たに統合されたドイツ帝国のことで，もともと存在しなかった国家です。つまり，新しく政治的に建国された国家でしたから，その建国当初から国家と国民の統合の上で強固なドイツ民族意識，ドイツ国民意識の形成が人為的に必要であったわけです。その潮流の中で，新しく造られたのがフォルクス volks という概念でした。そして，そのフォルクスという語には素朴な民衆という意味と，ドイツ民族やドイツ国民という意味の2つが含まれていたのです。したがって，フォルクスクンデにも，素朴な民衆の生活文化の研究という意味と，ドイツの民族性や国民性の研究という2つの意味が付与されていたのです。そして，その後者の性格からして，その後の時代の趨勢の中でナチズムとも密着していった政治性にその特徴があったのでした[2]。

戦後はその反省から，ナチズムと手を組んだ部分については反省して切り捨てました。そして，あらためてフォルクスを民衆や庶民という意味でとらえなおして，民俗文化の伝承，民俗行事の変遷などに注目する方向に転換しました。たとえば伝統的な民俗行事や衣食住などの生活文化が経済の発展とともに本来

の文脈から離れて観光資源化していく動態などに対して，フォークロリスムスというような新しい概念を設定する研究が進められました[3]。

そして，そのフォルクスクンデは現在もドイツでは学問として認められています。ですからドイツにはフォルクスクンデのプロフェッサーは存在しています。

民族学・文化人類学とのちがい　次いで第2の誤解ですが，日本の民俗学は文化人類学の一分野ではない，ということを確認しておく必要があります。それはすでに伝説化されている昭和30年（1955）の柳田國男による民俗学研究所解散の発言によっても明らかでしょう。石田英一郎（1902―68）がその前年の第6回日本民俗学会年会で行なった「日本民俗学の将来」と題する発表で，民俗学はもっと大学組織の中に進出すべきであり，その際，文化人類学の学科課程の中にその位置を占めるべきだと説いたのに対して，民俗学は人類学ではない，広い意味での歴史学であり，文献史学のできないことをやるのだ，と説いてきた柳田は，門弟たちの誰もが石田に反論しなかったことに愕然としたといいます。そんな心もとない民俗学ならば，いっそ民俗学研究所を解散して，もっと根本から学問の発展に意を注ぐべきだと言い渡したというエピソードが有名です[4]。

その文化人類学ときわめて近いのが民族学です。千葉県佐倉市に昭和56年に開設された国立歴史民俗博物館の民俗学と，大阪府千里の万博公園に昭和52年に開設された国立民族学博物館の民族学と，その2つはどこがちがうのかとよく聞かれることがあります。そして，民俗学はフォークロア，民族学はエスノロジーといって説明されることが多いのも現状です。民俗学が自文化研究，民族学が異文化研究というような説明をされることもあります。しかし，日本の民俗学はフォークロアではありません。それは先ほども指摘したとおりです。では，日本の民俗学とは何か，それを詳しく歴史の展開の中に現在の問題として位置づけられるように解説していくのが本書の基本目的です。

では，民族学とは何か，文化人類学とは何か。文化人類学の歴史は基本的に民族学（エスノロジー）へとつながります。はじめは異民族の文化研究，異文化の研究でした。そこにはやはり西欧諸国の植民地主義との関係を否定できないでしょう。戦後の文化人類学，アメリカ発信のカルチュラル・アンソロポロ

ジーの場合は，その前の民族学（エスノロジー）ももちろんそういう面はありましたが，基本的に人類とは何か，人間とは何かを問う学問としての歩みを進めてきています。その人間とは何かという問題を，理念的に西欧の言語と概念の中に問おうとしてきた西洋哲学に対して，現実の人類文化の多様性の中に見ようとしたのが文化人類学でした。西洋哲学に対するアンチテーゼが文化人類学であるといってよいでしょう。

　だから，哲学者のジャン・ポール・サルトルを，文化人類学者のクロード・レヴィ＝ストロースはあまりに主観的だといって批判するわけです。西洋哲学という哲学の思考の中での人間とは何かという議論ではなく，南米アマゾンとかミクロネシアとかポリネシアとかまた広大なアフリカ大陸の各地など，多様な人類文化が存在している，その中に人類の貴重な文化が形成されている，それらに注目するクロード・レヴィ＝ストロースの人類学，アンソロポロジーの思考は，西洋哲学に対するアンチテーゼとして現れるわけです。よくサルトルの実存主義に対するレヴィ＝ストロースの構造主義という言い方がなされますが，そういう意味合いをも含んでいるのです。西洋哲学と文化人類学との学問上の相違はやはり大きいのです。この2つの学問はたがいに刺激しあう良きライバルであり，偉大な知的隣人同士なのです。

日本民俗学は広義の歴史学　それに対して，柳田國男が創生し折口信夫が深く理解し協力した日本民俗学は広義の歴史学です。いわゆる狭義の歴史学は文献資料を使う文献史学です。しかし，その文献史学へのアンチテーゼとして現れたのが柳田國男の日本民俗学なのです。遺物資料を有効に扱う歴史学が考古学ですが，民俗資料を有効に使おうというのが民俗学です。この文献史学と考古学と民俗学の3者が連携協業して開拓し再構成していく歴史学が，広義の歴史学なのです。柳田が，はじめフォークロアの訳語としての民俗学という言い方を避け，長いあいだ自分の提唱する学問の名前として民俗学という名称を使わなかったというのはよく知られた話です。その点についてはあとで詳しく説明しますが，柳田が提唱した民間伝承の学とは，欧米からのフォークロアやエスノロジーなどの翻訳学問ではなく，民間伝承を資料とするところの文献史学とは異なるもう1つの新しい歴史学の提唱だったのです。それは，民俗を歴史資料として読み解く生活文化の変遷論であり伝承論でした。列島規模での比較

研究法にもとづく柳田の変遷論の視点から見えてくるのが，地域差と階層差と時差とをその視界にとらえる立体的な歴史学の世界でした。そして同時に単なる歴史学に止まらず，柳田や折口の伝承論の視点から見えてくるのが，「ハレとケ」「神去来と依り代」「常世とまれびと」などの分析的な概念を抽出する学問世界でした。それは社会学や文化人類学にも通じあえる世界だったのです。つまり，イギリスのフォークロアとも，ドイツのフォルクスクンデとも，また，エスノロジー（民族学）やカルチュラル・アンソロポロジー（文化人類学）とも，たがいに一定の共通点はありながらも，柳田國男が提唱し折口が協力した学問はその根本においてそれらとは明らかに異なる学問なのでした。本書では，この重要な点について詳しくわかりやすく解説していくことにします。

（2） 誤解の原因と理解への道筋

失われた10年　では，なぜそのような誤解がおこり，それが流通してしまったのか，それが問題です。まずその点について確認しておく必要があります。そして，そこから誤解を解き，あらためて民俗学という学問への理解を得られるように，その道筋をつけていきたいと思います。

柳田の民俗学に対する誤解の原因としては，いくつか考えられますが，第1には，柳田が自らの民俗学の構想を提示して，その実践と学問としての基礎固めを進めるべき最も重要な約10年間が戦争の時期に当たってしまったという事情があると思います。つまり，『民間伝承論』や『郷土生活の研究法』を刊行する一方，山村調査を開始し民間伝承の会を設立していった昭和9年（1934），10年から昭和20年の敗戦までの，ちょうど柳田が活躍すべき60歳代の貴重な時間が，戦争という激動の時代に当たってしまい，学問の基礎固めがかなわなかったということがあげられます。第2には，再びいざ民俗学の実践と基礎構築とに充てられるべき戦後の昭和20年代，それはすでに柳田が70歳代の老齢期に入ってしまっており，かつ柳田自身が敗戦後の日本の行く末を案じる憂国の思想家へとその比重が置かれていったということで学術的な方法論の鍛錬へとは必ずしも向かわなかったのに対して，その一方で，欧米から発信されてくる気鋭の文化人類学や社会人類学の圧倒的な影響力，また戦後日本のマルクシズム歴史学の発展とその影響力等々が押し寄せて，それらが戦後アカデミズ

ムの大きな学問潮流を形成していき，その中で，柳田の提唱する民俗学の研究実践や理論的な鍛錬がその後継者たちによって十分にはできなかったという事情をあげることができるでしょう。

戦後のアカデミズム世界で　そうしたなかで，戦後の日本民俗学のアカデミズム世界における再構築が試みられたのは，和歌森太郎（1915—77）を中心とする東京教育大学においてでした。しかし実は，そこでは柳田の民俗学が必ずしも正当に継承されたとはいえなかったと言わねばならないでしょう。前述のように人間存在を問う方法としての西洋哲学に対するアンチテーゼが文化人類学であるのに対して，人間の歴史を問う方法としての文献史学に対するアンチテーゼが柳田國男の説いた民俗学でした。しかし，それが正しくは継承されなかった局面が，戦後の日本の民俗学の歴史のなかで少なくとも2つありました。

その1つは，歴史学を専門としながら柳田國男の民俗学をも学んでいた和歌森太郎や桜井徳太郎（1917—2007）が，1950年代に，民俗学とは日本人の心性，民族性，エトノス，生活文化の特質を明らかにするものだという，むしろ柳田が明確に否定していた立場を主張したときでした[5]。それは，柳田の近くにいた文化人類学者の石田英一郎，彼は戦後の東京大学に文化人類学教室を開いた初代主任教授ですが，その石田からの影響を受けたものでした。柳田の民俗学が生活の伝承と変化を重視しているのに対して，和歌森や桜井の説く民俗学は，歴史を超えた日本人の文化的特質を明らかにしようというのであり，両者はまったく異なる内容なのでした。

その2は，1970年代に和歌森の教え子にあたる福田アジオが，柳田の民俗学の基本である重出立証法や方言周圏論などと呼ばれる比較論的な研究方法を全面的に否定したときでした[6]。この福田の主張は柳田が存命であればそれを即座に否定したでしょうが，それ以上に福田の側から柳田の方法を全否定したのですから，とうぜんその福田が主張した地域研究法や伝承母体論を中心とする民俗学というのは，柳田の民俗学とは異なるもう1つの別の新しい民俗学の提唱であったはずでした。その福田の伝承母体論を軸とする民俗学には，柳田の民俗学とは決定的に異なる点が少なくとも2つありました。1つは，福田の村落社会のあり方についての東西比較論[7]にもよく現われているように，村落と民俗を類型的に把握する「型」の理論でした。それは，最近では岩本通弥

も指摘しているとおりです⁽⁸⁾。柳田國男の民俗学が「形」の変化を重視して，民俗と生活の変遷過程の解読を主眼としたのとはまったく異なるものでした。
　もう1つは，地域研究法とか個別分析法と呼ばれたその方法です。個別村落の民俗調査と文献調査がそれぞれの村落と人びとの生活史を明らかにできる，というその地域完結的な方法です。それは，柳田がもっとも否定した「割地主義」にほかならず，この点でも柳田の民俗学とはまったく異なるものでした。この福田のような主張が生まれてくる背景については，和歌森の基層文化論への誤解⁽⁹⁾とともに，当時さかんになっていた地域社会重視の社会人類学やマルクシズム歴史学などからの影響も考えられます。
　この2つの局面のうち，前者はまだ直接柳田から学んだ多くの研究者が努力を重ねていた時代であり，あまり学史に影響を及ぼさなかったのですが，後者の柳田の方法否定の論調の影響はけっして小さいものではありませんでした。柳田の民俗学の構想が豊かであればあるほど，それを目標とする勉学と研鑽，そしてその理解の積み重ね，という基本的で時間のかかる作業を回避して，伝言ゲーム的な解釈の借用を重ねながら，自分読みによる柳田の民俗学への自由な批判と自己主張が世俗的に認められると誤解した次の世代の言動は奔放をきわめたのです。1990年前後から，柳田はもう古い，これが民俗学だ，いやこれは民俗学ではない，民俗学はだめだ，などという物言いが流行し，中には自分のアカデミズムの装いのために，正面から民俗学の個別の研究成果や論文をとりあげて正確に批判するのではなく，漠然と民俗学一般を揶揄する言辞がもてはやされるようなこともありました。民俗学の学問としての専門性とアカデミック・トレーニングという基礎構築が不十分なまま，そこで標榜されたルポルタージュ的な議論や生態論的な議論など，真贋とりまぜて隣接科学からの借用言語が民俗学の一部で潮流言語となるなど，いわば，「もどきの民俗学」ともいうべき様相が現実化してしまうことにもなりました。

和歌森太郎や宮田登の功績　戦後の民俗学の学史のうえで柳田に対するいくつかの誤解があったにしても，和歌森太郎が率先して東京教育大学というアカデミズムの場に日本の民俗学を導入し，それを学問的に育てた功績は大です。そのおかげで現在の私たちをはじめ，多くの人たちに民俗学研究の場が公的に与えられているといっても過言ではありません。現在，日本の民俗学を専門に

学ぶことができる場としては，筑波大学，國學院大学，成城大学，仏教大学，等々の大学や大学院をはじめ，最近では国立歴史民俗博物館に併設されている総合研究大学院大学日本歴史研究専攻や，東京大学大学院総合文化研究科，神奈川大学大学院歴史民俗資料学専攻など，いくつかの教育の場が存在しています。それももとはといえば，柳田，折口はもちろん，和歌森太郎やその教え子である宮田登をはじめとする民俗学の先輩たちの貢献の結果なのです。そうして得られたアカデミズムの場とは，民俗学にとって学術的に公平な議論が可能な場であり，かくいう私自身の日本民俗学についての議論もこのような場があってこそ可能なのであって，戦後の和歌森たちによるこのような場の構築が，これまでの多くの民俗学研究者の活動を支えていることにまちがいはありません。イギリスやフランスのようにすでに民俗学が消滅していたとしたら，柳田國男や折口信夫の学問創生への努力はみな水泡に帰していたかも知れないのですから，先人への恩義を忘れることはできません。

図1　和歌森太郎(1)（還暦，1975年）

図2　宮田　登（50歳代後半，1990年代半ば）

　つまり，ここでの私の提言は，和歌森たちによる柳田への誤解を否定するということに目的があるのではけっしてなく，こんにち多様な民俗学が提唱されてきている現状を，学史的に確認し，それについての自覚のもとで，今後の方向を考えることが重要であるという指摘にあります。まずは，自覚的であるべきだということです。そこで，民俗学の戦後史の中で貴重な研究者といえば宮田登（1936—2000）です。現在，民俗学を専門としている研究者の内で宮田の支持と恩義を受けていない人はほとんどいないといっても過言ではないでしょう。その宮田の民俗学への学問的な貢献とその意義については，すでに前著[10]で詳しく述べておりますのでここではくりかえしませんが，和歌森と宮田という師弟2人の研究者

が，日本民俗学を文化人類学や歴史学や考古学に対峙できる学問分野として，戦後日本のアカデミズムの世界へと位置づけた功績は大きいと思います。しかしまたその一方で，いわゆるその東京教育大学系を中心とした日本民俗学の主張に追随した戦後の日本民俗学という学問集団自体にとっては，個々の研究者の主体性という基本的な問題をも含めて，本来の柳田國男の民俗学の構想の原点確認とその克服による新たな再構築へという問題，宿題が，常に潜在しかつその宿命的な課題となってきていることにまちがいはありません。いまこそ，その柳田や折口の原点の確認と同時に，決してそれだけではなくそれを基本としながらも，さらに発展させ再構築していく大きなパラダイム変換が現在の日本民俗学には求められているといってよいでしょう。

（3） 隣接諸学の大攻勢のなかで

ハレ・ケ・ケガレ論とケガレ・カミ論　その宮田登が活躍していた1980年代，国際的な学術研究の発信情報に対して，日本の民俗学が積極的に対応していった身近な話題として記憶されているのは，柳田國男のハレとケという概念に対して，ケガレという新たな概念を設定して，ハレ・ケ・ケガレの三極構造論や循環論という視点が提唱されたこと，また，通過儀礼や老人子供の問題を論じる際に「境界」という概念が流行したこと，などです。それらはいずれも社会学のピーター・ルドウィッグ・バーガー Peter Ludwig Berger（1929—）のカオス・コスモス・ノモス論[11]や，文化人類学のメアリー・ダグラス Mary Douglas（1921—2007）の汚穢と禁忌をめぐる研究[12]，またエドマンド・ロナルド・リーチ Edmund Ronald Leach（1910—89）[13]やヴィクター・ターナー Victor Turner（1920—83）[14]の境界論やコミュニタス論などに対応するものでした。そのころ，国立歴史民俗博物館の共同研究の場でも，民俗学の桜井徳太郎の説を支持する宮田登を中心として，文化人類学の波平恵美子（なみひらえみこ）や2つの学問の中間的な立ち位置にあった坪井洋文（つぼいひろふみ）たちの議論が展開していました。その当時の共同研究「儀礼・芸能と民俗的世界観」[15]の研究会の末席での私の見解は，柳田のハレとケはむやみに動かすべきでなく，日本民俗学の立場から，日本歴史の中から抽象化される死穢の観念を基礎におくケガレという新たな概念設定が必要であるという主張でした。なぜなら，波平恵美子のハレ・ケ・ケガレ

論[16]は，柳田のハレとケ，エミーユ・デュルケイム Émile Durkheim（1858―1917）の聖と俗，E. リーチやM. ダグラスの浄と不浄という3者が折衷されたものであり，波平のいうハレとは柳田のハレとE. デュルケイムの聖とE. リーチやM. ダグラスの浄とを一緒に合わせた概念のようであり，ケとは柳田のケとE. デュルケイムの俗とを合わせたもの，ケガレとはE. リーチやM. ダグラスの不浄にあたるもので，柳田，E. デュルケイム，E. リーチやM. ダグラスの，それぞれが独創的な概念と

図3　藁人形のショーキサマ（新潟県旧津川町）

図4　毎年3月に村人たちが身体の病んだところや痛いところにこすり付けた藁を持ち寄って作る人形の材料
こよりに名前と生年干支が書かれている（新潟県旧津川町）

して提示したものが逆に曖昧化されてしまっていると危惧したからです。桜井徳太郎のハレ・ケ・ケガレ論[17]にしても，ケガレが毛枯れという解釈など，語源的にも概念設定のうえでもあまりに安易で無防備なものと危惧されたからでした。たしかに波平のハレ・ケ・ケガレの三極構造論と桜井のハレ・ケ・ケガレの循環論とは一時世俗の関心を集めたものの，学術的な深化はみられませんでした。波平のケが日常性と世俗性，つまり柳田のケとE. デュルケイムの俗とを合わせた概念であるのに対して，桜井のケは毛や気であり生命力をあら

わすというもので，柳田のケとは別のまったく新しい概念であり，両者の議論がかみあうことは困難でした．

そこで，私はその共同研究の成果報告の場で，ケガレの対概念はカミであるという観点に立ってケガレ・ハラヘ・カミというメカニズムの存在を提唱しました[18]．それは，ケガレとは不浄 dirt, pollution とは異なる概念で，ケガレとは死及び死の力（死の放射能とも呼ぶべき死に引き込むような引力：power of death）であると定義づけて，生命に危険をもたらすために必ずハラヘ（祓ヘ）という対処が不可欠であり，そのハラヘが行なわれたときにケガレのエネルギーは無化することなく逆転して縁起物へ，さらにはカミ（生命力：power of life）へと転換する，というメカニズムの存在の提唱でした．その証明の根拠としてあげたのは，1．賽銭を投げる習俗，2．正月や節分の厄払いの訪問者（折口信夫のまれびと・ほかひびとの概念にも関連），3．性器の強調や兄妹婚伝承などを伴う道祖神，4．水死体をエビス神に祀る習俗，5．毛髪や馬糞等の汚穢な物の縁起物への逆転現象，6．記紀神話におけるイザナギの死穢の禊祓(みそぎはらへ)によるアマテラスやスサノオの誕生譚，などの事例でした．それは，カミとは，神聖なる存在とは，人間のケガレの吸引浄化装置である，という学説の提示でした．それはのちに，インドのハリジャンの研究を通して『ケガレの人類学』[19]という論著を著わした文化人類学者の関根康正(せきねやすまさ)から一定の理解を得ることができました．そして，メアリー・ダグラスやルイ・デュモンのケガレ論を超克する先駆的で国際的なスケールの研究者であるその関根との間で，文化人類学と日本民俗学という隣接する2つの学問の間の実り多い研究交流の機会を得ることへとつながりました[20]．

両墓制と宮座祭祀　なお，それより早く，日本民俗学が発見して研究を進めてきたテーマの代表的な1つが両墓制の問題でした．それは遺体を埋葬する墓地と石塔を立てて墓参する墓地との両者が別々に設けられるかたちの墓制であり，近畿地方に濃密な分布をみせる民俗でした．昭和30年代から40年代にかけて，当時の民俗学では，前者を埋め墓，後者を詣り墓と呼んで区別し，このような両墓制の成立の背景には，死穢忌避の観念と霊肉別留の観念が存在すると想定されていました．そして，その両墓制に対して埋葬墓地に石塔を建てる一般的なかたちを単墓制と呼んで区別し，その単墓制は両墓制のような死穢忌

図5　両墓制の埋葬墓地（京都府旧田辺町）

図6　両墓制の石塔墓地（京都府旧田辺町）

避観念がくずれたことによって生じたものと位置づけられていました。つまり，古代的な死穢忌避観念と霊肉別留観念とを具現化している両墓制が歴史的に古い墓制であり，それらの観念がくずれて生じた単墓制は新しい墓制であるという捉え方でした(21)。

しかし，そのような通説に対して，第1に石塔という要素は16世紀末の中世末期から近世にかけて普及してきた新しいものである，第2にとくに近畿地方に濃密に分布しており，東北地方や九州地方などにはほとんどみられないという独特な分布の意味するところとは何か，については大きな疑問が残されており，その解釈をめぐってさまざまに議論がわかれていました(22)。

この両墓制研究の先駆者は最上孝敬（もがみこうけい）（1899—1983）でした。その最上は柳田國男の門弟として全国各地の両墓制の事例を数多く実地調査しまた報告事例を渉猟して，比較論的に研究するという方法を採っていました。しかし，その最上以外の論者は，数少ない事例だけからの論考に終始しているような印象でした。そこで，私は柳田が説き最上が実践した方法を採ることにしました。昭和40年代末，1970年代半ばのことでしたので，ちょうど地域研究法や個別分析法が提唱されて，柳田の比較研究法が否定されるような動きが顕著となっていた時期でした。しかし，まずは自分の足で，近畿地方を中心として瀬戸内や山陰の一部，また関東地方の各地に点在している具体的な両墓制の事例，約200事例の実地調査を試みました。そして，明らかになったのは，次のことでした。両墓制と単墓制とは新旧の差ではなく，石塔普及以前の旧来の埋葬墓地への新たな要素としての石塔の付着のしかたの相違によって分かれた変化形である，という事実でした。石塔の新旧からみても両墓制と単墓制との間には時代的に前後の差はない，ということでした(23)。近畿地方の早い例では中世末期，多くは近世前半期に石塔の建立が一般化する中で，両墓制と単墓制とは併行してそれぞれの村落で成立していったのでした(24)。

ただし，その時点ではまだ両墓制に独特の近畿地方における濃密な分布の意味については未解明なままでした。その点についての解明が進んだのは，やはり数多くの事例の実地調査による情報集成とその比較論的な分析という柳田に学ぶ方法によってでした。宮座祭祀と長老衆の研究を進めていた関沢まゆみは，それまでの事例研究をふまえつつ近畿地方の主として近江と大和の数多くの村

落の，当屋の順送りによる宮座祭祀の実例を調査して，多くの事例情報の収集をもとに比較論的な分析を試みていました。そして，第1に長老衆の存在する宮座祭祀の場合には，当屋の役割は，A：神聖視される神役と，B：祭祀の世話役，という2つの役割を兼帯するタイプが基本であり，その2つの役割が分離しているタイプはその展開例であると位置づけ，宮座祭祀の歴史的な変遷論を提示しました(25)。それは，肥後和男(ひごかずお)（1899—1981）や原田敏明（1893—1983）の宮座研究のレベルをふまえてそこからさらに一歩前進させた研究成果でした。それは柳田の説いた方法，つまりなるべく数多くの事例情報を収集して比較研究を試みるという方法にのっとった研究成果でした。

第2に注目されたのは，同じく近畿地方に濃密な分布をみせるその宮座祭祀と両墓制との関係でした。当屋の交代による宮座祭祀は特別な神聖性と清浄性を求められる氏神祭祀です。当屋は神役をになっているその1年間はとくに葬儀や墓地などの死穢を極端に忌避するのが基本です。そのような宮座祭祀の濃密に分布する近畿地方の村落において見出される死穢忌避観念や霊肉別留観念は，その他の関東地方や東北地

図7　宮座の当屋（奈良市大柳生）

図8　宮座の当屋の家（奈良市大柳生）

方，また中国・四国地方や九州地方などの一般的な死穢忌避観念とは異なるレベルのものであることが注目されました。そして，近畿地方のそれは，平安京を中心とする摂関貴族以来の触穢思想の影響と神社祭祀の清浄性の強調という歴史民俗的な背景をもつものであるとの推論が導き出されました。つまり，近畿地方の村落という伝承の場を共有する両墓制と宮座祭祀という民俗には，たがいに共通する特別な死穢忌避観念がその背景にあるという関係性が浮かび上がってきたのです[26]。

　そして，そこからわかってきたのは両墓制の独特な分布の意味でした。従来の民俗学では，柳田の方言周圏論と両墓制の分布のうえでの矛盾，つまり，方言周圏論では，東北や九州などに古い方言や習俗が残り近畿地方など中央部には新しい方言や習俗が発生していると考えるのに，古い習俗であるはずの両墓制がなぜ近畿地方を中心に濃密な分布を見せるのか，という疑問です。これは大きな疑問で民俗学がなかなか解決できない問題でした[27]。

　しかし，柳田國男の文献読解による通史的な視点と全国規模の比較研究という視点にもどってみれば，それは容易に解決できる問題でした。つまり，両墓制が新しい習俗だからこそ近畿地方に分布しているのだということでまったく矛盾しないのです。両墓制が新しいというのは2つの点で証明できます。第1は，早い例では中世末，一般的には近世前期から普及する石塔を指標としている習俗だからです。第2は，歴史的に9世紀から10世紀にかけて形成された平安貴族の独特の触穢思想の影響による極端な死穢忌避観念を継承している習俗だからです。奈良時代から平安時代になるころには，近畿地方でも死者があるたびに遺体は家のそばに埋葬していたという記事が『日本後紀』の延暦16年（797）正月25日条にはみられます[28]。しかし，平安遷都に先立ってその地に神聖なる宮都を造営するというのでそのような習慣は禁止されていったのです。そして，平安京の京域内には墓地は設営してはならないということになっていきました。しかし，「六国史」には8世紀から9世紀にかけて氏々祖墓を守り墓側結廬という記事が数多くみられますし，十陵四墓の制や十陵五墓の制が整えられて荷前使の発遣もさかんに行なわれていました[29]。そしてまた，そのころはまだ貴族たちの肉食は禁忌とはされてはいませんでした。神社の神域を穢すということで狩猟による獣血や獣肉が禁忌の対象となって行くのは摂

図9　お盆に誰も墓参しない墓地（奈良県旧山辺郡）

図10　お盆にみんなで墓参して飲食までする墓地（青森県旧平内町）

関政治が成立してくる9世紀後半から10世紀にかけてのことでした(30)。その9世紀後半から10世紀にかけての時期こそ、摂関貴族の觸穢思想、神社祭祀の清浄性の強調、肉食禁忌などが波状的に現象化、顕在化してくる時期なのでした。それ以前の8世紀から9世紀前半までは、近畿地方の一帯でも死者あるごとに家のそばに墓地を設けて参拝供養したり、亡き両親や亡夫などの墓の側に庵を結んで孝養をつくすという習俗は広くみられたのです。そして、それは最近までそしていまでも関東地方から東北地方、中国四国地方から九州には多くみられる墓地の形態です。近畿地方の墓地の方がむしろ新しい特別な死穢忌避観念の影響を受けている墓地なのです。こうして周圏論の考え方は両墓制の分布とまったく矛盾せずむしろ合致していることがわかってきたのです。

このように、国際的また学際的な研究刺激の圧倒的な影響下にあって、それに対応することが重要でしたが、それを実践しつつも、もう一方では日本民俗学がそれまで発掘し設定しながら未解決なままであった両墓制や宮座祭祀の問題をはじめ、その他いくつかの問題に対してもそれらを放置して忘却するのではなく、学問の継承責任という意味から、一定の解決がはかられていきました。

フォークロリズム論やカルチュラル・スタディーズなどの文化研究の流行のなかで　1970年代末の、エドワード・サイード (1935—2003) のオリエンタリズム論(31)の登場は衝撃的でした。文化人類学だけでなく日本の民俗学も異文化に対する偏見や優越感という問題に対する自己認識や、東アジア圏におけるポストコロニアル理論をめぐる議論への参加が促されることとなりました。また、ベネディクト・アンダーソン (1936—) の『想像の共同体』(32)の登場や、国民国家（ネイションステイツ）の議論(33)の興隆に対しては、日本近代の民俗文化もその国民統合をめざした国家イデオロギーの視点からの分析の必要性などが自覚されることとなりました。また、国民の帰属意識を一つに統合しようとするナショナリズムやモノカルチュラリズム（単一文化主義）に対抗する、北アメリカやオーストラリアの先住民の文化研究をはじめアフリカ、ユーラシアの広大な大地の各地に展開しているマイノリティーの多様な社会と文化を射程とした、異なる文化をもつ集団がたがいに対等な立場で社会を構成し共存すべきだとするマルチカルチュラリズム（多文化主義）の提唱(34)に対しては、日本の民俗学も当然その視点をもつべきことが認識されてきています。

また一方，それよりさきエリック・ホブズボウム（1917―）の『創られた伝統』(35)が紹介されたときには，民俗という伝統的と思われる文化も近代が創造したものにすぎないものが少なからず含まれているのではないか，との視点からの問い直しの必要性が強く自覚されることとなりました。また，民俗文化が本来の生活の中での文脈から離れて観光資源化するなどしていく現象をとらえたフォークロリスムスという概念(36)が前述のようにドイツから発信されアメリカを経由してフォークロリズムという概念として共有されてきた中で，日本の現代民俗の研究においてもその視点の重要性が強調されました。またさらには，イギリス発アメリカ経由の学際横断的なカルチュラル・スタディーズ(37)の流行も大きな影響を与えています。そのような日常生活における人びとの行動とその意味を分析対象とするサブカルチャー（大衆文化）を射程におく幅広い文化研究の視点が，日本の民俗学にも共有されてきています。

　日本民俗学の基本は伝承論であり変遷論である　このようなめまぐるしいほどの現在の学術潮流の中で，日本の民俗学にとって重要なこととは何か，それは，それらの新しい国際的な研究発信に対して，その折々に追随したり便乗するのではなく，それらを主体的にしっかりと受け止めて自らの足腰を鍛えかつ再活性化を続けていくことでしょう。そして，それができる学問としての主体性，独創性を自らがもちあわせているかどうかが問題であり，そのことが日本民俗学に対して常に問われているといってよいでしょう。

　あらゆる学問は，対象を独占することはできません。伝承性を有する民俗を対象とする学問には，民俗学以外にも，社会学や宗教学や文化人類学や歴史学も当然ありえます。要はそれぞれの学問の視点と方法の独創性の有無だけです。だからこそ，日本民俗学が広義の歴史学であるとして出発した柳田の原点を忘れてはならないと思います。日本民俗学は，歴史的な変遷論と伝承論，そして地理的な地域差論と地域性論をつねにその射程の中におく学問であり，そこを基点として新たな理論や概念を生産していくことこそが重要だと考えます。かつてのフランス発のアナール派歴史学から，近年の英米発のカルチュラル・スタディーズの流行にいたるまで，それぞれ時代ごとに流行現象をみせる国際的な文化研究の視点というのは，じつはよく読めばすでに柳田國男の学問提起の中に胚胎されていたものでもあります。後述するように，『遠野物語』は日本

列島の中のマイノリティーへの注目とその伝承世界への新たな視線と評価であり、まさにマルチカルチュラリズムの先駆的な研究視点に立ったものでしたし、『明治大正史世相篇』は日常生活の中に生まれたり消えたりしていくサブカルチャーへの注目と評価であり、のちのアナール学派の社会史やカルチュラル・スタディーズのむしろ先駆的な研究視点に立っていたものといってよいでしょう。それがなぜ、戦後日本の民俗学では継承発展させられなかったのか、たいへん残念です。

あらゆる学問にとって学史、研究史のていねいな確認と整理ということは基本のなかの基本です。日本の民俗学はそれをないがしろにしたまま、それぞれの世代ごとの身近な仲間内での情報交流と安易な引用関係で通り過ぎてきてしまったのではないか、と反省されます。たとえば、前述の両墓制や宮座祭祀などの研究史の整理をしてみても痛感するのですが、陸上競技場で３周遅れのランナーがトップランナーに見えてしまうような悲喜劇を、民俗学はもう繰返してはならないでしょう[38]。

もちろん、柳田や折口への回顧だけからは何も生まれはしません。その柳田や折口の時代からすでに多くの時間が流れ次々と新しい学術上の歴史が刻まれている現在というのは、柳田や折口の提示したその射程とその比較研究法とを再確認しながら、それをさらに研磨し改良し革新し続ける後継者の努力と、それを担いうるさらに新たな後継者の続出が期待されている時代なのです。その柳田や折口を継承発展させる民俗学とは、民俗という伝承資料を中心としながらも歴史学や考古学の扱う文献資料や物質資料も当然活用するものです。渋沢敬三が強くこだわったように固有名詞と数値とを確かな情報として、文献記録だけでは追跡できない歴史世界を探求する学問だといってよいでしょう。柳田國男や折口信夫に学べばわかるように、その特徴は古代から中世、近世、近代そして現代までを通史的にとらえるところにあります。そのような現代日本の民俗学がもっとも取り組む必要のある課題の１つとは、およそ1955年から1975年にかけて起こった日本の高度経済成長とそれによる生活の大変化に関する研究であり、それを同時代的に追跡し分析していくことでしょう[39]。

注
（１）　現在の日本学術振興会の科学研究費助成金の制度の上では、民俗学は文化人類学の

一分野と位置づけられている。それは，本書でも後述するように学術世界における石田英一郎たちの柳田國男の民俗学への協力へ向けての努力の結果であり，現実的で社会的なその位置づけにはそれなりの意味がある。しかし，柳田が構想し創出した日本民俗学の基本は本書で詳述するように広義の歴史学であるとともに，もう１つの新しい歴史科学でもあった。その基本的な視点と方法とが継承発展させられる必要がある。
（２）　ドイツのフォルクスクンデとナチズムとの関係については，河野眞『ドイツ民俗学とナチズム』創土社，2005，に詳しい。
（３）　ドイツのフォークロリスムスの議論の紹介は，最近では河野眞「ナトゥラリズムとシニシズムの彼方―フォークロリズムの理解のために（2）」（『文明21』20号，2008）に詳しい。河野があげる文献のうち初期の動向については以下がまず参考になろう。

　　ヘルマン・バウジンガー「ヨーロッパ諸国のフォークロリスムス―西ドイツ民俗学から各国へ送付されたアンケート」（河野眞訳）（愛知大学国際問題研究所『紀要』91号，1990）。

　　Hermann Bausinger "*Folklorismu in Europa. Eine Umfrage*" In : Zs. f. Vde. 65/1 1969.

　　Hermann Bausinger "*Volkskunde*. Von der altertumsforschung zur kulturanlyse. Darmstadt 1971, 2. Aufl. Tubingen 1979. Kapitel III. "*Rellikte―und was daraus warden kann*", 2." *Tourismus und Folklorismus*", 4." *folklorismus und kulturindustrie*".

　　坂井洲二「西ドイツの民俗学における新しい動向」（『日本民俗学』77号，1971）。
　　河野眞「フォークロリズムの生成風景」（『日本民俗学』236号，2003）。
　　法橋量「ドイツにおけるフォークロリスムス議論のゆくえ―発露する分野と限界性―」（『日本民俗学』236号，2003）。
（４）　関敬吾「日本民俗学の歴史」（『日本民俗学大系』2，平凡社，1958）。
（５）　和歌森太郎『日本民俗学』弘文堂，1953。桜井徳太郎「日本史研究との関連」1956年日本民俗学会年会発表。
（６）　福田アジオ『日本民俗学方法論序説』弘文堂，1984。
（７）　福田アジオ『番と衆―日本社会の東と西』吉川弘文館，1997。
（８）　岩本通弥「戦後民俗学の認識論的変質と基層文化論―柳田葬制論の解釈を事例として―」（『国立歴史民俗博物館研究報告』第132集，2006）。
（９）　岩本通弥「戦後民俗学の認識論的変質と基層文化論」前掲注(8)。
（10）　新谷尚紀『柳田民俗学の継承と発展―その視点と方法―』吉川弘文館，2005。
（11）　P. L. バーガー『聖なる天蓋―神聖世界の社会学』（薗田稔訳）新曜社，1979。
　　Peter Ludwig Berger "*The Sacred Canopy-Elements of a Sociological Theory of Religion*" Doubleday 1967.

　　　　上野千鶴子「カオス・コスモス・ノモス—聖俗理論の展開」(『思想』640 号，1977)
(12)　メアリー・ダグラス『汚穢と禁忌』(塚本利明訳) 思潮社，1972。
　　　　Mary Douglas "*Purity and Danger—Analysis of concepts of pollution and taboo*" RouLdedge & Kegan Paul 1966.
(13)　エドマンド・ロナルド・リーチ「言語の人類学的側面」(諏訪部仁訳)(『現代思想』1976)．Edmund Ronald Leach "*Anthropological aspects of language : animal categories and verbal abuse*", in : New directions in the study of language - 1964. - Eric H. Lenneberg, ed. - [9th print.] - Cambridge Mass. : MIT press, 1975
　　　　エドマンド・ロナルド・リーチ『文化とコミュニケーション』(青木保・宮坂敬造訳) 紀伊國屋書店，1981．
　　　　Edmund Ronald Leach "*Culture and Communication*" Cambridge Univ. Press 1963.
(14)　ヴィクター・ターナー『儀礼の過程』(冨倉光雄訳) 思索社，1976 (原著1969)。
　　　　Victor Turner "*The Ritual Process - Structure and Anti - Strucuture*" Aldine Pub. Co. 1969.
(15)　国立歴史民俗博物館の共同研究「儀礼・芸能と民俗的世界観」(1981—85)，その研究成果が『国立歴史民俗博物館研究報告』第 15 集，1987。
(16)　波平恵美子『ケガレの構造』青土社，1984。同『ケガレ』東京堂出版，1985。
(17)　桜井徳太郎『結衆の原点』弘文堂，1985。
(18)　新谷尚紀『ケガレからカミへ』木耳社，1987 (新装版，岩田書院，1997)。
(19)　関根康正『ケガレの人類学』東京大学出版会，1995。
(20)　関根康正・新谷尚紀編『排除する社会　受容する社会』吉川弘文館，2007。
(21)　最上孝敬『詣り墓』古今書院，1956。
(22)　原田敏明『宗教と民俗』東海大学出版会，1970。竹田聴洲『民俗仏教と祖先信仰』東京大学出版会，1971。
(23)　新谷尚紀『両墓制と他界観』吉川弘文館，1991。
(24)　新谷尚紀「石塔と墓石簿—実際の死者と記録される死者：両墓制・単墓制の概念を超えて—」(『国立歴史民俗博物館研究報告』第 141 集，2008)。
(25)　関沢まゆみ「宮座の類型論」『宮座と墓制の歴史民俗』吉川弘文館，2005。
(26)　関沢まゆみ「長老衆と葬墓制」『宮座と墓制の歴史民俗』吉川弘文館，2005。同「宮座祭祀と死穢忌避」(『排除する社会　受容する社会』吉川弘文館，2007)。
(27)　竹田聴洲『民俗仏教と祖先信仰』東京大学出版会，1971 でも「緒言」3 頁で「周圏理論との矛盾」という理解を示しており，その後，福田アジオ『柳田國男の民俗学』吉川弘文館，1992 でも 130 頁で「周圏論との矛盾」という見出しをつけている。
(28)　「山城国愛宕葛野郡人，毎有死者，便葬家側，積習為常」(新谷尚紀『生と死の民俗史』木耳社，1986)。

(29) 新谷尚紀『生と死の民俗史』木耳社，1986。
(30) 平林章仁『神々と肉食の古代史』吉川弘文館，2007。新谷尚紀『伊勢神宮と出雲大社』講談社，2009。
(31) エドワード・サイード（今沢紀子訳）『オリエンタリズム』平凡社，1986（平凡社ライブラリー版，1993）。
Edward Wadie Said "*Orientalism*", Pantheon Books, 1978.
(32) ベネディクト・アンダーソン（白石隆・白石さや訳）『想像の共同体―ナショナリズムの起源と流行』リブロポート，1987（増補版，NTT出版，1997）。
Benedict Richard O'Gorman Anderson "*Imagined Communities : Reflections on the Origin and Spread of Nationalism*, Verso, 1983（Rev. ed., 1991）.
(33) 西川長夫『国民国家論の射程―あるいは「国民」という怪物について』柏書房 1998 など。
(34) 西川長夫・渡辺公三・McCormack, Gavan 編『多文化主義・多言語主義の現在―カナダ・オーストラリア・そして日本』人文書院，1997。関根政美『多文化主義社会の到来』朝日選書，2000，など。
(35) エリック・ホブズボウム，テレンス・レンジャー編『創られた伝統』（前川啓治・梶原景昭訳）紀伊國屋書店，1992。
Eric John Ernest Hobsbawm, Terence Ranger "*The Invention of Tradition*", Cambridge University Press, 1983.
(36) 前掲注(3)参照。
(37) 1960年代以降イギリスやアメリカから発信され一大潮流となっているカルチュラル・スタディーズについて参考になるものを絞るならば，まずは以下の文献が参考になろう。
　　上野俊哉・毛利嘉孝『カルチュラル・スタディーズ入門』ちくま新書，2000。
　　吉見俊哉『カルチュラル・スタディーズ』岩波書店，2000。
　　小田亮「文化人類学からみたカルチュラル・スタデディーズ―文化・民族誌・ポストコロニアル―」（『日本常民文化紀要』23輯，2003）。
(38) 岩本通弥「戦後民俗学の認識論的変質と基層文化論」（『国立歴史民俗博物館研究報告』第132集，2006）前掲注(8)では，「このように民俗学では『通説』も，『定説』化させるまでの議論が尽くされず，そのためいつの間にか『通説』も忘却され，一から議論をやり直すという反復が繰り返される。再び出た暴論が，恰も周回遅れのトップランナーに見えてしまうほど，その学術的基盤は脆弱である」と述べている。
(39) 国立歴史民俗博物館編『高度経済成長と生活革命』吉川弘文館，2010，などの試みもはじまっている。

2　柳田國男以前の民俗学

（1）　近世文人の視点と作業――風俗習慣への関心とその情報収集へ

大藤時彦，関敬吾，後藤総一郎たちからの情報　柳田國男（やなぎたくにお）による民俗学の創生の歴史をたどるうえで最も貴重な情報としては，柳田國男のそばに最後までいて情報整理のうえでもっとも信頼されていた大藤時彦（おおとうときひこ）が提供している情報が第1です。彼の最晩年に刊行された『日本民俗学史話』（三一書房，1990）には昭和13年（1938）に書かれた「日本民俗研究小史」や昭和17年に書かれた「日本民俗学」[1]が収録されており，戦後の新たな書き下ろしも含めて非常に貴重な情報が提供されています。

それ以外で民俗学の歴史を書いたものとして貴重なのは，関敬吾（せきけいご）の「日本民俗学の歴史」[2]です。その後，和歌森太郎（わかもりたろう）の『日本民俗学』「第四章　民俗学の発達」[3]から約半世紀，ごく最近の福田（ふくた）アジオの『日本の民俗学』[4]に至るまで，多くの民俗学史に関する文章や著作が刊行されていますが，いずれもこの大藤と関の民俗学史に学ぶものが多く，それを超えるものは出ていないといってよいと思います。むしろ，まちがえた部分さえ引用や踏襲をされている例もあるくらいで，それはいまここで修正しておかなければならないでしょう[5]。もう1つ忘れてはならない基本文献があります。それは柳田國男に関する情報の集大成ともいうべき後藤総一郎監修・柳田國男研究会編著『柳田國男伝』[6]です。後藤を中心とする若い教員や学生たちによる前後15年に及ぶ研究会の蓄積とその成果です。

本書も，大藤と関の日本民俗学史の整理と後藤総一郎を中心とする柳田國男研究の成果を基本的な参考情報として活用し，要点を絞って叙述していくことにしたいと思います。もちろん，独自の新たに確認した重要な点の指摘も本書では行なっていきます。

貝原益軒と『日本歳時記』　柳田國男によって現在の日本民俗学が創生されるまでにはいくつかの段階がありました。明治期に欧米からフォークロアやフ

図11 『日本歳時記』に載せる正月の門松飾りや羽根つきの図

ォルクスクンデの学問が入ってくる以前の江戸時代にも，日本各地の風俗習慣へと注目する人たちがいました。1600年代生まれの比較的早い文人たちの例としては，貝原益軒（1630—1714）や西川如見（1648—1724）や荻生徂徠（1666—1728）[7]たちが注目されます。

貝原益軒はもと福岡藩士でのちに広く諸国をめぐり見聞を深めた儒学者，本草学者として知られる人物です。教訓書の『養生訓』や本草学の『大和本草』などの著書が有名ですが，豊富な読書量だけでなく実地の見聞を重視するのが彼の学問の特徴でした。地誌の『筑前国続風土記』や紀行文の『江東紀行』『大和巡覧記』なども多く残しており，そこには各地の風俗習慣についての記事も見られます。そして，何より注目されるのは，甥の貝原好古を指導して『日本歳時記』を編ませていることです[8]。貝原益軒は儒学者でありながら，中国のことだけではなく日本のこともよく知らなければならないということを強調しています。以下同様ですが，引用文でとくに注意したい部分には下線を施しておくことにします。

　　日の本に生まれたる人は，必ず和学に通ずべし。もはら，もろこしの事のみまなんで，やまとの事知らざる人，今の世にも多し。かかる人は，世に

（1）近世文人の視点と作業　　25

まじはりても，わが国を知らで事かけぬべし。

とか，

わが国の書生詩人，多くは，もろこしの歴代の故事をば記すれども，わが国の日本紀以下の国史にくらく，又律令格式を知らず，万葉以下の歌集を見ず。故にわが国古今歴代の事，本朝の典故にくらく，和語に通ぜず。和漢の文を書き，わが国のことをしるせばあやまる。ちかきわが国のことを捨てて知らず，遠きもろこしのことを専らにするはあやまれるなり。

などと述べています。そして，『日本歳時記』を編む目的についても，

本邦，古よりいまだ歳時を言ひて明かつ詳なるものを聞かず。故に民間，往々にしてその故実を失なひ，錯つて妖妄の説を伝ふるもの多きに居る。識者これを憾む。（原漢文）

と，民間に伝わる歳時習俗に関する正確な知識が必要だからだと述べています。好古もまた凡例に，

いささか是を達識に示さんとにはあらず，みずから家事をおさめ，後裔にのこし，かつは民間の賤の男，賤の女に，歳時の事宜をしらしめんためにしるすのみ。（中略）こひねがはくは，世俗の惑をもひらかんとなり。（中略）月々の事宜は，民生日用に便あり。（中略）簡易にして，行ひやすきは，本邦の民俗にかなへり。故にただ要用の事のみをとりて，しるし侍りぬ。

と，知識人のためにではなく民間の庶民のために歳時の事柄について解説するのだと述べ，さらに，

今民間に行へる歳事の，公事に本づけることあるをば，略そのよしをしるしぬ。これ基本をしらしめんがためなり。

と述べています。朝廷の年中行事については古くから『江家次第』や『西宮記』などに詳しいので，この本ではそれについて記すのではなく，あくまでも民間の歳事，年中行事を中心に解説するのだというのです。その民間の歳事の中でももと朝廷の年中行事にもとづくものがある場合にはそのことにもふれておくと述べています。ここで「本邦の民俗にかなへり」と「民俗」という言葉が使われていますが，これは比較的早い例です。その意味は民間の風俗習慣というほどの意味と思われます。

こうして，民間の季節ごとの行事や風俗習慣の由来についての情報収集と幅

広い文献の渉猟による解説の試みが、江戸時代前期の貞享（1684—88）、元禄（1688—1704）のころに行なわれてきていたことがわかります。そこでは、小正月の粥杖や盆の生見玉などについて貴重な情報や解説が記し残されています。たとえば、小正月の粥杖の行事や女性の尻叩きの習俗について、平安時代の『枕草子』『狭衣物語（さごろもものがたり）』から室町時代の『下紐（したひも）』の記事も紹介してその歴史が古いことを指摘しながら、当時の習俗としても北国と西国と各地に伝えられていることを記し、それが地方ごとに異なるという点にも言及しています。これはのちの民俗学の視点にも通じるものです。ただし、儒学者としての彼の基本的な姿勢はやはり、そのような一見奇妙な民間の年中行事や風俗習慣のその意味を分析しようというのではなく、あくまでも儒教的な倫理や道徳を民に説く立場からの庶民の風俗匡正の意見となっています。ですから、最後の部分では次のように述べています。

　　凡かうやうの事は、其父兄その所司禁じて、人をなやますべからず。

また、小正月のもぐらたたきについても、西国と東国の相違について指摘しながらも、末尾ではやはり、

　　げにかかるよしなし事、俗にしたがひて何かせん。せずして礼儀に害なくば、せざるにはしかじ。

と否定的な意見を述べています。

西川如見と『町人嚢』　西川如見は長崎の人で天文地理学者として知られる人物です。西洋認識の先駆けともなった『華夷通商考（かいつうしょうこう）』が著名ですが、一方で『町人嚢（ちょうにんぶくろ）』や『百姓嚢』などの随筆もあります。『町人嚢』の中では次のような記事が注目されます。

　　或人の日、「町人の詞、あまりに様子めかしたるもおかしきものなり。いひもならはぬ都の詞よりは生つきたる国郷談こそ聞よき物なれ。都の詞にもかたこと多し。いなかの詞なりとて笑ふべからず。神代の遺風は結句外鄙に残りてある事多しとかや。いやしと思ふ詞も、其のいにしへいひ初めし人有て、いかさまわけある事あらん。一遍に捨つべからず。

つまり、田舎の言葉には古語が残っているといい、次のような例をあげています。

　　あひい　　母をいふ。阿妣なるべし。妣は母をいへり。ひの余音、いとな

てゝ　　父をいふ。宇治拾遺物語に見えたり。ちとてと五音相通ず。てゝ
　　　　　はちゝなり。(中略)
　　いが　　孩児をいふ。生れて五十日の内なるものをいふべし。誕生より五
　　　　　十日めを五十日の悦とて祝ふ事あり。源氏物語などにも見えたり。(中
　　　　　略)
　　むざう　　不便なるをいふ。無慙なるべし。宇治拾遺物語に見えたり。
　そして一方，都鄙の両方であまねく使われている言葉でも誤って伝えられて
いるものも多いと述べて，次のような例をあげています。
　　瓢箪　　瓢はひさごなり。箪は竹にて造りたる器物なるよし，論語の註に
　　　　　も見えたり。しかれば瓢と箪とは二物なるを，ひとへにひさごをひょう
　　　　　たんといへるはいかに。(中略)
　　坊主　　無髪のものをなべていふは誤れり。僧の一坊を持つものをいふべ
　　　　　し。非人・ほいとうの類まで，剃髪さへすれば皆坊主といへるはおかし。
　そして，このような例はひじょうに多く数え尽くしがたいと述べながら，
　　詞は人事の用を達するためなれば，<u>たとへ誤なり共，古よりいひつたへた</u>
　　<u>る物は，其儘にて世にしたがひて害なし。</u>時ありて改る事あらば，又それ
　　も可ならん。
といい，また別のところでも，
　　<u>世に童のあさはか成為業にも，古よりつたへ来る事には，其子細ある事多</u>
　　<u>し。</u>末代に至りて其元の道理をとり失ひたる事あり。
と述べています。このように西川如見は古くから伝えられている言葉や物事に
はそれなりに意味がある，という視点に立っていました。田舎に古語が残ると
いう視点は，のちの本居宣長の指摘にさきがける視点であり，古くから伝え
られている物事にはそれなりに意味があるという視点も当時の儒学者とは異なる
斬新な視点であったといってよいでしょう。

　本居宣長と『玉勝間』　柳田國男が自分の構想した民俗学の先達として第１
にあげたのは本居宣長（1730—1801）でした。それは『郷土生活の研究法』に
も明記されているとおりです。柳田は『玉勝間』には，「ゐなかにいにしへの
雅言ののこれる事」(415) や，「ゐなかに古へのわざののこれる事」(419) な

どの着眼があることをふまえながら，次のような文章を紹介しています。

> 詞のみにもあらずよろずのしわざにも，かたゐなかには，いにしへざまの，みやびたることの，のこれるたぐひ多し，さるを例のなまさかしき心ある者の，立まじりては，かへりてをこがましくおぼえて，あらたむるから，いずこにも，やうやうにふるき事のうせゆくは，いとくちおしきわざ也，葬礼婚礼など，ことに田舎には，ふるくおもしろきことおほし，すべてかかるたぐひの事共をも，国々のやうを，海づら山がくれの里々まで，あまねく尋ね，聞あつめて，物にもしるしおかまほしきわざ也，葬祭などのわざ，後世の物しり人の，考へ定めたるは，中々にからごころのさかしらのみ，多くまじりてふさはしからず，うるさしかし(9)

図12　本居宣長四十四歳自画自讃像

そして，その着眼点の素晴らしさに驚嘆しながらも，計画的な実地採集がなされなかったことについて柳田は，学者をも支配する時運の大きさ，時代の限界というものを感じる，と述べています。

平田篤胤の対象接近の方法　実際に聞き取り調査を行なったのは平田篤胤（ひらたあつたね）（1776—1843）や伴信友（ばんのぶとも）（1773—1846）でした。柳田國男は本居宣長を民俗学の先達とみたのに対して，平田篤胤に対しては評価が低く，「地方人の話を悦んで聴き，殊に幽明界の実験などといふ類は，無教育な者の言をも馬鹿にせぬ美徳はあつたが何分にもこの人には，かねて主張せんとする説が既に存し，事実は唯その証拠になるものを選び抜いたので，帰納を詮とする我々の態度とは一つでなかつた。この派の人々には明治に入るまで，その志を継ごうとした宮脇定雄，後醍院眞柱というやうな人が少くはなかつたが，兼ねて神道の幽玄を

（1）近世文人の視点と作業

図13 平田篤胤

説かうとする成心があるので採集が普遍的ならず，却つてただ物好きの何でも書き集めて置いてくれた，順序も立たぬ偶然記録の方が，我々にとつては有難いことにさへなるのであつた」と述べています。

しかし，柳田の最も深い理解者であった折口信夫は，逆に「平田翁の歩いた道を先生は自分であるいてゐられた」と述べています(10)。折口は柳田の学問の特徴を見抜いていたといってよいでしょう。柳田と平田の共通点は，2人とも自然界と人間界とを含む生活文化の全般にわたる疑問に対して，文献と民俗というあくまでも具体的な事実の追究を基礎として解明していこうとした実証の態度であったと思われます。平田篤胤は，サイエンス（科学）とレリージョン（宗教）という両者を区別する言語も概念もまだもたなかった日本の近世後期の人びとの中にあって，自然界と人間界を分離させずその両者を貫徹する真理の探究に向けてあくまでも実証的な資料収集とその分析に努めたのでした。その平田の究極の課題は，人間の生死の両界にわたる霊魂の問題でした。そして，思弁的な空想からではなく，具体的な人びとの霊異体験の数々から帰納されたのが，平田の幽世論でした。それは，人間のごく身近にあり人びとを見守り加護しているものの，人間の眼からはまったく見ることのできない霊魂の存在，その棲む世界が幽世だというものでした。

その著『仙境異聞』(1821) は，7歳の夏に初めて天狗に誘われて遠く仙境に赴き，それ以来いく度にもおよぶ不思議な往来と体験を経て帰還した江戸下谷の15歳の少年寅吉の口述を平田篤胤が筆記したものです。文政13年（1820），その仙童寅吉の情報をいち早く平田篤胤に知らせたのは，幕臣の学者で平田の後援者でもあった屋代弘賢（1758—1841）でした。その寅吉のもとで篤胤とともに聞書きを採ったのは古代の文献研究に大きな足跡を残している伴信友でした。また，『勝五郎再生記聞』(1823) は，武州多摩郡中野村の百姓源蔵の次男で，文政6年当時9歳の少年勝五郎が，自分は同郡程久保村の百姓藤五郎の子で，文化7年（1810）2月4日，6歳のときに疱瘡で死んだ藤蔵の生まれ変わ

りであると語った事件に対して，平田篤胤や伴信友が直接面会して聞取りをした記録です。古代の文献に通暁している2人が不思議な少年たちの異界体験に大真面目に耳を傾け記録をとる姿がそこにはありました。あくなき2人の真理探究の姿といってよいでしょう。

屋代弘賢と『諸国風俗問状』　秋田から上京して生活苦の中にあった平田篤胤に，幕府の事業でみずから中心となって推進していた『古今要覧』の編纂補助の職を世話したり，尾張藩や水戸藩に推挙するなどして支えたのが，幕臣の右筆で学者の屋代弘賢でした(11)。屋代弘賢は塙保己一の和学講談所への支援もするなど幅広い力量の持ち主で，『寛政 重 修 諸家譜』や『古今要覧』の編集事業の中核をもつとめました。その弘賢が文化12，13年頃に実施したのが諸国風俗問状による全国各地の風俗についてのアンケート調査でした。そして，それを日本の民俗学の先駆けとして最初に紹介したのも柳田國男でした。大正5年（1916）12月の『郷土研究』第4巻9号に載せた小通信欄の最後の部分に「風俗問状答書」として，「たしか文化十二，三年頃のことであつた。屋代弘賢が其二三の友人と共同して，風俗問状と云ふ小冊子を印刷し，依頼文を添へて之を各地方の友人へ送つて答を求めた。此頃の江戸の生活を標準として四季の行事並に冠婚葬祭の各条項に亙り，諸国風俗の異同を問はんとしたもので，中には無理な問ひ方も二三あるが，先づは我々の学問の先駆と言つて差支の無い結構な企であつた」と記しています。

そして，羽後秋田領，備後福山領，三河吉田領など5種類の答書の存在を紹介し，その他にも存在するであろう問状答書の発見と情報交流を呼びかけています。この記事に対してさっそく反響があり，同誌第4巻10号には若狭小浜領，大和高取領の2種の存在が報告されています。その後，中山太郎や平山敏治郎がその情報収集につとめて，現在では24種類の存在が確認され，『日本庶民生活史料集成』(12)に収められています。質問項目は正月の元日の門松から12月の節分の豆まきまで103項目，それに冠婚葬祭や民俗信仰などで計131項目の質問が用意されていました。この調査状による調査の成果が一定の研究に役立ったかどうかは明らかではありませんが，少なくとも近世後期の日本各地の風俗習慣の実際について数多くの具体的な情報が記録して残された意義は大きいといってよいでしょう。

菅江真澄の旅と記録 この屋代弘賢の風俗問状への答書の作成に間接的に関与した可能性があるのが，当時秋田の久保田城下に居住していた菅江真澄（1754—1829）という不思議な人物です。この菅江真澄の存在を最初に広く世に紹介したのも柳田國男でした[13]。そして，昭和20年5月，その柳田の『菅江真澄』（創元選書88，1932）1冊だけを懐中に入れて空襲の激しくなった東京から逃げ出して秋田へ疎開したのが内田武志でした[14]。戦後，内田は血友病という不治の病によって病床にありながら妹や友人に支えられてその菅江真澄の研究に没頭し，その成果が『菅江真澄全集』全13巻[15]として刊行されています。

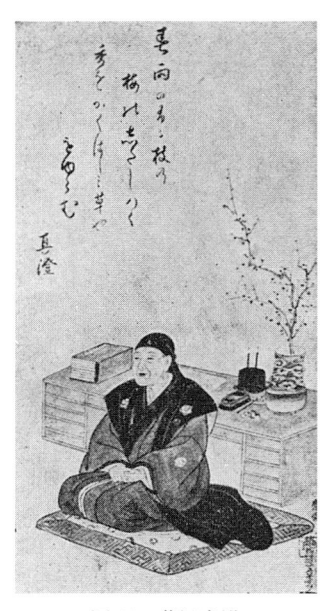

図14　菅江真澄

菅江真澄は天明3年（1783）の春，30歳で三河を出発した時の名前は白井秀雄でした。三河を発って5月には信濃の東筑摩郡本洗馬の長興寺で約10年前に和歌を教えてもらった洞月上人に再会し，しばらくそこに滞在しています。そして，天明4年6月，みちのくへと出発する白井秀雄に洞月から『和歌秘伝書』が授けられます。旅から旅の境涯にとって和歌は何よりの精神の糧でした。そして実際の生活の糧ともなりました。土地ごとの知識人や素封家の歓待に答えてその写しを伝授して行きました。天明4年7，8月は越後にあり，9月10日鼠ヵ関を越えて庄内（山形県）へと入ります。そして，9月25日には由利郡（秋田県）へと入り，10月11日には雄勝郡西馬音内に至り大雪のためそこに逗留し越年しています。その後の長い旅の道程は表1にみるとおりです。菅江真澄を名乗り始めるのは57歳から，秋田に定住するようになる文化7年（1810）春の日記「おがのはるかぜ」からでした。

長い旅の遍歴のあと，文化7年から翌8年にかけて秋田領に定住を始めるのですが，その前の文化5年にいったん故郷の三河に帰郷したというのが内田武志の推定です。それは典拠も示されており[16]，その可能性は高いと思われます。文化5年に学問の師であった植田義方の死のとむらいと，学問的な基礎教

表1 菅江真澄の旅の軌跡

和　暦	西暦 (年齢)	事　　　　　　　　　　項
天明 3	1783 (30歳)	春に三河を出発，信濃東筑摩郡塩尻の本洗馬に滞在。このころは白井秀雄を名乗る
天明 4	1784	6月信濃を発ち，7，8月越後(新潟県)。9月10日，鼠ヶ関を越えて出羽国庄内(山形県)へ。9月25日，由利郡(秋田県)を経て，10月11日，雄勝郡西馬音内(羽後町)に至り，11月湯沢宿へ。逗留越年
天明 5	1785	5月湯沢出発，田沢から大覚野峠を越えて阿仁に出る。7月半ば久保田に至る。7月22日，俳諧の宗匠の吉川五明を訪ねる(『五明住所録』に「尾張駿河町　白井英二　医也」)。8月3日，出羽と陸奥津軽の境の大間越峠を越えて陸奥の津軽に入り，8月12日，弘前に至り神道家で歌人の諏訪行宅を訪ねる。8月18日，青森港に至り松前への渡航を希望したが，浜辺の者は容易でないと答え，烏頭神社の占いでは3年後を待てとの神示あり。10月1日，江刺郡片岡村(岩手県)に至る。10月4日，胆沢郡白山村六日入(前沢町白山)の歌人鈴木常雄を訪ねる。10月25日，胆沢郡西根村(金ヶ崎町)諏訪神社に詣でる
天明 6	1786	3月4日，栗原郡金成町の金田八幡宮の別当で清浄院の量海法印を訪ねる。3月7日，出発にあたり『和歌秘伝書』を授与。3月9日，胆沢郡衣川村，10日胆沢郡白山村六日入に帰る。3月下旬，東磐井郡大原(大東町)の芳賀慶明を訪ねる。その後，6月から9月にかけて仙台，松島を巡歴。10月初旬から19日まで，西磐井郡山ノ目(一関市)の大槻清雄家に滞在
天明 8	1788 (35歳)	6月半ば胆沢郡前沢の寓居を発つ。7月13日，前日夕刻字鉄から乗船し蝦夷地松前町の福山港へ着く。きびしい監視を受け身元引受人がないために上陸不可と判定されたが，松前藩の藩医の吉田一元の世話で逗留可能となる
寛政 4	1792	10月7日，下北半島の大間村奥戸(青森県下北郡大間町)に着く
寛政 7	1795	3月22日，南部領から津軽領に入る
寛政 9	1797	4月から寛政11年4月まで，津軽藩の採薬御用をつとめる。採薬で藩内各地をまわる
寛政11	1799 (46歳)	秋，青森から下北に行き，故郷三河の植田義方に「蝦夷のマキリ」を送る。津軽に戻ると藩庁から取調べを受け身柄を軟禁され日記類を没収される(薬草の押葉をもって藩医に同道して上京し，三河へ帰郷して日記と図絵の刊行をとの願いをもつも，その願いはかなわず，逆に採薬に際しての日記類は没収される)
寛政12	1800	冬，弘前での軟禁を解かれ西津軽郡深浦の船問屋竹越貞易家に移る
寛政13	1801	1月，深浦の船問屋竹越貞易家に滞在
享和元	1801	11月4日，深浦から乗船して秋田領へ向かう。11月6日から10日まで能代の船問屋伊藤氏宅に滞留。12日に能代を発ち，13日に土崎に至る。12月中旬，秋田の久保田城下へ至る。このころから白井真澄を名乗る
享和 2	1802	1月，久保田を離れて八郎潟を見る。その後南秋田郡富内(五城目町)の山

(1) 近世文人の視点と作業　　33

和　暦	西暦 (年齢)	事　　　　　　　項
		越えをして北秋田郡米内沢(森吉町)に至る。3月12日に山本郡藤里の太良鉱山に入り，約1ヵ月滞在して4月9日に下山。10月初旬には真木銅山(北秋田郡阿仁町)あたりに滞在し，そのあと森吉山に登る
享和3	1803	5月5日，大葛鉱山(比内町)に行く
文化元	1804	阿仁鉱山(北秋田郡阿仁町)に行く。このころの本拠は能代
文化4	1807 (51歳)	5月26日，能代の寓居を発って南部領鹿角郡の十和田湖に向かい，毛馬内(鹿角市十和田町)に9月末まで滞在。10月に能代に帰る。文化4年から文化5年にかけて日記を書いていない(この文化5年に郷里の三河にいったん帰郷した可能性が大。少年のころからの学問の師，故郷三河吉田宿〈豊橋〉の植田義方が文化3年3月14日に73歳で死亡するが，真澄がそれを知ったのは翌文化4年と思われる)
文化5	1808	春。能代から乗船，酒田港を経て，越後の新潟港で下船，越後路を高田まで。信濃をへて三河へ，ころもの里(豊田市)の知人宅に滞在し岡崎に着く。駿河の焼津まで，伊勢，近江の長浜まで足をのばしている。帰路は若狭小浜から乗船し，冬に能代の寓居に帰宅
文化7	1810	春の日記「おがのはるかぜ」から菅江真澄を名乗る
文化8	1811 (58歳)	4月初旬，脇本村(男鹿市)の神職伊東大和の家で，久保田の茂木知利と初めて会う。5月12日，その茂木知利の紹介で秋田郡金足村の奈良喜兵衛の家で，那珂通博と会う。夏から秋田の久保田城下に居住を始める。秋田藩士で藩主佐竹義和の大小姓を勤めていた高階貞房(1784—1847)の世話による。8月10日，那珂通博の誘いをうけて，久保田郊外の大平村黒沢(秋田市)の勝手明神に参詣。このころから『秋田風俗問状答』の編集のための資料を収集し提供する
文化12	1815	7月，藩主佐竹義和没
文政5	1822	12月，日記類の大部分を佐竹藩校の明徳館に献納
文政12	1829 (76歳)	7月19日，神代村梅沢で病となり没(角館の神明社鈴木家にて没との説もあり)。享年76, 7歳

注　内田武志『菅江真澄全集』別巻1より作成。

養を深めかつそれまでの旅の境涯への訣別の区切りをつけるためという解釈には，私も賛同したいと思います。「一処不住」の漂泊の人物とか，稀有の旅行家，遊歴文人などというイメージの強い菅江真澄ですが，文化7年から翌8年にかけて秋田の久保田城下に57歳で居住を定めてから文政12年に76歳で亡くなるまでの約20年間，「雪の出羽路平鹿郡」14巻，「月の出羽路仙北郡」25巻の他，草稿のままのものをも含めた藩内の地誌類の編纂や，また「百臼の図」など図形を重視しながら数多くの資料情報の収集と分析を試みたもの，ま

た「筆のまにまに」などの考証的な随筆など，そこには幅広い研究的な視点が展開しています。菅江真澄は決して遊歴の文人というレベルではなく，旺盛な研究的視点を加速させた人物だったといってよいでしょう。

　もう1つ，この菅江真澄の活動で注目されるのが，「秋田風俗問状答」の編集への協力です。現在伝えられている「秋田風俗問状」には，文化11年（1814）12月付の那珂通博（1748—1817）の跋文があり，上下2巻のうち上巻の寺社の縁起祭事についての「秋田六郡神仏之部」だけを那珂通博[17]が執筆し，下巻は別の人物が執筆したと書かれています。その下巻の民間習俗の部分を執筆したのは淀川盛品（1760—1818）[18]でした。そして，その下巻の民間習俗の部分の執筆や挿絵図に菅江真澄の蒐集した情報が採用されているのです。真澄自身が一部は分担執筆して提出した可能性さえあります。その根拠として内田武志は，正月の蘇民将来の札，正月万歳の類など7つの記事と，物語坐頭のほか6つの挿絵図をあげています。しかし，驚くことにそして不思議なことに，幕府に提出された「秋田風俗問状答」にはまったく菅江真澄が協力したことは書かれていません。それだけでなく真澄は完成した「秋田風俗問状答」をいっさい見せてもらえなかったのでした。朱子学を中心とする儒学を根幹とする当時の武家社会にあって下級の庶民の生活や卑しい芸能や信仰の実態に関する情報を蒐集し藩内の内情を幕府や他の藩へと見せることへの反発や，白太夫の子孫というその怪しい出自への警戒感と差別感情，またかつての津軽藩での取調べについてその関係者から秋田領へもたらされた情報，そして日記没収の経歴など，そこには秋田藩の藩政上の世俗的な利害関係や人事的な力学関係が作用していたのではないかと内田は推定しています。そして，そうであればこそ逆に，菅江真澄にとってその屈折した体験はみずから地誌の編纂や個別の疑問への考証という営みに向けて，正面からその姿勢を自立へと進んでいく転機となったのではないかというのです。

　なお，菅江真澄による秋田藩での地誌編纂は，彼の個人的な知的欲求からだけではなかったと思われます。江戸時代後期の文化文政期というのは全国各地の藩領で地誌の編纂事業が推進されてきていた時代でした。藩政の安定のためには儒学の理念のみでは不十分であり，現実の社会の歴史と地理と民情風俗に対する調査と知識の必要性が自覚され始めていたのでした。そして，そこには

(1) 陸奥の旅

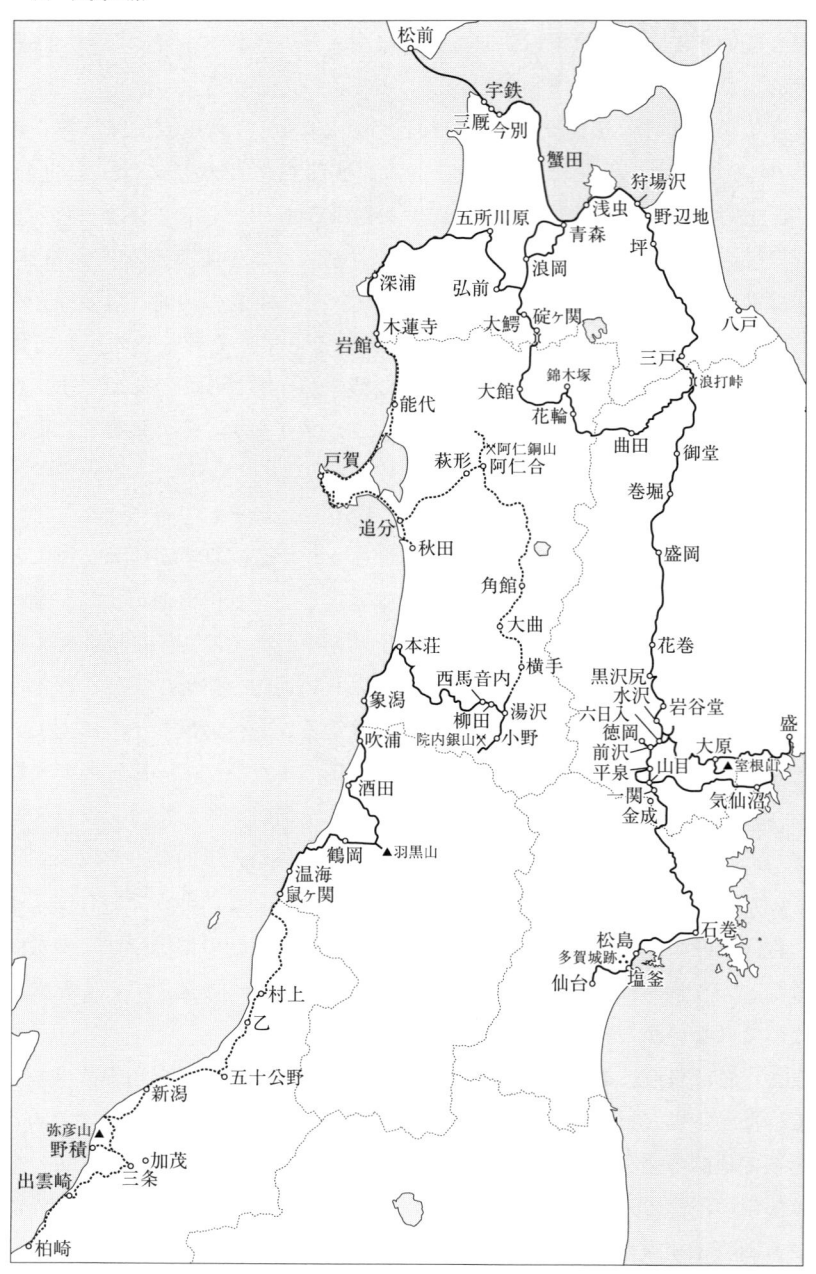

図15　菅江真澄の足跡(1)―(3)（図録『真澄紀行』秋田県立博物館，1996年より）

(2) 蝦夷地の旅

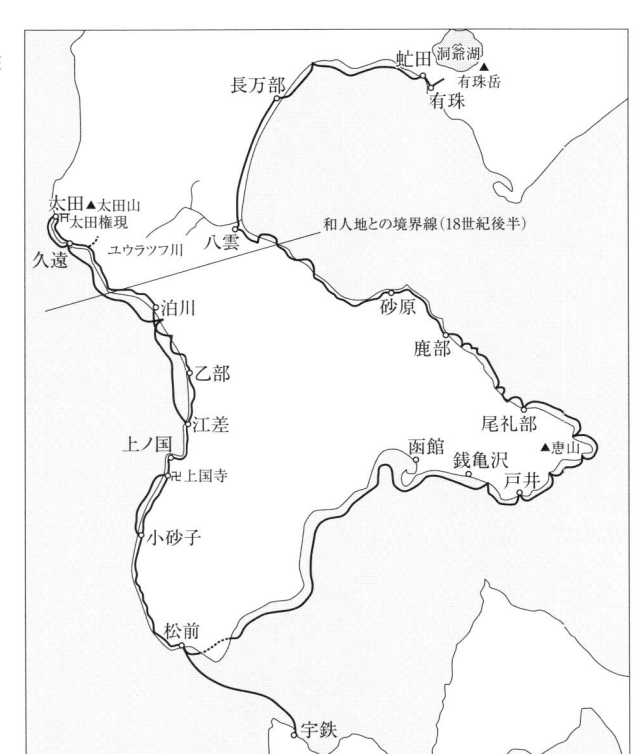

(3) 下北・津軽の旅

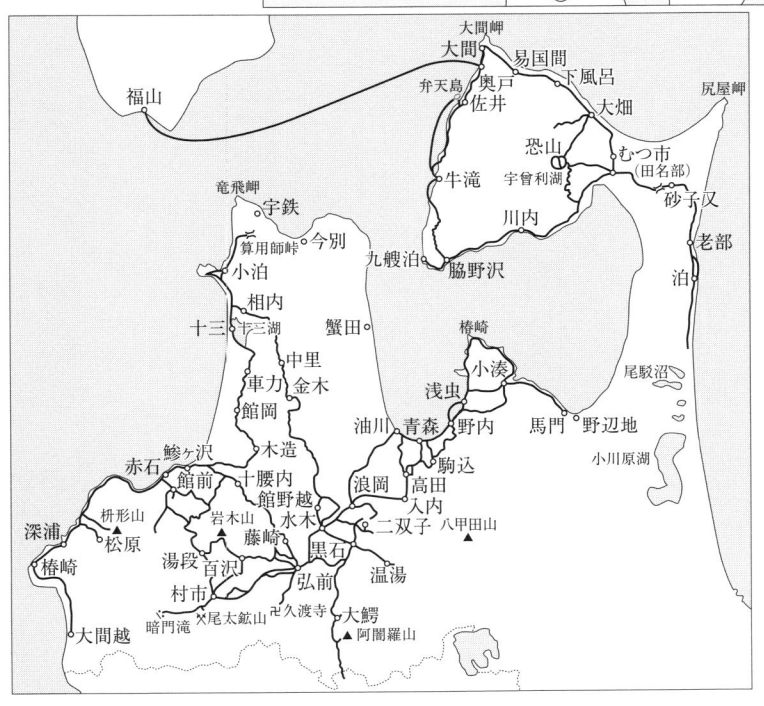

各地の興味深い民俗情報も豊富に記録化されてきていました。現在の民俗学もそれらまだ活字化されていない地誌類や風俗誌も含めてその発掘に努め大いに参考にしていくべきです。

以上，近世の文人の例をいくつか紹介してみましたが，日本の近世社会において風俗習慣に関心をもつ知識人たちはこの他にも表2にあげるように，数多く輩出していました。

それは前述のような1846年のイギリスのウイリアム・ジョン・トムズによる民間故事と民間文芸の両者をフォークロアという語のもとに包括しようとした提案や，1858年のドイツのウイルヘルム・ハインリッヒ・リールによる「科学としてのフォルクスクンデ」の提起よりも，はるか以前からのものでした。日本の民俗学の源流としては，このような近世知識人たちによる民俗的な事象への注目へとさかのぼることができるといってよいでしょう。しかし，近代科学としてつまり分析的な学問としての成立，という意味では，やはり明治大正期以降の欧米発信の近代西欧科学の影響を受けてのものであったことは事実です。

図16　菅江真澄の描いた生身剝（なまみはげ）図

（2）　明治期の動向——西欧輸入の初期人類学と土俗研究

坪井正五郎と『人類学雑誌』　近代に入ってまず注目されるのは，坪井正五郎（つぼいしょうご）による日本の人類学 Anthropology の創唱です。明治期日本の人類学の発生は，東京帝国大学理科大学の学生であった坪井正五郎（1863—1913）[19]が中心となって友人の白井光太郎，福家梅太郎，佐藤勇太郎たち14名が，明治17年

表2　近世知識人たちの風俗習慣への関心

人　　名	生　没　年	著　作　物　ほ　か
〔1600年代生まれ〕		
貝原益軒	1630—1714	『江東紀行』『大和巡覧記』『豊国紀行』『諸州巡覧記』
貝原益軒 貝原好古	1662—1700	『日本歳時記』(1688)
寺島良安	1654—不詳	『和漢三才図会』(1712)
井沢蟠龍子		『広益俗説弁』(全5編) 正編(1715)
西川如見	1648—1724	『町人嚢』(1719)
天野信景	1661—1733	『塩尻』
荻生徂徠	1666—1728	『南留別志』
太宰春台	1680—1747	『独語』
〔1700年代生まれ〕		
越谷吾山	1717—1787	『物類称呼』(1775)
古川古松軒	1726—1807	『東遊雑記』(1788),『西遊雑記』(1783)
津村正恭	不詳—不詳	『譚海』
四時堂其諺	不詳—不詳	『滑稽雑談』
本居宣長	1730—1801	『玉勝間』
司馬江漢	1738—1818	『西遊日記』
橘　南谿	1753—1805	『東西遊記』(1795—98)
菅江真澄	1754—1829	『菅江真澄遊覧記』
松浦静山	1760—1841	『甲子夜話』
鈴木牧之	1770—1842	『秋山紀行』(1828),『北越雪譜』(1835成立, 1837刊行)
斎藤月岑	1804—1878	『東都歳事記』(1838)
屋代弘賢	1758—1841	『諸国風俗問状』
平田篤胤	1776—1843	『勝五郎再生記聞』『仙境異聞』
喜多村信節	1783—1856	『嬉遊笑覧』(1830)
高田(小山田)与清	1783—1847	『松屋筆記』
渡辺崋山	1793—1841	『訪瓺録』『毛武遊記』『参海雑志』『一掃百態』
山崎美成	1796—1856	『海録』(1820—37)
〔1800年代生まれ〕		
近藤富蔵	1805—1887	『八丈実記』
赤松宗旦	1806—1862	『利根川図誌』(自序1855)
喜多川守貞	1810—不詳	『守貞謾稿』(『近世風俗志』)(1853),『古今風見草』(1837起筆, 1867閣筆)
名越左源太	1819—1881	『南島雑話』
〔その他，名所図会や地誌の類〕		
名所図会の類		『江戸名所図会』『東海道名所図会』など
地誌の類		『御府内備考』『新編武蔵風土記稿』『新編相模国風土記稿』『続紀伊風土記』『新編会津風土記』『斐太後風土記』『三国地誌』『五畿内志』『泉州志』『山州名跡志』『摂陽群談』『近江国輿地志略』『三州地理志稿』『雲陽志』『豊前志』など

(1884) 11 月に自分たちの研究会を人類学会と名づけたところから始まりました。明治 19 年 2 月には雑誌『人類学会報告』が創刊され，同年 6 月からは東京人類学会と改称して雑誌名も第 1 巻 5 号から『東京人類学会報告』The Bulletin of The Tokyo Anthropological Society と改称されました[20]。その創刊号には「本誌ニハ動物学上及ビ古生物学上人類ノ研究，内外諸国人ノ風俗習慣，口碑方言，歴史前或ハ史上詳ナラザル古物遺跡等ノ事」を掲載すると述べられており，動物学上及び古生物学上の人類の研究，また古物遺跡などを探る考古学とともに，内外諸国人の風俗習慣や口碑方言などもその研究の対象とするとされていました。

そこで注目されるのが，坪井たちの友人で当時すでに東京から札幌に移っていた渡瀬荘三郎が投稿して第 2 号に掲載された「我国婚礼ニ関スル諸風習ノ研究」です。これは明治 19 年 2 月 14 日の第 17 回人類学会の席上で坪井によって代読されたものですが，全国各地から結婚の習俗に関する資料情報の収集を呼びかけたものでした。質問項目としては，結婚する男女の年齢や求婚の手段，そして贈答や儀式，離婚や再婚など 34 項目ほどを用意していました。そして，明治 19 年 4 月の第 3 号から明治 22 年 3 月の第 37 号まで計 17 回の「婚姻風俗集」の情報記事の掲載が続けられ，嫁の尻叩きや嫁のかたげなど各地の興味深い風俗情報が提供されました。

坪井正五郎自身も，第 28 回東京人類学会で発表した「削り掛けの種類及び沿革」を第 13 号（明治 20 年〈1887〉3 月）に掲載し，各地の事例を紹介したのち，名称，形状など質問項目を 9 項目ほど用意して情報収集を呼びかけています。そして，第 17 号（明治 20 年 7 月）では，御幣の起源が削り掛けにある，という説を提示しています。その根拠としては，(1)アイヌが削り掛けを御幣のように用いること，(2)本州にも削り掛けを神に供える例があること，(3)御幣の種類の中に削り掛けに似たものがあること，(4)通常の御幣と削り掛けに似ていて御幣との中間のタイプと思われるシカバナというものがあること，という 4 点をあげています。それに対して山中笑[21]は，第 21 号（明治 20 年 11 月）で，御幣と削り掛けはその起源をまったく異にするものだといいます。御幣には，(1)神体の代わり，(2)祓の具，(3)注連縄につけるもの，の 3 通りがありその起源は墓場飾りにあるというのです。そして，削り掛けの起源は花であると述べて

図17　坪井正五郎と東京人類学会の人たち

〈前列左より〉八木奘三郎，坪井正五郎，井上喜久治，下村三四吉，〈後列左より〉山崎直方，若林勝邦，鳥居龍蔵（明治26年〈1893〉7月）

図18　『人類学会報告』創刊号表紙

（2）　明治期の動向

います。
　それに対して，第26号（明治21年4月）ではのちに著名な国語学者となる大矢透[22]が反論しています。山中笑が御幣の用を神体の代わりと祓具と注連縄につけるものとの3通りに分類してその内で重要なのは神体の代わりだというのは誤りで，御幣は御てぐらであり，上古布帛を奉る遺式である，といいます。そして，神を遥拝するに際して土に立てておくこともあるために御幣が神体とみなされるようになったのであり，それはごく近代のことであると主張しています。そして，御幣は布帛であり捧物であって削掛とは別のものであると論じています。
　こうして，日本各地の風俗習慣についての情報資料の提供だけでなく，坪井はこの雑誌でそれらの起源を論じる方向を示し，それに参加する人たちが現れてきたのでした。もちろん基礎的な情報提供の大切さは自覚されており，明治21年第24号からは「年始風俗彙報」と題して，坪井は全国各地の正月の行事をめぐる情報資料の収集を呼びかけていきました。そして，それにより烏勧請など各地からさまざまな情報が続々と寄せられてきました[23]。

人類学と土俗学　東京人類学会の創設者である坪井正五郎が，彼自身の人類学についての見解を明確に示すのは，『東京人類学会雑誌』第82号（明治26年〈1993〉1月）から第83号と第84号に掲載された「通俗講話人類学大意」と，第86号に掲載された「人類学研究の趣意」によってです。それは，坪井が明治22年から明治25年までの実質上3年間のイギリス留学から帰国したのちの見解です。当時のイギリスの人類学に学んできた成果であったと思われます。坪井はまず，当時フランスでは人類学が人骨研究に比重をおき，日本では古器物穿鑿に傾倒しているがそれはまったくの誤謬であるといいます。そして，人類学 Anthropology の本論の部分を，現在の事実と過去の事実と理論，という3部分に分けて論じます。そして，現在の事実の（一）人種学と土俗学について，で人種学（Ethnology）は諸人種そのものの調査研究であり，土俗学（Ethnography）は諸人種の風俗習慣についての調査研究であると述べています。また，過去の事実の（八）考古学と（九）考古学と土俗学について，では現今生活している動植物に関する知識を応用しなければ化石のことを知ることがむずかしいように，現在の諸人種の風俗習慣を知らなければ古い遺物や遺跡の研究は

むずかしい，考古学と土俗学とはたがいに調査研究のうえで密接な関係がある，と述べ，さらに，理論の（卅一）土俗学上の変遷について，で諸人種の風俗習慣の異同も人類進化の理論によって説明することができるであろうと述べています。そこには当時の欧米の進化論の影響がうかがえます。

ここで坪井はエスノロジーを人種学，エスノグラフィーを土俗学と翻訳していますが，その土俗学とは何か，それをよく表しているのは『東京人類学会雑誌』第95号（明治27年2月）に掲載された坪井の「土俗調査より生ずる三利益」という論文です。そこでは土俗とは風俗習慣の意味で用いられており，その調査による3つの利益とは「第一に諸地住民所業の異同が知れる。第二に如何なる有様が存在し得べきものであるかと云う事が悟れる。第三に風俗習慣の起源変遷が推測される」と述べ，とくに「第三の利益は最も価値が有る。一地方に行はれて居る或る事柄が何の為とも分らぬ時分に，他地方に行はれて居る類似の事柄と比べて其異同を考へ，変化を推究し，追々と数多くの例を集めて，始めて其由来を知り其真意の有る所を知る事が往々ございます」と述べています。

そして，その一例として遠江地方の正月行事のヤイカガシという臭いものを焼いて奇妙な唱え事をするならわしをあげています。この一事だけでは何の意味か分からない，しかし，八丈島の正月行事の中にあるフンクサというユズリハの葉を焼いてその臭いをかいで唱え事をする例を考え合わせるならば，それらはもと1年の豊凶を占うものであったのが，のちに転じて毎年の豊年を祝うものとなり転じ転じて意味の分からぬ行事となったのではないか，つまり，かれこれの比較によってさまざまな風俗習慣の由来や起因を尋ねることができると述べています。そして，風俗習慣は時とともに移るもの，変化するもの，湮滅するものであるといい，思い立ったときに筆記しておかなければいけない，一見卑近なものであっても勤めて材料の蒐集と公示とをしていけば直接間接に人類学の進歩に力を与えることができると述べ，それは何も日本国内に限ったことではなく，世界万国諸人種に共通して言えることだと述べています。

また別に，『東京人類学会雑誌』第114号（明治28年9月）「人類学の部門に関する意見」では次のように整理しています。

基本的に「第一　我々人類は抑も何で有るか，第二　諸地方に現住する人類

は如何なる有様で居るか，第三　人類が如此有様にて存在する所以は如何」という3大問題から，人類学（Anthropology）は，〔第一部門〕人類本質論（Biological A.），〔第二部門〕人類現状論（Descriptive A.），〔第三部門〕人類由来論（Historical A.）からなるとして，「土俗の調査や人種別の攻究等は第二に属し」ていると述べています。

　つまり，坪井は人類学（Anthropology）の一部を構成する学問分野として，人種学（Ethnology）と土俗学（Ethnography）とを位置づけていたのでした。

　鳥居龍蔵と土俗会　明治26年（1893）に東京で人類学の夏期講習会が開催されましたが，その機会を利用して全国からの参加者を中心に7月24日午後6時から東京麹町区富士見町の明治義会を会場に開催されたのが土俗会です。この土俗会の主唱者は鳥居龍蔵（1870—1953）[24]でした。鳥居は徳島市の出身で，小学校を中退したのちほとんど学歴をもたず独学で学ぶという変わった経歴の持ち主で，『東京人類学会雑誌』購読を契機として坪井の知己をえて上京し，この年明治26年に東京人類学教室の標本係に採用されたばかりでした。前述の坪井の「土俗調査より生ずる三利益」はその第1回土俗会での談話をあらためて『東京人類学会雑誌』第95号に掲載したものでした。

　坪井の応援もあって，土俗会は毎年の夏に開かれ，表3にみるようなさまざまなテーマで日本各地の風俗習慣の発表が行なわれました。『東京人類学会雑誌』にはその談話会の記録が掲載されていますが，ほとんどの報告が断片的であり興味深いものもあるにはありますが学術的に総括できるようなものではありませんでした。そのような中で，科学的な土俗研究の必要性を力説したのが，岩手県の遠野出身でのちに台湾総督府雇員となって台湾全土にわたる人類学的調査に大きな業績を残した伊能嘉矩（1867—1925）[25]でした。伊能は「科学的土俗研究の必要及び普通教育に於ける関係」と題して，岩手県人の一員としての談話を披露すべきであるが，自分は弱年にして他郷漂泊の身となったので郷土の風俗習慣の話ができないとことわりながら，次のような指摘を行なっています。

　　第一　特関の事実を以て普関の事実となすべからず。変則の事項を以て普通の事項となすべからず。
　　第二　甲地は乙地に同じく，乙地は丙地に同じく，而して丙地は甲地に同

じき時，而かも其の部落が甲乙丙の三地方より成れる場合にあらざれば，習俗の契合を認むべからず。
　第三　輒すく此れを以て彼れを推し且つ蓋然の断定を用うべからず。
　第四　其の習俗の奇異を探るは土俗の研究上寧ろ副貮の目的に過ぎざること。
　第五　故に土俗の研究は帰納的なるを要すること。

　つまり，先入観や独断によらずまた奇異を求めず，精密で具体的な現地調査による事実の積み重ねを基礎とした帰納法的な科学的土俗研究の確立を提言しているのです。そして「土俗研究を独立せる科学として成り立たしめんことを望みます」と述べたのです。

　土俗会があくまでも各地の風俗習慣に関する談話会であったために学術的な分析へとは進まなかった中で，伊能嘉矩のこのような指摘は非常に貴重なものといってよいと思います。この

図19　鳥居龍蔵と弟子の樋口清之

表3　土俗会と発表テーマ

回　数	発表年月日	発表テーマと掲載記事ほか
第1回	明治26(1893)．7.24	「日本各地新年の風習」(『東京人類学雑誌』94号)
第2回	明治27(1894)．8.20	「各地贈答の風習」(『東京人類学雑誌』102号)
第3回	明治28(1895)．8.25	「地方の若者が年中の楽とするところは何か。祭礼の角力，花火，盆踊とか，その仕組の実況並に利害其他。古今の盛衰に伴う飲食，服装，歌謡の諸事如何」「女子にても右に比すべきことありや」(『東京人類学雑誌』114号) 「諸地方若者の娯楽」(『東京人類学雑誌』115号要確認)
第4回	明治29(1896)．8.22	「育児風習」(『東京人類学雑誌』128号)
第5回	明治30(1897)．8.7	「日本諸地方の食事に関する事実」(『東京人類学雑誌』141号)
第6回	明治31(1898)．8.9	「諸地方の妄信俗伝」(『東京人類学雑誌』150号・151号)
第6回	明治32(1899)．8.20	「各地年中行事中，其地に特有にして他に向って誇るに足るべきものは何か」(『東京人類学雑誌』171号・177号)

土俗会はその後，回を重ね，第6回土俗会記録「諸地方の妄信俗伝」が明治31年の第150, 151号に報告され，同じく第6回土俗会記録として「各地年中行事」が明治32年の第170号，明治33年の第171号に報告されています。おそらく後者は第7回の誤記ではないかと思われます。その『東京人類学会雑誌』第171号に掲載された閉会の辞では，発起人の1人伊能嘉矩が，なお明年の第7回の開会を期すと述べていますが，しかしそれが開催された形跡はありません。結局，この土俗会は第6回もしくは第7回をもってその活動は終息に向かったのでした。その背景として考えられるのは，日清戦争（1894—95）の結果です。台湾を植民地として獲得し，また遼東半島へと勢力を伸張していった当時の日本では，人類学の関心は外に外にと向かっていったのでした。土俗会のリーダー的な存在であった鳥居龍蔵も伊能嘉矩も，こののちは台湾へ中国大陸へとその精力的な調査を進めていくこととなりました。そして，彼らは土俗学ではなく人類学的な調査研究で大きな成果を収めていくこととなったのでした。

　日本民俗学会と『民俗』　日本の民俗学の誕生に向けての1つの画期といえるのは，明治から大正へと元号の変わる1910年代初めのことでした。それは，国内的には日露戦争後の経済不況と財政悪化，韓国併合にともなう軍備拡張計画，大逆事件に象徴される社会主義の浸透，国力増強に向けて内務省を中心に国民に節約と勤勉とを説く地方改良運動の推進，また国際的には台頭するドイツとそれに対抗する大英帝国イギリスとの関係緊張，という時代状況の中でのことでした。新たな国民国家としての日本の国内でも郷土への関心が高まって来ていた時期でした。

　まず，明治45年（1912）5月に日本民俗学会が設立されます。そして，その機関誌『民俗』が創刊されたのが翌大正2年（1913）5月でした[26]。その学会の設立と雑誌の編集に当たった中心人物は，幹事の石橋臥波という人物で，その評議員としては東京帝国大学の坪井正五郎をはじめ，白鳥庫吉，井上円了，加藤玄智，大槻文彦，芳賀矢一たちが名を連ねていました。そしてその創刊号には「本誌の任務」として，次のようにありました。

　　こゝに民俗学と申し候ふは Volkskunde の義にして，国民の間に現存する
　　古代文化の遺物即ち伝説，童話，俚諺，迷信及び風儀，習慣等に就きて研

究するものにこれあり候。Folkloreと申す名称は英国のウイリヤム・ジョン・トームス氏が一千八百四十六年，初めて用ゐしものの由承はり居り申し候。欧米に於けるこの種の研究は既に各種の方面より沢山なる材料を蒐

図20　雑誌『民俗』創刊号表紙

集して，今はこれらの材料によりて，その間の連絡，異同，由来，変遷等を明かにし説明を試みつゝある次第にこれあり候。

つまり，ドイツのフォルクスクンデやイギリスのフォークロアの輸入をめざしたものであり，

> 地方，下層の低級なる文化こそ，実はその国民の思想信仰，生活の正味に候へば，その国民を研究する材料としては，好箇のものにこれあり候。

との立場から，日本国民の研究のために，

> 各地に行はれつつある多くの材料を蒐集整理すること，（中略）これ実に本誌の任務とするところにこれあり候。

というものでした。

そして，その創刊号の巻頭論文をかざったのは，ドイツ留学を経て日本の国学とドイツ文献学とをあわせて日本の国文学の基礎を築いていった芳賀矢一（1867—1927）の「民俗に就いて」でした。そこで芳賀は，

> 民俗の研究は非常に大きくて，非常に小さい。といふのは凡そ一国の国体も，政治も，法律も，宗教も，社会のあらゆる組織は一面から見れば，皆民俗の反映であって，民俗の分からぬ限り，其の国は理解せられぬほど大きいのである。（中略）民俗といつて，どれだけの風俗習慣が即ちそれだと具体的にいふことはできぬ，（中略）民俗の研究は，書物にあらはれたばかりでなく，各処各地に，或は口碑に，或は実際に残つて居るやうな場合が多い。（中略）
>
> 近頃，世間では，頻りに国体擁護団とか，士道会とか，又は国民道徳会

（2）明治期の動向　　47

とか，色々な研究は起るが，これ等の根拠となるものは即ち民俗の研究であるのである。之を外にしては，国体も士道も分かるものでは無い。日本の文明は日本の民俗を研究することによりて，始めて理解せられるのである。独乙あたりで，郷土の研究を盛にし，郷土談を以て，国民教育の第一歩とするのを考へても分る通り，教育の基礎も亦ここに求むへき筈である。

と述べています。つまり，このときの彼らのいう民俗学とは，ドイツのフォルクスクンデに学ぼうとするもので，ドイツのそれと同じく日本という国の文化や国民の研究という性格を帯びていたものでした。しかし，その雑誌に掲載された論文や報告をみると必ずしもそのような政治性はありませんでした。論文としては坪井正五郎がふんどしについて論じたものなどがありましたが，学史に残るほどのものはありませんでした。そして，大正4年5月の第3巻1号まで，通算5号を刊行したところで廃刊となりました。

注
（1） これは柳田國男に代筆を依頼されて大藤が執筆したものであるが，柳田の附記があるようにその内容については柳田も十分認めていたものといってよい。
（2） 関敬吾「日本民俗学の歴史」（『日本民俗学大系2』平凡社，1958）。
（3） 和歌森太郎『日本民俗学』弘文堂，1953。
（4） 福田アジオ『日本の民俗学』吉川弘文館，2009。
（5） たとえば1例をあげるなら，大藤は屋代弘賢の『諸国風俗問状』が『古今要覧』の基礎資料を得るためと推定していた前稿の指摘は誤りであったことを『日本民俗学史話』の226頁で表明している。その後，この大藤の言及をふまえない記述もみられるが，この点は大藤の修正を確認継承しておくべきであろう。
（6） 後藤総一郎監修・柳田國男研究会編『柳田國男伝』三一書房，1988。
（7） 荻生徂徠はその着想のメモ書きともいうべき随筆『南留別志』（『日本随筆大成』第2期第15巻）で，次のように記している。「一　古の詞は，多く田舎に残れり。都会の地には，時代のはやり詞といふ物，ひた物に出来て，ふるきは，みなかはりゆくに，田舎人は，かたくなにて，むかしをあらためぬなり。此比は，田舎人も都に来りて，時の詞を習いつゝゆきて，田舎の詞もよきにかわりたりといふは，あしきにかわりたるなるべし」。
（8） 大森志郎「解題」（貝原益軒刪補・貝原好古編録『日本歳時記』八坂書房，1972）。
（9） 『本居宣長全集』第1巻，筑摩書房，1968。
（10） 折口信夫「先生の学問」（『日本民俗学新講』明世堂，1922）。
（11） 『明治維新と平田国学』国立歴史民俗博物館展示図録，2004。

(12) 『日本庶民生活史料集成』第9巻（平山敏治郎編），三一書房，1969。
(13) 柳田國男「還らざりし人」（『秋風帖』東京朝日新聞，1920）。同『菅江真澄』創元社，1932。
(14) 内田武志「奈良環之助氏を悼む」（『菅江真澄全集』第1巻月報1，未来社，1971），同「おわりに」（『菅江真澄全集』別巻，未来社，1977）。
(15) 『菅江真澄全集』第1巻―第12巻，別巻1，未来社，1971―81。
(16) 内田武志「第9章 帰郷」（『菅江真澄全集』別巻，未来社，1997）。
(17) 藩校明徳館の助教で儒者として著名な人物であったが，かつて一族に不始末を犯した人物があることから藩の重臣となるのを辞退し没するまで助教のままであった。しかし，藩主義和の信任は厚く，「碧」の1字を賜り，碧峰の号を用いている。
(18) 佐竹藩士で著書に『史実問答』（現在は所在不明），編著に『秋田風土記』がある。
(19) 祖父が蘭学者の坪井信道，父がその女婿の幕府奥医師坪井信良。明治21年（1888）に理科大学助手となり明治22年から実質3年間，明治25年までのイギリス留学から帰国して東京帝国大学教授となり人類学教室を開いた。大正2年（1913）にロシアのペテルスブルグで開催された万国学士院連合大会に出席してその地で客死した。
(20) その後，明治20年（1887）8月の第2巻18号から『東京人類学会雑誌』と改称。
(21) 山中共古（1850―1928）。著作『甲斐の落葉』などで知られる初期の民俗の研究者で，柳田國男との書簡の往復が『石神問答』に収録されている。日本メソジスト教会の牧師としても活動。
(22) 大矢透（1850―1928）。後に仮名の研究などで著名な国語学者となる。
(23) たとえば出口米吉「烏崇拝の遺習」（『東京人類学雑誌』258号，1907）は，烏勧請つまり正月行事で烏に餅を食べさせる御烏喰の習俗について，各地の事例を検討して「古代の動物崇拝」の片影であると論じている。その後，柳田國男「烏勧請のこと」（「東京朝日新聞」1934年5月〈『定本柳田國男集』22巻所収〉）などでこの習俗が紹介されたが，論文として研究を進めたのは民族学の大林太良「烏勧請―東亜，東南アジアにおける穂落神話に対応する農耕儀礼―」（『東洋文化研究所紀要』40号，1966〈『稲作の神話』弘文堂，1973所収〉）であった。それに対して日本民俗学からの論文としては新谷尚紀「人と鳥のフォークロア―民俗世界の時間と構造―」（『国立歴史民俗博物館研究報告』第15号，1987〈ケガレからカミへ』木耳社，1987所収〉），同「鳥喰と祓禊」（『神々の原像―祭祀の小宇宙―』吉川弘文館，2000）がある。
(24) 徳島市生まれ。坪井正五郎に師事して明治26年（1893）東京帝国大学人類学教室の標本係となる。日清戦争後の明治28年の遼東半島の調査を皮切りに，台湾，千島，中国西南部，朝鮮，満州，蒙古などへの精力的な現地調査を展開した。明治31年助手，大正11年（1922）助教授，大正12年國學院大学教授，大正13年帝大辞職，昭和3年（1928）上智大学教授，昭和14年からは北京で燕京大学の客座教授などを勤めるなどして昭和26年に帰国し，昭和28年東京で死去。

(25) 岩手県横田村（現遠野市）出身。明治28年（1895）の日清戦争後，台湾総督府雇員となって台湾全土にわたる人類学調査を進め，その成果が粟野伝之丞との共著『台湾蕃人事情』（台湾総督府民政部文書課刊行）にまとめられている。
(26) 雑誌の創刊が遅れたのは，大正元年12月15日付南方宛柳田書簡（飯倉照平編『柳田國男南方熊楠往復書簡集』1972）によれば，幹事の石橋臥波の病臥による。

3　柳田國男の日本民俗学——それは民間伝承論

（1）　柳田國男と『郷土研究』

郷土会と『郷土研究』の創刊　この大正2年（1913）5月の『民俗学』の創刊に先立つこと2ヵ月，大正2年3月に創刊されたのが，高木敏雄と柳田國男の『郷土研究』でした。高木敏雄（1876—1922）はドイツ語を専門とする神話学者で[1]，先の石橋臥波たちの『民俗』にも評議員として名を連ねています。その彼が初期の『郷土研究』の編集の中心となっていました。高木は創刊号の巻頭に「郷土研究の本領」と題する論文を書き，巻末の「謹告」では，「郷土研究は日本民族生活の凡ての方面の現象を根本的に研究して日本の郷土に発生したる民族文化の源流と要素と発展とを文献科学的に説明しこれによりて日本文献学に貢献するところあらんことを期す」とあります。そして，ドイツ語でこの『郷土研究』を第1巻6号（1913年8月）までは JAPANISCHE VOLKS＝UND HEIMATKUNDE（日本民族誌および郷土研究），第1巻7号（1913年9月）からは JAPANISCHE VOLKS＝UND LANDESKUNDE（日本民族誌および地誌研究）と名乗っていました。そして，発行者は，Regierungsrat Dr. K. Yanagita, Professor Dr. T. Takagi となっていました。当時の柳田國男は表4にも見るとおり古参の法制局参事官で，たしかに Regierungsrat でした。

　この『郷土研究』は柳田の民俗学が創設されていく上でまさに記念碑的で重要なものでした。編集方針をめぐる意見の対立から高木敏雄がこの雑誌から離れて柳田の単独編集となるのは，大正3年5月の第2巻3号からです。高木が編集していた段階の論調よりもその柳田の単独編集の段階での誌面を熟読する方がよいと思います。柳田國男とその民俗学をよく理解していた折口信夫も，後年学生の指導にあたって『郷土研究』は柳田の単独編集となったものから読み始めるようにとすすめていたといいます[2]。

　ここで，柳田國男がこの『郷土研究』という名前の雑誌を発行していく背景についてみておきましょう。柳田國男の民俗学への出発点としてよく言われて

きているのは，明治42年（1909）刊の『後狩詞記（のちのかりことばのき）』と明治43年刊の『遠野（とおの）物語（ものがたり）』です。しかし，それはまだ民俗学という学問の創生ではなく，「国内の山村にして遠野より更に物深き所には又無数の山神山人の伝説あるべし。願はくは之を語りて平地人を戦慄せしめよ」（『遠野物語』）と述べているように，農村や都会とは異なる日本列島内の異文化の発見でした。もちろんそれが柳田の重要な視点であったことにまちがいはありません。しかし，それはまだ新しい学問を提示したものではありませんでした。やはり，柳田の民俗学の創生は『郷土研究』の時代に始まるといってよいでしょう。

柳田の『郷土研究』をかんがえるうえで，忘れてならないのは新渡戸稲造（にとべいなぞう）（1862—1933）を後援者として創られた郷土会の会合です。ここでは『柳田國男伝』に収める山下紘一郎の「郷土会とその人びと」(3)を参照しながら紹介してみましょう。第一高等学校校長で東京帝大法科大学教授でもあった新渡戸稲造は，その著『農業本論』（明治31）で，さまざまな個性をもった農村，いわゆる「自然村」を研究した上で，日本の社会や政治のあり方を考え直しては

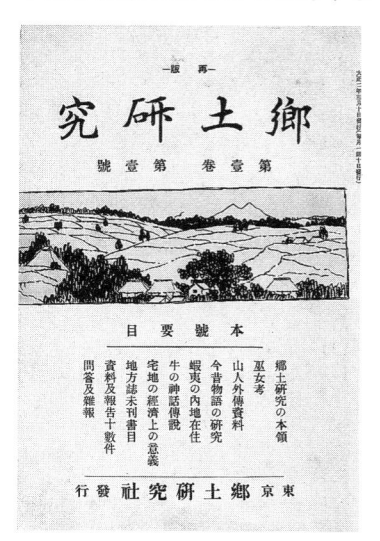

図21　雑誌『郷土研究』創刊号表紙

表4　官僚としての柳田國男の履歴

年　月　日	事　項
明治33(1900)．7.10	農商務省農務局属（農政課勤務）
明治35(1902)．2.12	法制局参事官
明治41(1908)．1.13	兼任宮内書記官
明治43(1910)．6.22	兼任内閣書記官記録課長
明治44(1911)．6.13	朝鮮併合に尽力のあった高等官92名に叙勲行賞（勲四等旭日小綬章　法制局参事官兼宮内書記官内閣書記官勲六等　柳田國男）
大正　2(1913)．10.8	法制局において，いちばん上席で最古参の専任参事官となる
大正　3(1914)．4.13	貴族院書記官長就任
大正　8(1919)．12.23	貴族院書記官長辞任

図22　郷土会の人たち　柳田の渡欧送別会（大正11年〈1922〉5月・四谷の三河屋にて）
〈前列左より〉牧口常三郎，今和次郎，草野俊助，柳田國男，小田内通敏，〈後列左より〉高木誠一，中桐確太郎，小野武夫，小此木忠七郎，正木助次郎，枠内は新渡戸稲造（左），石黒忠篤（右）

　どうか，その意味で「田舎学」「地方学」が日本に必要だと説いていました。その彼が，明治42年2月14日に開催された第2回報徳会例会で「地方の研究」という講演をしました。その講演で新渡戸は「民政の顕微鏡的観察」，つまり一村を細密かつ学問的に観察すれば，国家社会の要も明らかにすることができると述べ，「地方学」の研究材料として，「郷帳」「水帳」「村鏡」『地方判例録』『地方大概帳』『風土記』『名所図会』など，「地方学」の研究項目に触れて，「氏名」「家屋の建築」「村の形」「土地分割」「言語　唄」の5つをあげています[4]。その講演会の聴衆の1人に当時34歳の法制局参事官柳田國男がいました。

図23　新渡戸稲造　第一高等学校校長時代（明治39年〈1906〉―大正2年〈1913〉）

（1）柳田國男と『郷土研究』　53

農商務省の若き官僚として，またその後は法制局参事官として広く各地の農村を踏査した経験と農政学の研究から，官府的画一主義の農政ではなくそれぞれの村の歴史を生かした農政の実現へと思いをめぐらしていた柳田にとって新渡戸の講演は共感するところ大であったと推察されます。その新渡戸に柳田を結びつけたのは地理学者の小田内通敏（おだうちみちとし）(1875―1954) でした[5]。そして，明治43年12月4日，新渡戸邸に集まった小田内通敏，柳田國男，それに農商務省の若き官僚石黒忠篤（いしぐろただあつ）(1884―1960) らによって始められたのが，いわゆる「地方（ちかた）」研究の小会たる郷土会でした。参加の会員は農政学や農業経済，人文地理学，植物学などをはじめその専門は多方面にわたっており，話題の中心は郷村の風土沿革，産業制度，生活慣習などでした。新渡戸も「なるたけ話がはずむやうに，色々の珍客を臨時に招いておいて，至つて自然に新しい刺戟を与へ」るようにしたといいます[6]。当時の気鋭な人材が集まる知的サロンともいうべき郷土会は，その後およそ10年もつづき，大正8年（1919）国際連盟事務次長に就任する新渡戸の渡欧によって自然消滅の形となりましたが，その約10年間に郷土会に参加した人たちの多くは，その後優れた農政官僚や地理学者としてまたその他それぞれの専門分野で大活躍することとなりました。

柳田國男と南方熊楠との論争　『郷土研究』の創刊は，大正2年（1913）3月のことですが，それに先立って柳田國男には雑誌刊行の計画があったようです。それは南方熊楠（みなかたくまぐす）(1867―1941) の明治44年（1911）6月12日付の柳田國男宛書簡からもうかがえます。

「欧米みな Folk-lore Society あり。英国には G. L. Gomme もっともこのことに尽瘁し，以為く，里俗，古譚はみな事実に基づけり，筆にせし史書は区域限りあり，辟説強牽の言多し，里俗，古譚はことごとく今を去ること遠き世に造り出されしものなれば，史書に見る能わざる史蹟を見るべし，と（中略）。わが国にも何とか Folk-lore 会の設立ありたきなり。また雑誌御発行ならば英国の "Notes and Queries"（中略）のごときものとし，文学，考古学，里俗学の範囲において，各人の随筆と問と答を精選して出すこととしたら，はなはだ面白かるべしと思う」[7] といっています。

柳田と南方の交流は明治44年3月29日，柳田が南方に手紙を出したときから始まるのですが，この「また雑誌御発行ならば」という文言からみて，柳田

表5　柳田・南方論争

	書簡にみる論争の経緯
1	大正3年(1914)5月10日付の南方からの柳田宛書簡
2	大正3年(1914)5月12日付の柳田からの南方宛書簡
3	5月14日午前3時，15日午前1時，16日，の計3通の，南方からの柳田宛書簡
4	14日付南方書簡に対する柳田からの16日付南方宛書簡
5	それに対する19日付の南方からの柳田宛書簡
6	22日付の柳田からの南方宛書簡

がこれ以前に南方に雑誌発行の計画を告げていたことが推定されます。南方のいう"Notes and Queries"というのは，イギリスでFolk-loreフォークロアという言葉を提唱したウイリアム・ジョン・トムズ（1803—85）の編集で1849年にオックスフォード大学から創刊された雑誌で，その誌面は文学，歴史学，人類学など多方面にわたるノーツ（覚書），クィアリーズ（質問），リプライズ（答）の3部門からなっており，それは柳田の『郷土研究』の誌面にも生かされることになりました。

　さて，柳田の民俗学の創設にむけてのこの時期の考え方を知るためには，すでに石橋臥波たちにより広く使用され始めていた「民俗学」という言葉の意味するところと，柳田の考え方との間にある相違について理解しておく必要があるでしょう。その点について注目されるのが，柳田と南方との間で交わされた論争です。それは表5にみるように『郷土研究』誌上と往復書簡とによって交わされたものです。重要なことは，当時の人びとが使い始めていた「民俗学」という言葉はフォークロアやフォルクスクンデの翻訳語としての意味，つまり，先の雑誌『民俗』が説明していたような，国民の間に現存する古代文化の遺物すなわち伝説，童話，俚諺，迷信および風儀，習慣等という意味で一般に理解されていたということです。そして，柳田には自分の目指す学問はそのような「民俗学」とは異なるものだという姿勢があったということです。この点が肝心です[8]。

　論争は，表5の2の大正3年（1914）5月12日付の柳田からの南方宛書簡によって火ぶたが切られます。柳田はそこで，『郷土研究』が民俗学のための雑誌であると南方に理解されることを拒絶して，次のように述べています。

　　次にかの雑誌は民俗学のための雑誌のようにたびたび仰せられ候には迷惑

に仕り候。(中略)小生専門はルーラル・エコノミーにして，民俗学は余分の道楽に候。

南方はただちに応じて14日から16日にかけて計3通の長文の手紙を送り批判詰問します。柳田はその14日の手紙を『郷土研究』誌上に3回に分けて連載します。南方の「『郷土研究』の記者に與ふる書」(9)がそれです。それは高木敏雄が編集から離れて柳田の単独編集になった大正3年5月刊の第2巻3号の直後のことです。そしてそれは，柳田が大正3年4月13日に貴族院書記官長になって間もない時期でした。

南方の批判の要点は次のとおりでした。

『郷土研究』は地方経済学の雑誌であるならば，地方政治学研究の必要もある。たとえば産業の変改，地境の分割，市村の設置，水利道路の改全，衛生事業，地方有利の天然物等について論じるべきである。地方経済の端緒として地方制度などから論じるべきである。夜這の規條成文法なども卑猥だとして看過することなく大いに研究すべきである。そして，

図24 柳田國男(1) (41歳，大正4年〈1915〉11月)

図25 南方熊楠が柳田へ送った写真(36歳，明治36年〈1903〉)

　　兎に角隗より始めよで，地方経済地方制度の事を主とする雑誌ならば，貴下自ら先づ巫女考などを中止し，若くは他の地方経済地方制度専門で風俗学不得手の人に，然るべく堂々たる模範的のしかとしたる論文を，隔月ぐらゐに冊の初部に出させられ度こと也。

と求めたのでした。

柳田の答えは直接的なものが1つ，間接的なものが2つありました。直接的な返答は，『郷土研究』第2巻7号に掲載された「南方氏の書簡について」(記者)です。間接的なものとして柳田が自らの目指している学問の方向を示したのが，1つは同じ『郷土研究』第2巻7号に菅沼可児彦の筆名で論じた「郷土

誌編纂の用意」であり，もう1つは第2巻8号から巻末に載せるようになる「社告」でした。そのうちの1つ，直接的な柳田の返答「南方氏の書簡について」の中から主要な論点を3点ほど紹介しておきます。

　第1は，柳田のいう『郷土研究』のルーラルエコノミーのルーラルとは新渡戸の「地方の研究」（田舎学）や「郷土会」の概念と共通するものだということです。エコノミーは直訳すれば経済ですが，むしろ生活上の資源の節約の智恵や技能など広い意味をもつ意味で用いていることです。そして，何よりも柳田は当時進められていた官府的な地方改良運動とはまったく別の視点から考究する立場にあることを縷々説明しようとしています。

　　　先づ読者に説明せねばならぬ一事は，「地方経済学」と云う詞のことです。記者の状にはさうは書かなかつた筈で，慥にルーラルエコノミーと申して遣りました。斯な英語は用ゐたくは無いのですが，適当に表はす邦語が無いからで，之を地方経済又は地方制度などと南方氏は訳せられた。今日右の二語には一種特別の意味があります故に，私はさう訳されることを望みませぬ。若し強ひて和訳するならば，農村生活誌とでもして貰ひたかつた。何となれば記者が志は政策方針や事業適否の論から立離れて，単に状況の記述闡明のみを以て此雑誌の任務としたいからです。此語が結局議論の元ですからくどく言ひます。エコノミイだから経済と訳したと言へばそれ迄ですが，経済にも記述の方面があるに拘わらず，今の地方経済と云う用語は例の改良論の方をのみ言うやうで誤解の種です。或はルーラルエコノミーでも狭きに失したのかも知れぬ。新渡戸博士のやうにルリオロジーとかルリオグラフィーとでも言つた方がよかつたかもしれませぬ。

第2は，南方の「巫女考」を中止せよとの注文に対する反論です。

　　　あの巫女考などは随分農村生活誌の真只中であると思ひますが，如何ですか。此まで一向人の顧みなかつたこと，又今日の田舎の生活に大きな影響を及していること，又最狭義の経済問題にも触れて居ることを考へますと，猶大に奨励して見たいと思ひますが，如何ですか。

第3は，『郷土研究』は他がこれまでやらなかつたことをやるのだという宣言です。

　　　政治の善悪を批判するのは別に著述が多くあります。地方の事功を録す

るものは「斯民」其他府県の報告が有り過ぎます。只「平民は如何に生活
　　するか」又は「如何に生活し来つたか」を記述して世論の前提を確実にす
　　るものが此までは無かつた。それを『郷土研究』が遺るのです。（中略）
　　仮令何々学の定義には合はずとも，多分後代此を定義にする新しい学問が
　　此日本に起ることになりませう。
　この柳田のいう新しい学問こそこれから生まれてくる柳田の民間伝承の学であり，戦前から戦後にかけて柳田が創生し牽引していった日本の民俗学なのです。したがって，先の石橋臥波や芳賀矢一の言っているフォークロアやフォルクスクンデの翻訳学問である当時の民俗学と，柳田がこれから生み出そうとしている学問とは，名称の上で共通しそれが時代的にも錯綜してしまっていますが，互いに異なるものであったことは明らかです。この点が重要です。誤解のないようにしなくてはなりません。
　そして，そのころの柳田の考えがよく示されているのが，「郷土誌編纂者の用意」という論文です。郷土誌とは，
　　地方々々の平民の思想及び之に伴ふ生活の変想を詳らかにする
ものであり，その編纂者が留意すべき点として，
　　　一，年代の数字に大な苦労をせぬこと，二，固有名詞の詮議に重きを置
　　かぬこと，三，材料採集の主たる方面を違えぬこと，四，比較研究法に最
　　も大なる力を用ゐること，
という4つの点を指摘しています。そして，
　　　立派な且つ役に立つ郷土誌を子孫に遺そうとする学者は，流行の史学研
　　究法から超脱せねばなりませぬ。気六つかしい史学者の奴と為つてはなり
　　ませぬ。
と強い口調で主張しています。

　折口信夫と「髭籠の話」　学問とは，独創的な分析概念の発見や学術用語の設定をその営みの中心とするものです。その意味からいえば，柳田國男と折口信夫による日本の民俗学の創始は，この雑誌『郷土研究』の中にあったといってよいでしょう。というのは，折口信夫の発見した「依代」という民俗学の概念が早くもここに登場するからです。神を招くための「をぎしろ（招代）」，神が依り坐すための「よりしろ（依代）」という概念をはじめて提示したのが折

表6　柳田國男の「神樹論」と折口信夫の「依代論」

論　　題	発　表　年　次　と　掲　載　雑　誌
〔折口信夫〕	
髭籠の話	大正4年(1915) 4月『郷土研究』3巻2号
髭籠の話(承前)	大正4年(1915) 5月『郷土研究』3巻3号
盆踊りと屋台と	大正4年(1915) 8月『大阪朝日新聞』8月29日号付録
稲むらの蔭にて	大正5年(1916) 6月『郷土研究』4巻3号
異郷意識の進展	大正5年(1916)11月『アララギ』9巻11号
依代から『だし』へ(髭籠の話の三)	大正5年(1916)12月『郷土研究』4巻9号
幣束から旗さし物へ	大正7年(1918) 8月『土俗と伝説』1巻1号
だいがくの研究	大正7年(1918) 8月『土俗と伝説』1巻1号
幣束から旗さし物へ(下)	大正7年(1918) 9月『土俗と伝説』1巻2号
まといの話	大正7年(1918)10月『土俗と伝説』1巻3号
だいがくの研究(二)	大正7年(1918)10月『土俗と伝説』1巻3号

『古代研究』民俗学篇1(1929)に，髭籠の話〔髭籠の話・髭籠の話(承前)・依代から『だし』へ(髭籠の話の三)〕収録

〔柳田國男〕	
柱松考	大正4年(1915) 3月『郷土研究』3巻1号
柱祭と子供	大正4年(1915) 5月『郷土研究』3巻3号
龍燈松伝説	大正4年(1915) 6月『郷土研究』3巻4号
旗鉾のこと	大正4年(1915) 8月『郷土研究』3巻6号
大柱直	大正4年(1915) 9月『郷土研究』3巻7号
諏訪の御柱	大正4年(1915)10月『郷土研究』3巻8号
勧請の木	大正4年(1915)11月『郷土研究』3巻9号
腰掛石	大正5年(1916) 3月『郷土研究』3巻12号
左義長問題	大正6年(1917) 1月『郷土研究』4巻1号

『神樹篇』実業之日本社(1953)にこれらの他に論文9編を加えて刊行

口信夫の「髭籠の話」という論文でした。そして，偶然にも実は柳田國男もちょうどそのころ神の降臨の目印としての柱松をめぐる論考を構想しており，その柳田の「柱松考」と折口の「髭籠の話」は相前後して発表されることとなりました。第3巻1号（大正4年〈1915〉3月）に「柱松考」の最初の部分が，第3巻2号（大正4年4月）に「髭籠の話」の前半部分がそれぞれ掲載されました。そのとき，柳田が折口の原稿を先に受け取っておりながら，自分の論文「柱松考」を先に掲載して，折口があたかもその柳田の論文を読んだかのよう

に加筆したということが，のちに話題となりました[10]。しかし，柳田もすでに，大正3年1月の『郷土研究』第1巻11号の雑報に「柱松考」の講演のことを記しており，第2巻4号（大正3年6月）の「片葉蘆考（かたはのあしこう）」でも，「神の依座（よりまし）」について指摘しており[11]，柳田と折口は奇しくも同じ時期に神の降臨とそれに関連する装置の問題についての関心を深めていたのでした。

　ここで重要なことは，3つです。1つは，日本の民俗学を創りあげる柳田國男とそれを深く理解し協力した折口信夫という2人が，この同じ時期にその民俗学の基本的な概念の1つを発見し提示したという事実です。2人はともに，神はどこか身近な場所に常住常在するものではなく，人間による祭りの機会を定めては依り来るものであり，祭りが終わればまた還り立つもの，そしてその神が依り来るにはそれを迎え祀る装置が必要不可欠であるという事実を発見したのです。そしてもう1つは，2人はよく似ているようでありながら，たがいに異なる独自の理論を提示していたということです。柳田のは神樹論，折口のは依代論と呼ぶべきものでした。柳田は次のように述べています。

図26　折口信夫(1)（口訳万葉集の頃，30歳，大正5年〈1916〉）

　　柱の頂点において火を燃やすことは火の光りを高く掲げるために柱を要としたのではなく，柱の所在を夜来る神に知らしむるためであったことは，日中の柱に旗を附することを思い合わせるとほぼ疑いがない[12]。

　　柱松と称して上元または中元に棹の尖端に火を焚く風習は，今も村々の祭の日に建てる幟と起源同一のもので，火といい旗というも結局は夜の柱，昼の柱の区別にすぎず，すなわち柱の所在を天降る神に知らしめる手段であった。然らばその柱は何の用かと言うに，つまり一尺でも天に近くするためで，すなわち神霊用の梯子である[13]。

一方，折口は次のようにいいます。

　　神の標山には必ず神の依るべき喬木があって，しかもその喬木にはさらにあるよりしろのあるのが必須の条件であるらしい[14]。

つまり，神の降臨する場所が標山であり，そこには神の依るべき高い木があり，その木には高く掲げられた依代がある。祭りのだんじり（地車）の竿の先に付けられた髭籠がそれであり，その髭籠こそ神の依代だというのです。そして，その依代というのは，

　　ただ何がなしに，神の目をさえ惹けばよいというわけではなく，神の肖像ともいうべきものを据える必要があったであろう[15]。
　　籠は日神を象り，髭はすなわち，後光を意味する[16]。

　つまり，髭籠は天神の代表である太陽神の形代であり，依代であるというのです。ここで明らかになるのは，柳田は一定の象徴物にではなく，神は高木や標柱に招かれ宿るものと考えていたのに対して，折口は神の依り来るための標山，喬木，依代という関係を指摘して，とくに依代とは神の肖像であり人工的で象徴的な装置であると論じていたのです。

　そして，最も重要なのがもう1つ，第3の点です。それは民俗伝承という資料群に対応してその分析を進める方法の違いです。折口は，代表的な事例への注目から一気に結論を導き出します。そして，それは多くの場合適切です。しかし，柳田はちがいました。結論を急ぐのではなく，代表的な事例への注目から結論へ至るまでに，最大限の努力を類似の事例群の情報収集とそのていねいな整理の作業へと傾注するという方法を提示しようとしました。柳田にとって何よりも重要だったのは実証性でした。そして，その方法を理解し共有できる研究者の開拓でした。柳田がそのアンチテーゼとする文献史学に対して，あらためて現実の資料にもとづく実証的な新たな学問を構築する，そのためには，西欧科学の実証性を拠点とする既存の学問と対抗できる自分たちの方法論の確立が必要不可欠だと考えたのでした。

　新しい学問の成立　これまで，学史的に日本民俗学の成立を説明する場合，柳田國男による昭和9年（1934）の『民間伝承論』，昭和10年の『郷土生活の研究法』と雑誌『民間伝承』の刊行の時点をもって，柳田を中心とする日本民俗学が確立したとみるのが通説でした。たしかに日本の民俗学の成立をその昭和10年頃におくというのは，本書でもあとで確認しますが，たしかに正しいでしょう。しかし，日本民俗学の独創的な概念の発見や創出にその成立をみるという立場からすれば，この大正初期の『郷土研究』，そして，次に紹介する

表7　日本民俗学の形成

年	事　　項
〔第1期　明治42(1909)―大正8(1919)年〕	
明治42(1909)	『後狩詞記』(35歳)
明治43(1910)	『石神問答』『遠野物語』(36歳)
明治45(1912)	4月21日，フレーザー『黄金の小枝』(金枝篇) 5冊を読み始める
大正 2(1913)	3月，『郷土研究』創刊(39歳)―大正6(1917)年(43歳)まで(「巫女考」「山人外伝資料」「毛坊主考」「柱松考」〈神樹篇〉など執筆へ)。8月，フレーザー『穀神論』『不死霊魂論』等を読む。11月，ゴム『エスノロジー・イン・フォークロア』を読む
大正 4(1915)	3月，柳田國男「柱松考」(『郷土研究』3―1) 4月，折口信夫「髯籠の話」(『郷土研究』3―2) 4月，ゴム Folklore as Historical Science, London, 1908 を読了
大正 8(1919)	5月，フレーザー『旧約民習篇』(旧約聖書のフォークロア)購入
〔第2期　大正8(1919)―大正14(1925)年〕	
大正 8(1919)	貴族院書記官長辞任(45歳)。『雪国の春』『秋風帖』『海南小記』
大正10(1921)	国際連盟委任統治委員，1921―23年渡欧(47歳〜49歳)
大正14(1925)	『民族』創刊(51歳)―昭和4年(1929)(55歳)まで
〔第3期　大正14(1925)―昭和10(1935)年〕	
大正14(1925)	「郷土研究ということ」(長野県埴科郡教育会講演)
昭和 1(1926)	「日本の民俗学」(日本社会学会講演) 「Ethnology とは何か」(文話会講演)
昭和 2(1927)	北多摩郡砧村(世田谷区成城町)に新居完成，移転(53歳)。「蝸牛考(1)―(4)」(『人類学雑誌』42巻4―7号)
昭和 3(1928)	1月，折口信夫「常世及びまれびと」(『民族』4―2) 4月，『青年と学問』(日本青年館)
昭和 4(1929)	「聟入考」(三宅博士古稀記念論文集)(55歳)。4月，『民族』4―3で休刊。7月，『民俗学』創刊―昭和8年(1933)12月まで(折口ら)
昭和 5(1930)	朝日新聞社論説委員辞任(昭和22年まで客員のち社友)(56歳) 『蝸牛考』刀江書院。「社会人類学の方法」(東京人類学会講演)
〔第4期　昭和10(1935)―昭和20(1945)年〕	
昭和 8(1933)	9月，「民間伝承論」講義開始(木曜会)(59歳)
昭和 9(1934)	『民間伝承論』(後藤興善の執筆)(60歳)。山村調査(今年から3年間，全国52ヵ所)
昭和10(1935)	『郷土生活の研究法』刀江書院(61歳)。7月31日，日本民俗学講習会(7月31日―8月6日)。9月18日，『民間伝承』創刊。柳田國男還暦記念を契機に折口信夫や金田一京助らによる関係修復
昭和12(1937)	海村調査(3年〈実は2年〉間で全国30ヵ所)

大正末期の『民族』においてであったという視点も重要だと思います。それは柳田と折口という2人の接触と交流の中から生まれてきた学問であるということをよくわからせてくれる視点だからです。

大正4年（1915）とは柳田國男（1875—1962）41歳，折口信夫（1887—1953）29歳のときでした。

ここで，柳田國男の足跡と日本民俗学の成立過程を整理しておくと，表7のようになります。第Ⅰ期が，明治42年（1909）の『後狩詞記』と明治43年の『遠野物語』の刊行です。これは前述のとおり「平地人をして戦慄せしめよ」と述べているように，日本列島の中に都市や農村の生活とは異なる生活の伝承が存在することへの注目でした。いわば，列島内の各地に伝えられている異種文化の発見という画期でした。そして，『郷土研究』の創刊，巫女や山人や毛坊主など日本社会の周縁的な存在や伝承への注目がこの時期でした。そして，神を迎えて祭る装置としての神樹論の提示，折口との出会いとその折口による依代という概念の発見がこの時期のことでした。

（2）『民族』と新たな出発

貴族院書記官長辞任と欧州滞在　柳田國男の民俗学の創生の過程を追跡していくうえで，欠くことのできない貴重な参考文献が，後藤総一郎監修，柳田國男研究会編著の『柳田國男伝』（三一書房，1988）です。それを参考にしながら，『郷土研究』以後の柳田國男の動向を確認しておきましょう。

創刊から4年，毎月1冊ずつ刊行されてきた『郷土研究』も大正6年（1917）3月の第4巻12号をもって休刊となります。その2年後の大正8年12月，柳田は貴族院書記官長を辞任して約20年間の官僚生活に終止符を打ちます。そして，3年間は自由に旅行させてくれるという約束で朝日新聞社の客員となります。「大正九年は私一箇のためにもつとも記念すべき旅行の年であつた」とのちに柳田自身も述べているように[17]，この年の東北旅行や沖縄旅行のもった意味は大きかったと思われます。『雪国の春』『秋風帖』『海南小記』のいわゆる紀行3部作が著されるのもこの旅でした。この旅での沖縄の発見は柳田にとって大きな意味をもちました。

図 27　折口信夫宅での柳田國男渡欧壮行会（大正10年〈1921〉3月31日）
〈前列左より〉金田一京助，ニコライ・ネフスキー，柳田國男，〈中列左より〉折口信夫，今泉忠義，中山太郎，松本信弘，星野輝興

　これが第 II 期ですが，この時期のもう 1 つの大きな経験は，国際連盟委任統治委員としての大正 10 年と大正 11 年の 2 度にわたる欧州滞在です．官界を去った柳田に再び公的かつ国際的な活躍の場を配慮したのは，郷土会で親交をもち当時は国際連盟事務次長になっていた新渡戸稲造でした．柳田はスイスのジュネーブでの委任統治委員の職務を精力的にこなしながら，あらためて民族学 Ethnology の重要性を認識します．ジュネーブ大学で P. オルトラマール教授の比較宗教史を聴講したり，E. ピッタール教授 Eugene Pittard の人類学の講義を受講してフランスの A. ドーザ Albert Dauzat の『言語地理学』を読むなどしています[18]．また，スイスでは『金枝篇』の著者 J. G. フレーザーにも面会したといい[19]，パリやベルリンでは多くの書籍を購入するなど，学問的な刺激にも充ちた欧州滞在でした．

　雑誌『民族』の創刊　柳田は大正 12 年（1923）9 月 1 日の関東大震災の報を，帰国途中のロンドンで聞きました．大正 12 年 11 月 8 日，アメリカまわりで横浜に帰港した柳田の荷物の中には欧州滞在中に買い込んできた人類学，民族学

関係の書物がぎっしりと詰め込まれていました[20]。朝日新聞社に編集顧問として復職した柳田は，精力的に執筆や講演などの活動を行なっていきます。そして，新たな学問の出発の拠点として，大正14年（1925）11月に雑誌『民族』を創刊します。それは若い岡正雄や有賀喜左衛門ら民族学や社会学に関心をもつ人たちを編集委員として出発したもので，その学問の範囲を狭く限定することなく，人類学，民族学，考古学，言語学，農政学など非常に広い範囲の分野の論文が掲載されていくこととなりました。ただし，この雑誌の基本的な態度として創刊号で示されたのは，比較研究法を用いること，そのために事実の忠実な調査採録と分析考察を行なうこと，そして，関係諸学の業績を十二分に尊重すること，という3点でした。

　柳田が欧州滞在で確認したのは，イギリスの人類学 Anthropology とフランスの民族学 Ethnologie とが，おたがいに同じ内容の学問であるのに，E.B. タイラーから J.G. フレーザーまで一貫してイギリスでは人類学 Anthropology を名乗り，けっして Ethnology とは名乗らないのに対して，一方，フランスでは1926年にパリに Institut d'Ethnologie 民族学院を設置するなど民族学 Ethnologie を名乗っている，という学問の名乗りや呼び名が，その内容は共通していながらそれぞれの国における学問の歴史，つまり行き掛りの相違から，問題がもつれていることを反省すべきだということでした。だから名前のことはさておいて，なるべく幅広い研究対象，研究領域を設定する方向をもとうとしたのでした。それは，大正15年5月に慶應義塾大学三田クラブの交詢社の文話会という会で講演した「Ethnology とは何か」からもよくわかります。この「Ethnology とは何か」とともに柳田はこの時期，大正15年4月に日本社会学会で「日本の民俗学」という講演も行なっています。そこでも，英語のフォークロア，エスノロジー，エスノグラフィー，ドイツ語のフォルクスクンデ，フェルケルクンデなどの語と日本語の民俗学との関係が混乱している現状が指摘されています。大藤時彦もいうように[21]，柳田はこの段階ではまだフォークロアとエスノロジーの訳語について，また2つの学問の立場や内容の差異について明確な区別を立てていなかったということでしょう。

　ただし，柳田が言おうとしたことは明白です。第1に，エスノロジーも最近では学術的な直接の現地調査が行なわれるようになって格段の進歩をみせてい

図28 雑誌『民族』創刊号表紙

図29 昭和2年(1927)8月25日に完成して9月10日に転居した北多摩郡砧村(現在の世田谷区成城)の柳田邸(昭和3年頃の撮影)

図30 新築邸宅内の書斎

るということ、第2に、欧米のエスノロジーの調査研究の対象として極東アジアや北部太平洋、そして日本の内地などもっともその資料情報が欠落しているところがあるということ、第3にその日本では民俗の伝承が豊富に伝えられており、自らその調査研究が可能であるということ、です。そして、「日本人の如き唯一無二の境遇に立つ者が、受売翻訳を是れ事とするのなどは、出来るわけ合いのもので無いと自分は思ふ。乃ち自ら研究しなければならぬ。之に由つて自分を知らうと努めるに止らず、更に迷へる外国の民俗学者を導かねばならぬ」と述べています。そして、当時の社会学が「講壇の社会学」であり、実地調査を行なう実証的な社会学をめざすなら、フォークロア、民俗学の協力が必要であろう、と結んでいます。たしかに、大正末から昭和初年頃の社会学は研究室と書庫での理論社会学が中心で、この時点での柳田の指摘は的

を得ていたといってよいでしょう。のちのような実地調査にもとづく農村社会学が確立してくるのは鈴木栄太郎（1894—1966）[22]から以降のことであり，それに続いた有賀喜左衛門や喜多野清一たちによってでした。

論文と資料報告　雑誌『民族』は，柳田の構想したとおり学際的に，考古学の浜田耕作（青陵），言語学の金田一京助，沖縄研究の伊波普猷（いはふゆう）たちの先端的な論文が掲載されました。また，田辺寿利によるフランス社会学のエミーユ・デュルケイムの研究紹介なども連載され，欧米の先端的な研究動向も紹介されていきました。その一方で，同時にまた柳田がめざしたのは，日本各地の民俗伝承の忠実な採録と収集，そして比較研究法による分析と考察の必要性の提唱でもありました。たとえば第1巻2号では，正月行事の小特集，第1巻3号では三月節供と春祭，第1巻5号では盆行事の小特集を組むなど，各地の民俗伝承情報の収集に努めていきました。その中に，たとえば第2巻2号の「諸国新年習俗の比較」という小特集が組まれています。それはかつて坪井正五郎が『東京人類学雑誌』で試みた「年始風俗彙報」の呼びかけにも通じるものでした。そこで，集められている新年習俗の情報の1つに，対馬のコッパラ，肥前の土鼠打，甲州のオカタブチなど，女性の尻や地面などを叩く習俗がありました。それに対して柳田は，「編者云」として，正月14日の小正月行事の土鼠打（もぐらうち）と10月の亥の子行事の土鼠打との関係や，甲州や対馬に見られる女性の尻を打つ習俗について，「日本全国を一つの研究対象として考へてみるべき必要は，愈今回の蒐集によつて明且白になつた」と述べています。しかし，その後この柳田の呼びかけに応える研究は現れず，昭和48年（1973）の小野重朗の「ハラメウチ（孕め打ち）の原像」[23]が唯一の成果で，新谷の「叩く―嫁叩き・消滅する民俗―」[24]がそれに続きました。つまり，柳田の提唱する，全国各地から類似の民俗の事例情報をできるだけ詳細に豊富に蒐集する，そしてそれを比較研究という方法によって分析して歴史的な変遷を論じる，という方法はなかなかその労力や時間からみて個々人ではすぐには実現が難しいものだったのです。また，それだからこそ柳田は全国各地に同学の士の育成と参加と協業とを提案していたのでした。

しかし，この柳田のめざした方向と若い編集委員たちの望む方向は必ずしも一致していませんでした。資料報告欄を充実させようとする柳田に対して，岡

図31 岡 正雄（柳田邸の書斎にて，昭和初年頃）

正雄たち若い編集委員は論文欄の充実を望み，学術的な雑誌としての方向をめざしていたのです。昭和2年9月の第2巻6号に，「編輯者の一人より」として次のような文章が載せられています。それは柳田の文章にちがいありません。

9点の箇条書きですが，その前にまず，「二度の伊波さんの論文が端緒となつて，今まで一向に顧みられなかつた日本各地の葬制の古風を，段々に比較して行くことができれば大なる幸であらうと思ふ」とあります。そして，各地の事例には異風や変化があると同時に，遠方の意外な一致もあり，新旧の変化を追うことができる，ただし，一時にたくさんの資料を集積するのは無理だから，得るにしたがって追々に掲載する，また，これからは山村の生活や，池沼水の神に関する伝説などを収集してみたい，贈答や交易に関する旧来の慣習についても注意していきたい，などの意味のことを述べています。そして，もっとも強烈なのが，次の文章です。「折角沢山のよい報告が出て居るのに，本誌の研究はどれも是も，横ぞつぽうを向いて自分の卓見のみを独語して居られるのは不本意である。悪くすると二つの相長屋住居の様に世間から評せられるの危険がある」。この「二つの相長屋住居」というのは象徴的な言葉でした。やがて，柳田はこの雑誌の編集への熱意を失っていきます。そして，昭和3年7月の第3巻5号を最後に編集から完全に手を引いてしまいました。

折口の「常世及び『まれびと』」 柳田が折口の投稿論文「常世及び『まれびと』」の『民族』への掲載を拒否したというのは，後年の岡正雄の回想による情報です[25]。折口から預かった原稿を柳田に見せたら，こんなものは載せられない，返しなさいといわれたというのです。岡は「僕はそのとき先生とかな

り激しくやりあったのですが」といいます。結局、柳田が編集から手を引き雑誌が廃刊となる直前の第4巻2号（昭和4年〈1929〉1月）にその折口の論文は掲載されました。この折口の論文は、日本民俗学史の上で「まれびと」という独創的な概念を提示した重要な意味をもつ論文でした(26)。

まれびととは何か、折口は論文の冒頭でまずそのまれびと論の本質を述べます。

　　まれという語の遡れる限りの古い意義において、最少の度数の出現または訪問を示すものであったことは言われる。ひとという語も、人間の意味に固定する前は、神および継承者の義があったらしい。その側から見れば、まれひとは来訪する神ということになる。ひとについて今一段推測しやすい考えは、人にして神なるものを表すことがあったとするのである。人の扮した神なるがゆえにひとと称したとするのである。

　　私はこの章で、まれびとは古くは、神を斥す語であって、とこよから時を定めて来り訪うことがあると思われていたことを説こうとするのである。幸いにして、この神を迎える儀礼が、民間伝承となって、賓客をあしらう方式をはらんで来た次第まで説き及ぼすことが出来れば、望外の欣びである。

　　てっとりばやく、私の考えるまれびとの原の姿を言えば、神であった。第一義においては古代の村々に、海のあなたから時あって来り臨んで、その村人どもの生活を幸福にして還る霊物を意味していた。

図32　折口信夫(2)（42歳、昭和3年〈1928〉）

柳田が、数多くの事実を列挙してそこから帰納的に結論を導き出すのとは対照的に、まず、「てっとりばやく、私の考えるまれびとの原の姿を言えば、神であった」という定義が最初に示されています。そして、そのあとで多くの事例をあげながらその論拠を示していきます。この折口信夫のまれびと概念について、神話モデル（第1次モデル）と歴史モデル（第2次モデル）が存在することを指摘したのは鈴木満男ですが(27)、神話モデルとしてのまれびとは、海

上のはるか彼方にあり富と齢と長寿の源泉であると同時に常闇の地で死と禍いの本地でもあるとこよ（常世）から，時を定めて神が来臨し，村人の祭りを受けて祝福を与えまた訓戒を示して去っていくという神話的な観念に支えられた来訪する神としてのまれびとです。それは新嘗の夜の神のおとずれや蘇民将来の神話や沖縄のにらいかないの信仰などの中に伝えられているといいます。一方，歴史モデルとしてのまれびと，つまり具体的な姿をもって示されているそれは，正月行事などの中に伝えられています。

　　　大晦日・節分・小正月・立春などに，農村の家々を訪れたさまざまのまれびとは，みな，蓑笠姿を原則としていた。夜の暗闇まぎれに来て，家の門からただちに引き還す者が，この服装を略する事になり，ようやく神としての資格を忘れるようになったのである。近世においては，春・冬の交替に当たっておとずれる者を，神だと知らなくなってしもうた。ある地方では一種の妖怪と感じ，またある地方では祝言を唱える人間としか考えなくなった。それにも二通りあって，一つは，若い衆でなければ，子ども仲間の年中行事の一部と見た。他は，専門の祝言職に任せるという形をとるに到った。そうして，祝言職の固定して，神人として最下級に位するように考えられてから，乞食なる階級を生じることになった。

そして，次のような図が示されています。

　　　　　　　　　　妖　怪
　　　おとずれびと＜
　　　　　　　　　　祝言職——乞　食

この折口信夫の代表的な論文，とこよとまれびとをめぐる論文の場合も，実に興味深いことに，その着想をめぐって柳田國男と微妙な前後関係がありました。柳田と折口の2人ともが同時に注目したのが，来訪神の姿を演じる民俗伝承の数々でした。たとえば沖縄の八重山諸島で穂利祭（プーリ）の2日目の暮れ方に出る赤また黒またや，東北地方で小正月に出る男鹿（おが）のなまはげや閉伊のなごみたくりのたぐいでした。それについての2人の論文は，表8に見るように相次いでいたのでした。

雑誌『民族』への折口の投稿論文「常世及び『まれびと』」が，柳田によって掲載不可とされたというのは，前述のように岡正雄の回顧談をもとにしてい

表8　まれびとの発見

年　　　　月	事　　　　　　　　　　　項
大正 9(1920). 12	柳田「海南小記」の旅，大正10年3月まで
大正10(1921).	柳田「二色人」(『海南小記』)
7	折口　沖縄旅行
大正11(1922). 1	柳田「小正月の晩」(『東京朝日新聞』1月16日)
大正12(1923). 7	折口　沖縄旅行
大正13(1924). 6	折口「呪言の展開―日本文学の発生その二」
大正15(1926). 1	柳田「雪国の春」(『婦人の友』第20巻1号)
昭和 2(1927). 5	柳田　男鹿半島一周の旅
7	東京朝日新聞秋田版に連載(「おがさべり」(1)→(15)，(6)が「なまはげ」について記す)
昭和 3(1928). 2	柳田『雪国の春』「おがさべり(男鹿風景談)」　正月様の訪問
3	折口「翁の発生(承前)」(『民俗芸術』第1巻3号)
昭和 4(1929). 1	折口「常世及びまれびと」(『民族』第4巻2号)
4	折口『古代研究　民俗学篇1』大岡山書店
4	折口『古代研究　国文学篇』大岡山書店
昭和 5(1930). 8	折口　初めて東北地方への旅へ(遠野，恐山，男鹿などを回る)

ますが，他の情報が不足しているのでその可能性はあったとしても事実としての断定はできません。折口はその論文の趣旨と通じるもう1つの貴重な論文を，そのころ自分たちが主催していた雑誌『民俗芸術』に掲載しています。それが，「翁の発生」[28]です。まれびと論に関する折口の最初の論文ですが，その中に次のような一節があります。昭和3年（1928）3月の論文です。

　　　春のまれびと
　柳田國男先生の「雪国の春」は，雪間の猫柳の輝く様な装ひを凝して出ました。私どもにとつては，眞に「春のまれびと」の新しい「ことぶれ」の様な気がします。殊に身一つにとつてはれがましい程の光栄に，自らみすぼらしさの顧みられるのは，「春の鬼」に関する愚かな仮説が，先生によつて見かはすばかり立派に育てあげられてゐた事であります。実の処，おこがましくも，春の鬼・常世のまれびと・ことふれの神を説いている私の考へも，曾て公にせられた先生の理論からひき出して来たものでありました。南島紀行の海南小記―東京朝日発表，後に大岡山書店から単行―の中に，つつましやかに言を幽かにして書きこんで置かれた八重山の神々の

話が其であります。学説と言ふものは，実にかくの如く相交錯するものでありまして，私が山崎さんの研究(29)の一部たりとも，冒認する事を気にやんでゐる事情も，お察しがつきませう。

　今から四年前の初春でした。正月の東京朝日新聞が幾日か引き続いて，諸国正月行事の投書を発表したことがありました。其中に，

　　なもみ剝げたか　剝げたかよ
　　あづき煮えたか　にえたかよ

こんな文言を唱へて家々に躍り込んで来る，東北の春のまれびとに関する報告がまじつてゐました。私は驚きました。先生の論理を馬糞紙のめがふおんにかけた様な私の沖縄の「まれびと神」の仮説にぴつたりしてゐるではありませんか。雪に埋れた東北の村々には，まだこんな姿の「春のまれびと」が残つてゐるのだ。年神にも福神にも，乃至は鬼にさへなりきらずにゐる。畏と敬と両方面から仰がれてゐる異形身の霊物があつたのだ。こんな事を痛感しました。私はやがて，其なもみの有無を問うて来る妖怪の為事が，古い日本の村々にも行はれてゐた微かな証拠に思ひ到りました。かせ・ものもらひに関する語原と信仰が，其であります。此事は其後，多分二度目の洋行から戻られたばかりの柳田先生に申しあげたはずであります。

　「雪国の春」を拝見すると，殆んど春のまれびと，及び一人称発想の文学の発生と言ふ二つに焦点を据ゑられてゐる様であります。殊に「真澄遊覧紀を読む」の章の如きは，彼「なもみはげたか」の妖怪の百数十年前の状態を復元する事に主力を集めてゐられます。馬糞紙のらつぱは，更に大くして光彩陸離たる姿と，清やかに鋭い声を発する舶来の拡声器を得た訳なのです。

　ここで折口は，「先生の論理を馬糞紙のめがふおんにかけた様な私の沖縄の『まれびと神』の仮説」と謙遜していますが，同時に「此事は其後，多分二度目の洋行から戻られたばかりの柳田先生に申しあげたはずであります」とも述べています。また，この引用文の前の部分には，「学問の研究の由つて来たる筋道と，発表の順序とだけは，厳重にはつきりさせて置くと言ふ，礼儀を思ふからであります。私どものしてゐる民俗学の発生的見地は，学者自身の研究発

表の上にも当然持せられるべきはずであります。内外の事情の交錯発生する過程を明らかにすると言う事は，研究方法を厳しく整へるよりも，もつともつと重大な事なのです」と強い調子で着想のプライオリティの問題の重要性について述べています。そこには，このまれびと論の着想は柳田に啓発されながらも自分から磨きあげたものであったという自負がうかがえます。

　柳田の大正15年（1926）1月の「雪国の春」(30)には，次のようにあります。

> 　雪国の多くの町に，正月十五日之を行ふ他に，朝鮮の半島にも同じ日に行はれ，南は沖縄八重山の島々にも，日はちがふが殆ど同じ式が行はれた。同じく穀祭の前には二人の若者が神に扮して，此等の孤島の村々にも訪れた。本土の各地では其神事がやや弛んで，小児の遊戯のやうにならうとして居るが，これも正月十五日の前の宵で，或はタビタビ，トビトビと謂ひ，又はホトホト，コトコトなどと，戸を叩く音を以て呼ばれて居るのみで，祝言を家々にもたらす行事は一である。宮城福島に於ては茶せん子とも笠鳥とも謂つて居る。それが今一つ北に行くと，却つて古風を存して南の果に近く，敬虔なる若者が仮面を被り，藁の衣装で身を包んで，神の語を伝えに来るので，殊に怠惰の者を憎み罰せんとする故に，之を「なまはぎ」とも「なごみたくり」とも，又「ひかたたくり」とも称するのである。閉伊や男鹿島の蝦夷の住んだ国にも，入代つて我々の神を敬する同胞が，早い昔から邑里を構え，満天の風雪を物ともせず，暦が春を告ぐる毎に古式を繰返して，歳の神に仕えて居た生活の痕である。

　また，それより早く大正10年3―5月連載の『海南小記』では，八重山の来訪神の習俗について次のように記しています。

> 　毎年六月穂利祭（ブーリ）の二日目の暮れ方に，赤又黒又の二神は此洞から出て，宮良の今の村の家を巡つてあるく。必ず月の無い夜頃を択ぶことに為つて居る。（中略）宮良の人々は神の名を呼ぶことを憚つて，単にこれをニイルビトと謂つて居る。それを赤と黒と二色の人と云ふことであると謂ふが，ニイルは常世の国のことだから，是も遠くより来る神の意であらう。（中略）
> 　此夕は家を清め香を焼いて，早くから神の来臨を待つて居る。二色人が前盛の家へ来て，謂ふ詞は一定して居るが，其他の家々では形式が色々あ

る。不幸のあつた者は慰める。無事の者は激励する。さうして何れも次に来る年の，更にめでたく又豊かであることを，親切に且つ面白く，謂つて聞かせるのださうである。初春に我々の家の門に来る春駒鳥追，其他種々の物吉ほぎ人と違う点は，単に家主が預言者に跪いて，一句毎に丁寧に其受答へをするばかりで無い。彼等は之を直接神の御詞と信ずるが故に，如何な事があつても村外の者に，其文句を知らしめぬ。

つまり，先にも述べた，神を迎える「よりしろ（依代）」の発見の場合と同じく，この「来訪神」や「まれびと」の発見の場においても，柳田と折口とはたがいに共感共鳴しあっていたのです。そして，この２つともに，日本民俗学の発見した独自の貴重な概念として提示され継承されていったものなのでした[31]。

『民俗学』と民俗学会　昭和４年（1929）４月の第４巻３号を最後に『民族』を廃刊にして，岡正雄（1898―1982）はその４月にオーストリアのウイーンに渡ることになります。そして，ウイーン大学のヴィルヘルム・シュミット教授のもとで民族学を学び，昭和８年に博士号を取得します。そして帰国するのは昭和10年のことです。昭和２年８月末に北多摩郡砧村(きぬたむら)（現在の世田谷区成城）に完成した柳田の大きな書斎を備えた家屋に同居して勉強していた岡が，そこを逃げ出すように出ていったのが昭和３年９月のことでした。それは柳田が岡との意見の対立で『民族』の編集から手を引いたすぐあとのことでした。岡はその後，12月に渋沢敬三を訪ねます。そして，民族学・エスノロジーの本格的な研究をしたいのでウイーンに留学させてもらえるように頼みました。すると，渋沢は即座にそれを了承し，経済的な援助を約束したのでした[32]。

岡正雄は４月の出発よりもずっと前から折口信夫に相談して，『民族』にかわる新しい雑誌の創刊を働きかけていました。そして，雑誌『民族』に参加していた人たちの中から柳田だけをはずしたかたちで民俗学会が設立され，その機関誌として雑誌『民俗学』が７月に創刊されます[33]。学術的な総合誌としての内容も『民族』のころと同様で，設立趣意書に委員として名前があげられている18名もかつての『民族』の主要なメンバーでした。その中心人物は，折口信夫，金田一京助（1882―1971），宇野円空，伊波普猷，松村武雄，有賀喜左衞門（1897―1979），松本信広たちでしたが，すでに日本にいない岡正雄の名

前もそこに含まれていました。内容もメンバーも『民族』のころと同じなのに，雑誌の名前を『民俗学』とし，学会の名前を民俗学会としたのはなぜか。晩年の岡正雄の談によると，「新しい雑誌の発行について，折口さんと相談しました。雑誌名としては民俗学をうたった名がいい，というのは，自らエスノロジストと考えている某氏がこの雑誌を編集したい意向をもっていて，民族学の雑誌を思わせるような名はつけない方がいいという，今だからいえるデリケートな問題があって」というのです[34]。つまり，このときの民俗学というのは，世俗的な問題をかかえた中での

図33　雑誌『民俗学』創刊号表紙

名乗りであり，学術的な吟味も概念規定も明確にされないままの，単なるフォークロアの訳語としての命名であったわけです。ですから英語の雑誌名も Journal of Folklore でした。

　そして，この『民俗学』の特徴は，大学に所属する専門的な研究者が中心となっていたことでした。したがって，やがて「論文の次の資料報告欄の内容が次第に貧弱になってしまって，殆ど資料報告が寄せられないというような状況になってしま」い，論文に民族学関係のものを加えるようにして，標題もはじめの Journal of Folklore から Journal of Folklore and Ethnology へと変更されるなどしました[35]。そして，4年間の発行実績をもちながら昭和8年12月の第5巻2号で休刊ということになり，また新たな展開へと向かいます。

　柳田の『民族』での編集上の専横に対する若い研究者たちの不満や反発が，多くのメンバーの離反を招き，この時期，柳田がひとり孤立していったことを証言する人は少なくありません。たとえば，橋浦泰雄は，「昭和の初期に，先生は学界の仲間から一時孤立されたことがあります。（中略）　先生に対する個人的な非難が，先生のいない集会で，ときに感情的に述べられるのには，わたくしは我慢がなりませんでした。（中略）　わたくしは直ちに新学会を退会しました。退会してみてわかったことは，当時，柳田先生のところに残ったのは，

おそらくわたくしが一人だったのではないかと思います」と回顧しています(36)。また，当事者の 1 人であった有賀喜左衛門は次のように述べています。

> 昭和 4 年（1929），柳田先生が「世相篇」（『明治大正史世相篇』のこと）の担当を決意した頃，民俗学界の雲行は暗く荒れていた。柳田先生は『民族』の編集同人の一人であった岡正雄と感情上の衝突もあって『民族』を廃刊に処した。（中略）先生の心中平かならざるものが渦巻いていたであろう。それのみでなく，昭和四年七月になると『民族』に代って民俗学会が新しく結成され，雑誌『民俗学』が刊行されることになった。柳田先生は自らの研究と学問を「民間伝承」，または「民間伝承論」と称することを固持して，すでにチラホラ意見が出ていた「民俗学」の名称は学問として十分な内容を持たないものとして排していた。しかし，学界の人々は「民間伝承」では新しい学問の名称としては不適であるという意見にまとまって，柳田先生の意見を無視してしまった。（中略） 柳田先生が最も信頼していた折口信夫も柳田先生に反逆し，新しい民俗学会の主軸となったのだから，只事ではなかった(37)。

しかし，この有賀のいう，折口信夫も柳田先生に反逆したというのは，表向きはそう見えたかもしれないが，必ずしも正確ではないでしょう。柳田を尊敬しながらも若い研究者をも理解し，担がれて民俗学会を起こし『民俗学』を創刊していった折口信夫が，柳田と学会とが離反することに誰よりも心を痛めていたであろうことは，永池健二も指摘しているとおりだと思われます(38)。

折口の姿勢　折口は，昭和 4 年（1929）7 月の『民俗学』の創刊号で早くも，「此の学問も柳田先生がこれ迄に用意してくだされたのであります。我々はこれを堕すことなく育て進めて行かねばならぬと思ひます」(39)と述べています。また，11 月の『民俗学』第 1 巻 5 号には國學院大学郷土会での 9 月 26 日の講演「民俗学学習の基礎」の要旨を掲載して，民俗学の研究においては，第 1 に自分の足で歩いて資料を集める採訪，第 2 に書物から鋭敏な感覚で良質の情報を集めるカード，この 2 つが最重要であることを述べながら，「柳田先生はこの点では鬼に金棒である。柳田先生の本を読んで統一する基礎は，その歩いてきた実感にあるのである。それであるから，若い間には出来る丈採訪して歩くがよい。科学的だとか，学問的だとか考へるよりも之が一番大切なことであ

る」と説いています。そして柳田によって9月に刊行が開始された菅江真澄の『真澄遊覧紀』を高く評価しています。さらに昭和5年1月の『民俗学』第2巻1号では，「旧年中の民俗学徒の為事」として，柳田國男の方言研究を絶賛しています。「昭和4年は，方言研究が盛んになる口火を切つた年である。第一に，柳田先生の研究やその情熱の中心が今，ここに集注している様に見えた。それで，いろんな形式で発表せられた先生の方言論は，嵐となつてわれわれの心を捲きこんでゆく。その広い触面は，あらゆる学者を呼びさましてよいと思ふ。事実われわれは，その暗示と示唆とに打たれて，<u>ほうとため息をさへつく程である</u>」。このように述べながら折口は，地方の民俗研究や採訪がさかんになり，研究組織も作られ『民俗学』や『民俗芸術』(40)『旅と伝説』などの雑誌が刊行され，投稿がふえている現状に対してきびしい見方もしています。

> 　概論は，各論の緻密な堆積の上に，自ら現れる筈の成迹であつて，さうさう易々と出来る筈のものではない。<u>うつかりすると，単なる外国学者の説の解釈か，さうでなければ，とほり一遍の常識論に過ぎないのである。</u>地方を紹介しよう，地方学を興さうとする人々が，此態度に這入つて来るのは，どう思うても，いけない事である。此がかうじると，採訪を忽にして，<u>概括論が横行する</u>ことになる。既に考古学・人類学徒の末流に其弊が多すぎるのを，御同様に見てきているのである。<u>質実な態度を築いて頂いた柳田先生以来の学問に対して，尠くとも，私はすまないと思ふ。</u>

このように述べる折口には，いまは疎遠になってしまっているが，柳田が新たな学問創生へかけている情熱は自分こそが誰よりもよく理解している，という自信があったものと思われます。

（3）「蝸牛考」と「聟入考」

「蝸牛考」と方言周圏論　『民族』の編集に意欲を見せていた昭和2年（1927），柳田國男がみずからの独創的な民俗学の視点と方法とを明確に示した論文が『人類学雑誌』に連載されます。それが「蝸牛考」です(41)。それはちょうど『民族』第2巻6号（昭和2年9月）に前述のような「編輯者の一人より」を書いたころでした。具体的な論文を提示することによって自分のめざす学問の方向を提示したのでした。

図34　柳田國男(2)（56歳頃，昭和5年〈1930〉頃）

　それは，初めに「平凡なる不思議」という項目が立てられて，日本の言葉には，蜘蛛や土鼠（くも　もぐら）など，ほとんど全国共通していて異名の少ないものと，蝸牛や斑魚（かぎゅう　めだか）など数百にものぼるたくさんの異名が地方ごとに伝えられているものとがあり，後者に注意してみると，それぞれ複雑な地域的分布をみせている，それは一体なぜなのか，という疑問の提示から，その意味する世界を探ろうとしたものでした。これは後に改訂修補のうえで，昭和5年に単行本『蝸牛考』として刀江書院から出版されました。その概要は以下の通りです。

　デンデンムシという呼称は，昭和の初期ころまでの分布ですと，日本列島の中央部の近畿地方を中心に濃密な分布がみられていました。そして，その東西の外縁部には関東地方や中国地方などにマイマイ系列の呼称が分布していました。そして，その外側の東北地方と四国・九州地方にはカタツムリ系統の呼称が多く分布していました。それは，ちょうど池に石を落として水の輪が広がるように，中央の都市で新しい名称が発生しそれが地方に伝播していくという関係，都市という文化発信装置と地方への文化伝播という，そういう解釈が可能であるとして，比較を中心とする新たな方法を柳田は示したのでした。

　しかし，この方言周圏論と呼ばれる視点と方法は，戦後の日本民俗学では，1970年代以降の東京教育大学の研究者を中心として，その内部からもまた言語学など外部からも，徹底的に批判され否定されていってしまいます。方言の分布は日本列島の各地でその歴史的で系統的な差異も大きいとか，そんな単純なものではないなどという批判でした。言葉や民俗の地域差がその言葉や民俗の変遷史を暗示しているのではないか，という柳田のせっかくの視点が戦後の若い民俗学研究者たちにはなかなか理解されなかったのです。国語学の立場からは，1950年代に東条操[42]や金田一春彦[43]，楳垣実[44]，長尾勇[45]たちの，実証的な論点から周圏論の適用可能なものもあるが，そうではなく孤立変遷や

78　3　柳田國男の日本民俗学

多元的発生という現象も多く見出されるとの指摘がなされました。一方，1970年代になると，馬瀬良雄[46]や柴田武[47]など一部では周圏論が有効であることの論証もなされてきています。その1970年代に逆に若い世代の民俗学研究者たちは柳田をよく読み込むこともなく，否定していったのでした。現在では「周圏論は方言分布を説明する原則の1つである」という評価が定着してきていますが，民俗学研究者の方がまだていねいに柳田を顧みることもなく，1970年代以降否定されたままというのが奇妙な現状なのです。

　あらためて柳田の「蝸牛考」という論文をよく読んでみると，たいへん貴重なまさに迫力ある提言がみられることに気づきます。歴史上の記録というのは偶然の記録にすぎない，デンデンムシという小さな虫に対する命名の歴史というのは，それこそ東西南北に細長い日本列島の各地に住む人たちが，古代から現代までの長い歴史の中でそれぞれ行なってきた実に膨大なものがあるはず，しかし記録に残されているものには，平安時代に京都に住んでいた源 順（みなもとのしたごう）という人物の著した『和名抄（わみょうしょう）』（承平年間〈931—38〉に編纂）の「加太豆布利（かたつふり）」という記事があるにすぎない，また江戸時代前期の黒川道祐（くろかわどうゆう）の『日次記事（ひなみきじ）』（延宝4年〈1676〉の序文）には京都の町の児童たちが「出出蟲蟲（でむしむし）」と呼んでいるという記事がある，しかし，それだけが，この虫の命名の歴史だと考えたらおおまちがいだというのです。

　『和名抄』よりも古い名称は記録には残っていません。だから文献史学の考え方では，カタツムリ系統の言葉がもっとも古い名称と考えられてしまいがちで，それ以前の呼称はなかったものと見なされてしまいます。しかし，それよりも古い呼称が，カタツムリ系の呼称の分布圏よりも外側の東北地方の一部と九州地方の一部には民俗名称として残り伝えられている，というのです。それがナメクジ系統の呼称です。カタツムリ系よりも古い呼称はナメクジ系だったと考えられるのです。そうして，文献記録には残されていない過去の事実が民俗の伝承を歴史的な資料として収集整理して分析解読するときにはじめて発見されるというのです。

　記録には残されていない史実，それは事実上，膨大なものがあったはずです。それらは民俗という伝承資料を全国各地から丹念に大量に収集し整理していくことによって浮かび上がってくるはずだという，画期的な提案だったのです。

マイマイ系

- マイマイ、マエマエ
- ママアマイ、マアマイ、マアマヨ、マデヨ
- マイダイロ、マンマンダイロ、メンメンデエロ
- エメエポ、メメエップ
- エメエッヅ、モイモイ、モイモイ
- マイモイ、モオロモロ、モンモロ
- モイジョ
- メエエダヱツノ
- メエエセエ、メメエダバコロ
- メンメンカエブツ、メンメンカエボコ、メンメンカエボ
- ミンミンガラモ
- ミヤアミヤア、ミヤアミヤアゴ
- ミヤアミヤキング
- ミノミヤミヤヤ
- ミミヤミヤ
- ミミョウゴ
- ミヨミヨツノ、ミミヨツノダシ、
- ミヨミヨツオダセ、ツノダシミヨウミョウ、
- ダシミヨツオミョウ
- ニョニニョウ
- マイシヤビョウビョウ
- オッシヤビョウビョウ
- マイエコジ、マイマイクジ
- マイマイコウジ、メメエコンジョ
- マイマイエコンジョ
- マイマイカンカン
- メエメエカンカン
- マイマイブリ、マイマイツブリ
- マイマイツツブリ、メメエツブロ
- マイマイコブリ
- マイコブリ
- メエマイチャブリ
- メエマエタツボ
- マイマイタツボ、マイマイカタツボ、メエボツボロ
- メエボロ、メエチボツボロ
- マイボチロ、ツボロ、ナイボロ、ネエボロツボロ
- デエボロ、ダイボロ
- デネエボロ
- エンボロ
- ツエボロカイボロ

カタツムリ系

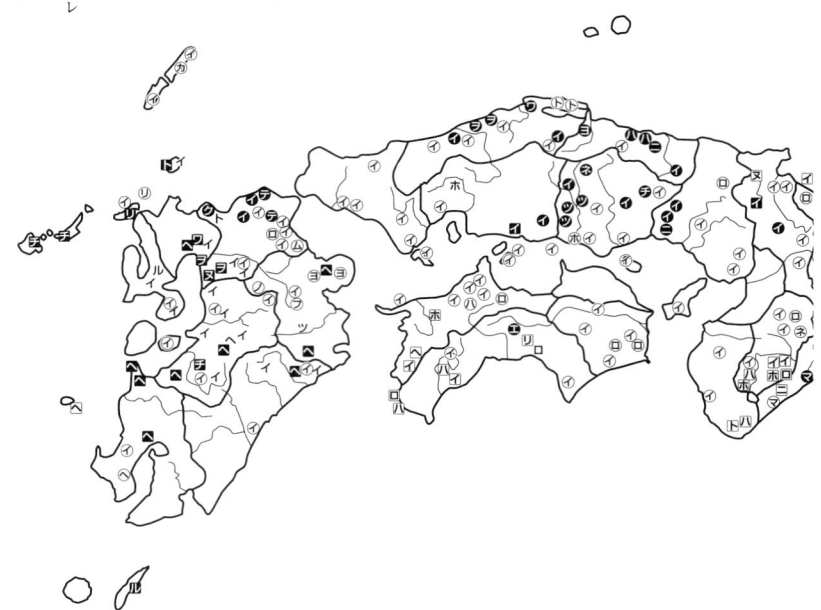

- カタツブリ、カタツムリ
- カタカタモリ
- カタカタバイ
- カタタン
- カタジリ
- カタクジリ
- カッタナムリ
- ガット
- カサムリ
- カサツプリ
- カサツモリ
- カサツプレ、カサツンブレ
- カサンマチ、カサンメ
- カサブバチ、カシヤバチ
- ガダツブリ
- カダツブリ
- カナツブリ

図35 「蝸牛考」の方言周圏論図

蝸牛異称分布図索引

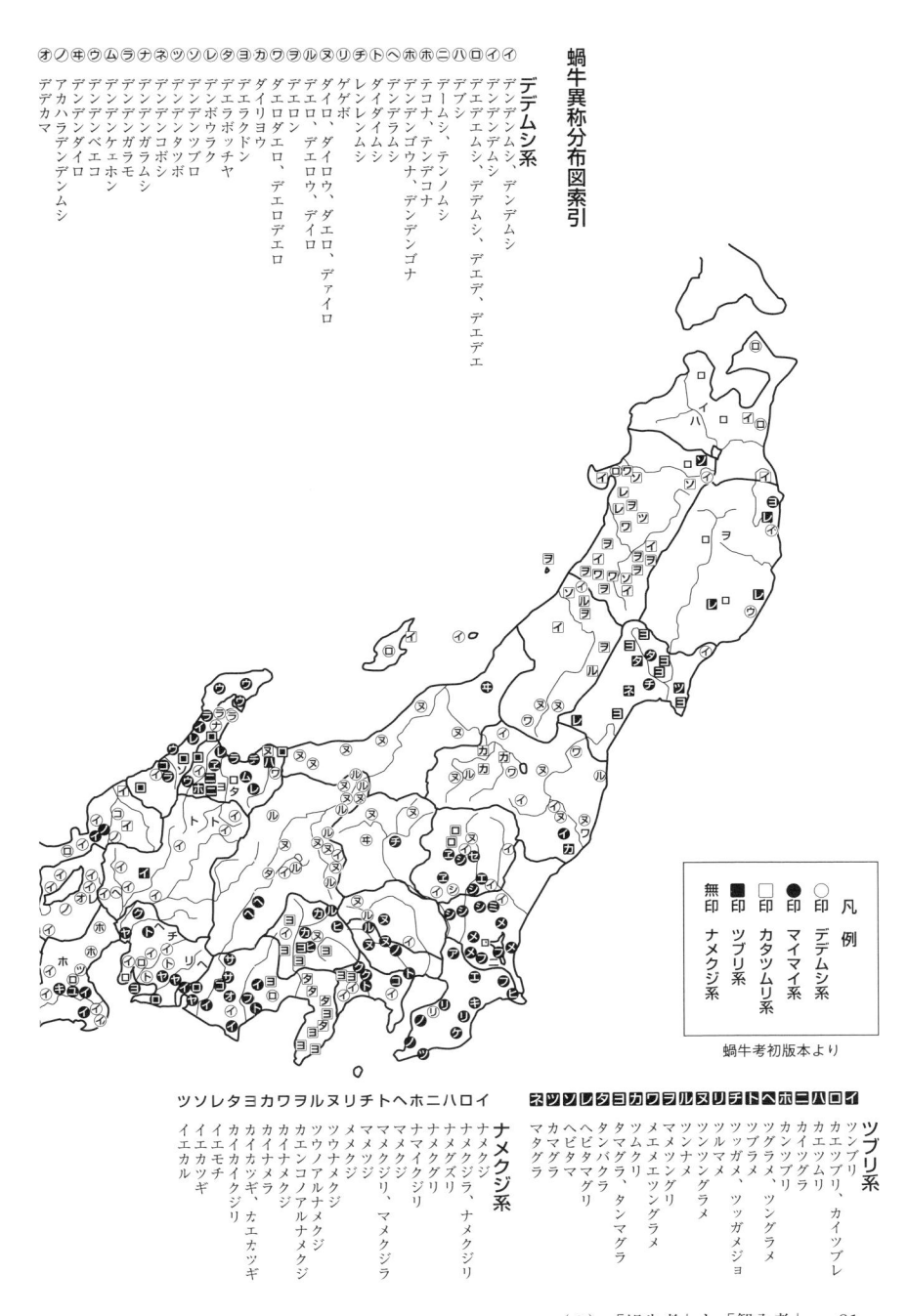

デデムシ系
- イ デデムシ、デンデムシ
- ロ デンデムシ、デデムシ、デデ、デデエ
- ハ デームシ、テンムシ
- ニ デンデンゴシ
- ホ デンデコナ、テンデコナ
- ヘ デンデンゴウナ
- ト デンデンゴナ
- チ デンデラムシ
- リ レンデンムシ
- ヌ ダイダイムシ
- ル ゲゲボ
- ヲ ダイロ、ダイロウ、ダイロ、ダイロ
- ワ ダエロヨウ
- カ ダエロ、デエロデロ
- ヨ デエロ、デエロ
- タ デエロウ
- レ デエラボッチヤ
- ソ デンデラクラク
- ツ デンデンツップシ
- ネ デンデンコボシ
- ナ デンデンガラムシ
- ラ デンデンガラシ
- ム デンデンケエホン
- ウ デンデンベエコ
- ヰ デンデンダイ
- ノ デンデンムシ
- オ アカハラデンデンムシ
- キ デデカ

凡 例
- 〇印 デデムシ系
- ●印 マイマイ系
- □印 カタツムリ系
- ■印 ツブリ系
- 無印 ナメクジ系

蝸牛考初版本より

ナメクジ系
- イ ナメクジ、ナメクジリ
- ロ ナメクジラ、ナメクジリ
- ハ ナメグジリ
- ニ ナメクジリ
- ホ ナマイクジリ
- ヘ ナメメクジリ
- ト メメクジリ、マメクジラ
- チ ママクジリ
- リ マメクジラ
- ヌ ウナメクジ
- ル ツウノクジ
- ヲ カエンコノアルナメクジ
- ワ カイナラシ
- カ カイナクジギ
- ヨ カイカクジリ、ナエカツギ
- タ イイエモカルギ
- ヨ イエカツキ

ツブリ系
- イ ツンブリ、カイツブレ
- ロ カエツツムリ
- ハ カイツブリ
- ニ カンツブラメ、ツッガメジョ
- ホ ツブラメ、ツガメ、ツッガメジョ
- ヘ ツムラ、ツッガメ
- ト ツンナメ
- チ メエングリ
- リ メメエツングリ
- ヌ ツンンナメ
- ル ツムクリ、ツッツム
- ヲ ツッブクラ
- ワ ッンブメ
- カ ビンバクラ
- ヨ ヘタマグラ
- タ マタグラ

それが柳田の日本民俗学の基本的な視点だったのです。

「聟入考」と史学への対抗　昭和4年（1929）4月に『民族』が岡正雄のもとで廃刊となり，あらためて柳田ぬきで7月に折口信夫を中心として民俗学会が設立されて『民俗学』が創刊されましたが，妥協を排し孤立を恐れぬ柳田はその時期，もう1つの代表的な論文を発表します。それが，昭和4年10月に刊行された『三宅博士古稀記念論文集』に収める「聟入考―史学対民俗学の一課題―」です。挑発的ともいえるサブタイトルに示されているように，文献史学に対するアンチテーゼとしての柳田の民俗学の視点と方法とが提示された論文でした。それは文書記録を資料とする歴史学が十分には明らかにしていない婚姻の歴史と変遷，そしてその変遷の理由や原因について，民俗学がどのように明らかにできるかを論じたものでした。現在の日本列島の各地に伝承されている地方ごとの婚姻に関する習俗や語彙について，その広範な情報採集と集積，そして整理分類と比較とにより，新旧の変遷が跡付けられるという視点の提示とその主張でした。ここでも都市が次々と新しい文化を発生させ，それがまた次第に周囲に波及して次々に1つ前のものを，比較的交通に疎い山奥や海の岬に押し込める，という捉え方をしています。

　まず，現在起こっている戸籍上の内縁の妻とか私生児などという問題は，民俗の中に伝えられている社会生活の実際が新たな法制度と折り合わずにいるからだといい，古くからの慣習的な婚姻では普通であったものが法制上は内縁，私生児と位置づけられ差別視されるのは問題であり，それはまた明白に歴史の問題であるといいます。しかし，今の歴史学がそれに答えられないのは婚姻の変遷史という重要な問題を明らかにできていないからだというのです。そして，最近は嫁入りをもって開始される婚姻が増加してきているが，それよりも古い時代の婚姻は，聟入り，つまり，聟が初めて相手方の身内と新たに姻戚の関係を結ぶ手続き，をもって開始される婚姻であったといいます。その根拠として，結婚当日に嫁入りの前にまず聟入りといって聟が酒をもって新婦の家に行き嫁の親たちと盃を交わして帰るという事例を，東北地方から，四国，九州地方に至るまで数多く紹介しています。そして，それらは聟入りという儀式と聟の嫁方の家への一定の通いの期間を設けていた古い時代の婚姻から，嫁入りを中心としてただちに婚家へと移る新しい婚姻へという婚姻習俗の歴史的変遷の一過

程を反映しているものであろうと位置づけています。

　この柳田の民俗学が文献史学と決定的に異なる視点に立っていたことは重要です。それは，あくまでも現在の社会の問題を出発点として，それらのよって来たる原因を歴史をさかのぼる中に見出そうとした視点と方法でした。古代や中世の世界を探ろうというのではなく，現代を知るためにこそ古代や中世また近世の情報を探ろうとしたのです。柳田はこの論文の最後を，「私が聟入式の婚姻も亦嫁入と同様に，或時大いに成長して再び衰へたものであることを指摘して，更に今一つ以前の時代に相応した習俗があつたことを説かうとするのは，決して単純なる古代史家の趣味を追ふものでは無い。始あるものには必ず終がある。現に今日の嫁入式にも，種種なる考へ深い改訂が行はれようとして居る。其次に来るものは果たして何であろうか。是が答へなければならぬ実際の社会問題であるからである」と結んでいます。まさに新しい歴史科学としての民俗学の表明でもあったのです[48]。

　『明治大正史世相篇』　この昭和4年（1929）から翌5年にかけて柳田國男が取り組んだもう1つのしごとが『明治大正史世相篇』の執筆でした。それは朝日新聞社から明治大正史の第4巻として昭和6年1月に刊行されました。自序の次の言葉がまず印象的です。

　「自分は現代生活の横断面，即ち毎日我々の眼前に出ては消える事実のみに拠つて，立派に歴史は書けるものだと思つて居るのである」。しかし，このすぐあとに「それをたまたま試みた自分が，失敗したのだから話にならない」と弁解しています。それは自序の冒頭の文章に対応しています。

　　　明治大正史の編纂が，我朝日新聞によつて計画されるよりもずつと以前から，実は斯ういう風な書物を一度は書いて見たいといふことが，内々の自分の願ひであつた。其為には既に多少の準備をして居るやうな気持ちでもあつた。ところがさて愈々着手して見ると，新しい企てだけに案外な故障ばかり多かつた。日限は相応に取つてあつたにも拘らず，尚非常に印刷所を待たせて，しかも此様な不手際なものしか出来なかつた。病気その他の若干の申しわけは有るが，要するに自分にはまだ少し荷が重すぎたのであつた。残念な話だと思ふ。

　柳田が自分には荷が重すぎたというのです。その間の事情や背景は，この

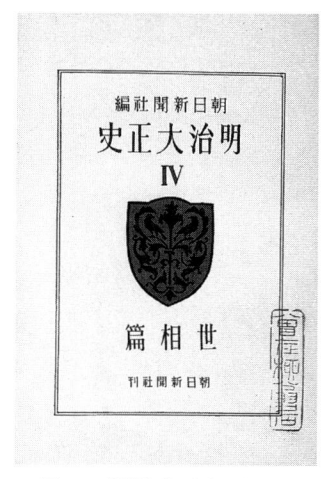

図36 『明治大正史世相篇』

『明治大正史世相篇』の執筆に際して資料集めなどの重要なしごとの大部分を支えた桜田勝徳 (1903―72) の回顧[49]によって推察されます。柳田はまず全体の15章の構成案を作り、新聞資料など膨大な資料情報を若き桜田勝徳を中心に、中道等や橋浦泰雄たちに指示して蒐集整理させて[50]、各章の内容に関するメモと資料を定まった順序に配列して、はじめはそれを中道等に渡し中道が文章化したものを柳田に戻して、柳田が修正して仕上げるという執筆の方法がとられたというのです。しかし、他人の書いた原稿に手を加える煩雑さに耐えかねて柳田はあらためて初めから自分で書こうと決心したのでした。目算外れによる時期の遅れを感じつつ柳田は全体の15章の内の第1章から第3章までの衣食住の生活変化に焦点をあてた文章の部分に全体の3割近い紙数を費やしたところで、非常に疲労困憊してしばらく休養しなければならなくなったのでした。

　自分には荷が重かったとか失敗したというのは、当時の柳田の正直な気持ちの表明として受け取れますが、それがこの著作の価値を貶めるものではありません。むしろ、われわれの眼前に出ては消えていく事実の観察によって立派に歴史は書けるものだ、という視点に共鳴しそれに挑戦するような、後に続く者たちへの注意と期待と声援とが込められていると思われます。56歳の柳田が精魂こめてまず書いた、「第1章　眼に映ずる世相」では、近代の日本人が経験した色彩文化と色彩感覚の変化、衣服の感触の変化、香りや音の変化が、また「第2章　食物の個人自由」では、飲食の作法や食材の変化、調味料や調理法などの変化が、そして「第3章　家と住心地」では、小屋や長屋のような日本家屋の沿革が、家と明かりの変化が、座敷と寝間また屋根葺きや庭木などの変化が、それぞれどのような意味をもっているかについて興味深い分析とともにつづられています。そのあとも、交通手段の変化、酒の飲み方、恋愛の歴史、貧と病など、いずれも人びとの生活に密着した題材がとりあげられてその世相変化と生活上の意味とが説かれていきます。それはまったく新しい歴史の世界

への扉を開けた著作だったのです。そして，最後の「第15章　生活改善の目標」では，「歴史は多くの場合に於て悔恨の書であつた」といいながら，「然るに明治大正の後世に誇つてもよいことは，是ほど沢山の煩雑なる問題を提供しておきながら，まだ一つでも取り返しの付かぬ程度にまで，突詰めてしまはずに残してあつた点である。我々が自由に之を論評して，訂正の出来る余地の十分にあることである」と述べています。そして，「一つやや楽しみな方から，時代の傾向を観望して，此一巻の書の結末を付けてみやう」といって，国が学問を育ててきた態度が実着なものになろうとしていること，文化事業がその助けを外国に仰ごうとする考えが薄くなってきて自立へ向かっていること，出版事業が活発になってきたこと，教育の実際化が唱えられるようになってきたこと，そして，「家で生計の盛衰を最も心にかけ，子孫の愛育の為に全力を挙げていた」にもかかわらず，家の中で長いあいだほとんど発言権をもたなかった女性たちが，「現在では母も祖母も，どうしてくれるのですと訊くことが出来る様になつた」こと，などを評価しています。

　そして終わりに，「改革は期して待つべきである。一番大きな誤解は人間の痴愚軽慮，それに原因をもつ闘諍と窮苦とが，個々の偶然であつて防止の出来ぬものの如く，考へられて居ることでは無いかと思ふ。それは前代以来の未だ立證せられざる当て推量であつた。我々の考へて見た幾つかの世相は，人を不幸にする原因の社会に在ることを教へた。乃ち我々は公民として病み且つ貧しいのであつた」と結んでいます。こうしてまだ，柳田が取り返しのつかないところまでは行ってしまっていなかったという明治大正の歴史を，次に継いだ昭和という時代は，しかし，まもなく恐怖の時代へとまっしぐらに突き進んでいくことになりました。人を不幸にする原因が社会にあることを学ぶ必要を説き，健全で豊かな精神をそなえた公民の成育を願った柳田は，その後の昭和の歴史の中で，残念ながらその人間と社会が導き出してしまった「痴愚軽慮と闘諍と窮苦」と恐怖の時代をみずから体験しなければならなかったのです。

（4）　日本民俗学の成立

ターニングポイントとしての昭和4年（1929）　昭和4年という年は大きな動きのあった年です。折口の代表的な論著である『古代研究（民俗学篇1）』

表9　ターニングポイントとしての昭和4年

年　　　月	事　　　　　　　　　　項
昭和4（1929）.1	折口「常世及びまれびと」（『民族』4巻2号〈昭和2年10月稿〉）
3	柳田『都市と農村』（朝日常識講座第6巻）朝日新聞社
4	折口『古代研究（民俗学篇1）』『古代研究（国文学篇）』
6	柳田「葬制の沿革について」（『人類学雑誌』44巻6号）
10	柳田「聟入考」（『三宅博士古稀記念論文集』岡書院）
昭和5（1930）.4	柳田「民間伝承論大意」（真澄遊覧記刊行記念講演会）
	⇒『民間伝承論』（1934）として刊行へ
6	折口『古代研究（民俗学篇2）』
6	柳田『蝸牛考』（昭和2年4―7月）刀江書院
昭和6（1931）.1	柳田『明治大正史世相篇』朝日新聞社
8	柳田「欧州諸国における民俗学の歴史」、「郷土史の研究法」（神宮皇学館での講義）⇒『郷土生活の研究法』（1935）として刊行へ

　『古代研究（国文学篇）』が刊行された年であり，柳田の「聟入考」が著された年でした。この大きな動きは翌昭和5年の折口の『古代研究（民俗篇2）』による古代研究3冊の完結へ，また，柳田の著書としての『蝸牛考』の刊行へと続きます。そして，翌昭和6年には，柳田がさすがに精魂尽き果たしたと語っているこの『明治大正史世相篇』が刊行されます。

　民俗学にとってそのような緊迫と高揚の時期であったこの昭和4年前後というのは，日本という国にとっても実はその政治・経済・外交の大きな転換点でした。昭和2年に金融恐慌の処理に失敗して退陣した若槻礼次郎内閣に代わって組閣した田中義一内閣は，モラトリアム（支払猶予令）と巨額の日銀融資によって金融恐慌をしずめる一方で，国内で急速な盛り上がりをみせていた社会主義運動に対する取り締まりの強化と，中国大陸における蔣介石率いる国民革命軍の北伐の進行に対抗して強硬外交へと転換していきました。昭和3年の3・15事件，昭和4年の4・16事件は国内の社会主義運動や共産党の活動に決定的な打撃を与えました。また，昭和3年の第2次山東出兵で武力衝突にまで至った5月の済南事件，その直後の昭和3年6月の満州軍閥張作霖を爆殺した満州某重大事件は，そののち日本を大陸侵略の泥沼へと向かわせることとなりました。

　この当時の状況について，きわめて的確な指摘として注目されるのは，柳田

國男の昭和4年2月3日の『東京朝日新聞』紙上の「田中外交と幣原外交」という論説です。協調外交といわれる幣原外交に対しても、「理論は整つているが、極めて非力である（中略）弱みを感ぜしむる」「幣原前外相の質問は、上品であつたという以外は、自己弁護と事務的の内容であつたことが目につく」といい、一方、強硬外交といわれる田中外交に対しては、「理想なき力のみの外交は危険極まるものである。吾人が田中外交を排斥するのは主としてこれがためである」と批判しています。そして、いずれも「日本の外交は支那にも呼びかけていないごとく、国際的にも呼びかける何物をも持つていない」「国民の望むところは、外交の理想と理論と実行とを兼ねた力ある外交である」と述べています。国際連盟委任統治委員としての外交交渉の現場経験をもつ柳田にとってみれば、当時の国際問題に対する政府の対応には大きな不満と不安があったのでした。そして、歴史は残念ながら柳田が「危険極まるものである」と心配した方向へと進んでいくこととなったのでした。

『民間伝承論』と『郷土生活の研究法』　昭和7年（1932）4月25日、柳田邸で「郷土生活の研究法」の会が開かれます[51]。それは前年の昭和6年8月4日から7日に伊勢の神宮皇学館で行なわれた柳田の「欧州諸国における民俗学の歴史」と「郷土史の研究法」という講義のパンフレット54頁の内容について検討をする会でした。出席者は、有賀喜左衛門、池上隆祐、熊谷辰次郎、小林正熊、野口孝徳、後藤興善、大藤時彦でした。そして、それをもとに小林正熊が中心となって編集し昭和10年に『郷土生活の研究法』が刊行されることになります。一方、昭和8年9月14日（木）、柳田邸で柳田國男による民間伝承論の講義が始まりました。それは昭和5年4月25日から27日まで、長野県西筑摩郡洗馬村長興寺で開かれた『真澄遊覧記信濃の部』刊行記念会において講演した「民間伝承論大意」をうけてのものでした。その第1回目の参加者は、後藤興善、比嘉春潮（1883—1977）、大藤時彦（1902—90）、杉浦健一（1905—54）、大間知篤三（1900—70）の5名で、第2回目の21日にはそれに橋浦泰雄（1888—1979）、山口貞夫（1908—42）、坂口一雄の3名が加わり、計8名が参加しました。毎週木曜日の午前9時から正午ころまで、およそ3時間の講義でした。そこに参加したのは、先に柳田から離反していった折口信夫を中心とする民俗学会と『民俗学』の関係者たちとはやや異なる若い世代の人たちでした。

図37 『民間伝承論』

図38 『郷土生活の研究法』

たとえば，慶應義塾大学の卒業生の桜田勝徳は前述のように『明治大正史世相篇』への若き有力な協力者として柳田のもとに通っていた人物でした。また，終生柳田に仕えたという表現も許されるほどの大藤時彦は，関東大震災で父親を亡くして家計の都合上早稲田大学を退学して大橋図書館司書の職についていたところ，柳田の知遇を得たという人物でした。それに対して，昭和4年の4・16事件から激化していった共産党弾圧の余波を受けて柳田のもとに身を寄せた人物も多くいました。マルキストとして柳田に近づいた人物としてもっともよく知られているのは橋浦泰雄です。彼は先の大藤時彦と同様に終生柳田を信頼し協力した人物です。橋浦の柳田との接近はずっと早く大正14年（1925）のことでした[52]。一方，昭和4年の共産党一斉検挙以降の弾圧の強化の中で接近してきた人物といえば，東大新人会での活動歴をもつ大間知篤三や守随一たちでした。また，このときの柳田邸での講義にはまだ参加していませんでしたが，のちに著名な文化人類学者となる石田英一郎（1903—68）や，『飛驒の女たち』の著者江馬三枝子（1903—83）の夫で雑誌『ひだびと』を発行する江馬修（1889—1975）たちもこののち柳田に接近した転向マルキストでした。この転向マルキストたちの柳田への接近の背景として考えられるのは，両者に共通する庶民生活へのシンパシー（同感同情）と，権力に対するアンチヘゲモニー（対抗覇権主義）の信念であろうと思われます。したがって，気力のみなぎる彼らは柳田のもとで研究上それぞれの進む道を見つけたのちは，やがて柳田を相対化して

独自の方向へと進むことになります。そうしたなかで橋浦泰雄という人物は柳田のもとを終生離れませんでした。ほんとうは共産主義がきらいな柳田が，運動で捕まって留置場に入れられ，しばらくして釈放された帰り道で橋浦に，ろくなものも食べられなかっただろうと渋谷の道玄坂でフランス料理をごちそうしたなどというエピソードをもつ不思議な人物です(53)。おそらくは論理を超えていわば人間的に気脈の通じあう2人だったのでしょう。

　柳田の民間伝承論の講義は，途中で柳田の旅行のために2回の休みをはさんで12月14日（木）まで，計12回開かれました。そして，その連続講義を後藤興善が筆録して，共立社から『現代史学大系』第7巻として昭和9年（1934）8月に出版されたのが『民間伝承論』でした。ただし，この後藤興善の筆録には人名や書名などにまちがいも多く(54)，『定本柳田國男集』には載せられませんでした。柳田もこの著書について戦後の昭和22年には，筆記のさせ方が悪かったので誤りが多く，「是非言ふべくして言つていないことが幾つか有る」(55)といい，その1つは日本の民俗学が外国の真似をしてはならぬというその理由を十分に説明していない，もう1つは民俗学と史学との境目を明らかにすべきだがそのことの説明が十分でない点であるといって，「是は失敗であつた」と述べています。しかし，それはのちの回顧談であり，昭和9年の刊行当時，この著書が柳田の民俗学の根幹を広く学界へと示すものであったことに疑いはありません。柳田の講演や講義の口述筆記の例はこの『民間伝承論』に限ったことではなく，もう1つの柳田の民俗学の根幹を示す著作である昭和10年刊の『郷土生活の研究法』（刀江書院）も小林正熊の筆録になるものでした(56)。この『郷土生活の研究法』も柳田のそばで柳田の考えをよく理解していた大藤時彦が中心となって編集した『定本柳田國男集』に掲載したのはその主要な前半部分のみで，後半の「民俗資料の分類」の部分は，講述を編集したものであるとして注意深く削除されていました。基本的にこの2冊の本で，大藤が『定本』への掲載から除外したものについては，それなりの理由があるものとして，民俗学の歴史をふまえるべき後に続く研究者は注意深く考慮を払っておく必要があると思います。

　しかしともかくこの2冊の著書こそ，石田英一郎がのちに「今日といえども，これ以上明確に他の諸学に対する日本民俗学の立場を規定することはむずかし

い」と評し(57)，岡正雄が「昭和の初め頃から徐々に固まりつつあった独立科学としての民俗学の体系が『民間伝承論』として初めてその姿を現わしたといっていいでしょう」(58)と述べ，まさに「日本民俗学成長の最も自然的なるインデクスである」「日本民俗学の独立科学として成立する可能（性）は，明確に約束され，又その方向は指示された」(59)と述べているとおりでした。ただし，その岡の讃辞は社交儀礼的な意味も含むものであり多くの疑問を呈しながらの奇妙な書評でもありました。

　ここで，柳田の民俗学の根幹をなすこの2冊の著書の要点をその目次構成と目次ごとの主な内容からみれば，表10のとおりです。この2冊の著書で示されているのは柳田の民俗学，民間伝承論の基本的な考え方の枠組みであり，とくに注目されたのは民俗資料の三部分類でした。それは採集調査者の観点から示されたものではありましたが，生活文化の全体像を有機的な連関のもとでとらえる視点を提示したものでした。柳田の民俗学が単なる生活変遷や世相変遷の解説史学ではなく，生活と伝承の意味を考える人類史的で哲学的な意味を含んだ変遷論であることを明示したものといってよいでしょう。とくに注意したい点は，その三部分類は，たとえば有形文化が民具，言語芸術が伝説，心意現象が俗信などという単純化した皮相的な理解はまちがいだということです。後藤興善や小林正熊の筆録した時の柳田の講義では便宜的にそのような説明がなされていたようですが，柳田の民俗資料への言及全体から判断されるのは，三部分類というよりも三層分類と呼ぶべきものです。たとえば民具もそれは決して単なる物質ではなく，さまざまな呼称が与えられて言語化され概念化されており，それぞれの技術や技能をともない，また正月の道具の年取りの慣行のように信仰の対象ともなっています。民俗資料というのは切れ切れの端布のようなものではなく全体として有機的な存在です。俗信も農山漁村や商店街などの生活現場に対応して生れているものです。生活外形とそのなかで言語化や概念化がなされ心意現象として沈潜しているという三層構造のなかに見出されるものであり，実生活から遊離した空想的なものではありません。民俗芸能も衣装や演技は外見的な有形文化でしょうが，歌謡や台詞は言語芸術ですし，狂乱演舞の恍惚や神仏祈願は心意現象ということになります。そのような民俗資料のありかたを図示すれば，図39のようになるでしょう。

表10 『民間伝承論』と『郷土生活の研究法』の主な内容

『民間伝承論』
序　（28カ条の要点提示）
第1章　一国民俗学（柳田の説く民間伝承論の学の基本を示したもの）
第2章　殊俗誌の新使命（欧米の社会人類学や民族学に対しての自分の民間伝承論の学の立場の独自性の解説）
第3章　書契以前（文献史学に対する自分の説く民間伝承論の独自性および独創性を説いたもの）
第4章　郷土研究の意義（郷土研究・民間伝承論の基本的な心構えについての解説）
第5章　文庫作業の用意（記録資料についての理解と準備作業の周到さと計画的調査の必要性の解説）
第6章　採集と分類（民俗資料の採集調査とその三部分類の解説）
第7章　生活諸相（第1部の外部に現れ目に見える物質文化の諸相とその調査分析についての解説）
第8章　言語芸術（第2部の言語や音声の諸相とその調査分析についての解説）
第9章　伝説と説話（同じく第2部に含まれる伝説や説話や神話についての解説）
第10章　心意諸現象（第3部の知識や技術をめぐる心意伝承や死後の問題，呪術・禁忌などの問題の重要性の解説）

『郷土生活の研究法』
郷土研究とは何か（要点として平民の過去を知ることと述べる）
郷土研究と文書史料（文献記録とは異なる歴史資料としての民俗資料への注目を説く）
資料の採集（文書史料の限界と民俗資料採集の計画性の必要を説く）
諸外国の民俗研究（英独仏のエスノロジーやフォルクスクンデの研究動向についての紹介）
我国郷土研究の沿革（本居宣長や屋代弘賢などの先学の足跡と現在の方向を説く）
新たなる国学（比較研究の視点と遠方の一致などを説く）
民俗資料の分類　民俗資料分類の方針　第1部有形文化　第2部言語芸術　第3部心意現象

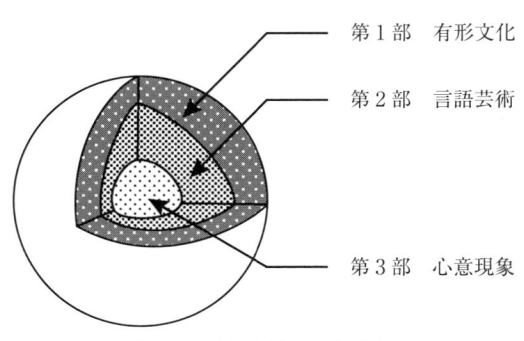

図39　民俗資料の三部分類

第1部　有形文化
第2部　言語芸術
第3部　心意現象

木曜会と山村調査・海村調査　民間伝承論の講義が終わり，あらためて民間伝承研究のための新たな会が作られることになりました。それまでの会が木曜日であったので，木曜会と名付けられました。昭和9年（1934）1月11日に第1回の例会が柳田邸の書斎で開かれました。以後，毎月1回か2回，柳田の書斎で開かれ，その後昭和22年3月23日に，民俗学研究所の研究会「談話会」に発展解消するまでの約13年間，計300回以上も続けられました。その木曜会の活動の中心は，日本学術振興会の補助金を得て昭和9年から開始された全国山村調査と，それに続いて昭和12年から開始された全国海村調査でした。その山村調査のために柳田は，昭和9年4月15日，自分の書斎を郷土生活研究所として開放することとしました。そして，3年間にわたる「日本僻陬諸村に於ける郷党生活の資料蒐集調査」，いわゆる山村調査が，その郷土研究所の事業として開始されることになりました。それは，柳田の期待していた全国各地へ向かっての「同時採集」の実現でした。

　各府県1ヵ所以上，なるべく交通不便で世間との往来の制限されているような村落を計52ヵ所選んで，全国共通の100項目の調査項目を「郷土生活研究採集手帖」にまとめて調査員たちは出かけていきました。調査員は調査地に2回ないし3回足を運んで平均の滞在期間20日程度の調査を行ないました。それは3年間という限られた期間でしたが，昭和10年3月には「山村生活調査第一回報告書」，翌11年3月には「山村生活調査第二回報告書」が公表され，昭和13年2月には3年間の調査結果をまとめた『山村生活の研究』が刊行されました。それにより，列島各地の実情が計画的な直接調査によってはじめて把握された意義は高かったといってよいでしょう。しかし，不十分な点ももちろんありました。柳田國男の意図したものの1つが，一般の農民とは異なる歴史を歩んだ山人たちの生活伝承やその痕跡の確認にあったのですが，それは不発に終わったようです。『山村生活の研究』に載せた柳田の「山立と山臥」という論文によってそれがわかりますが，その点についてはまたあとで詳しく触れます。調査の対象とした山村の多くが「ただ奥まつた農村といふに過ぎなかつた」からでした。当時はすでに純粋な山村というのが交易の便宜と外部資本の投下などによって急激に消滅へと向かっていたのでした。

　この山村調査に対してはまた別の角度からの批判もありました。たとえば，

図40　柳田國男(3)（60歳，木曜会の頃，昭和9年〈1934〉頃）
〈前列左より〉比嘉春潮，桜田勝徳，山口貞夫，柳田國男，〈後列左より〉守随一，橋浦泰雄，杉浦健一，大間知篤三，最上孝敬，瀬川清子，大藤時彦，萩原正徳

壱岐島(いきのしま)の山口麻太郎の批判です。それは，このような採訪調査では「個々の生活事象は村の生活から遊離」してしまうのではないか，「村の個性の尊重」こそ必要だという批判です[60]。また，調査に参加した立場の大間知篤三からの批判もありました。それは，このときの採訪調査では「数字に関する項目がまるでな」かった，「古文書・古記録類の軽視」があった，「民俗語彙を重要視」しながらもそれに関連する「事実が問題」のはずであり，「村を摑む努力が必要」だった，という反省を含む批判です[61]。桜田勝徳も同様に「村は単なる民俗採集の有力な場であるに過ぎなかった」といい，調査の重点が，現在の村の現状についてよりも近代以前の古い生活伝承におかれていた点や，実物よりも言語伝承におかれていた点を批判し，また「村を民俗継承体の一つの単位とし，これをいわば民俗継承の容器であるとするような側面から，なんらかの方法で村を全体的に理解しようとする努力」や「個々の民俗を村の生活組織との諸関連のもとでとらえようとする試みや民俗複合の具体的なあり方を究めようとする努力」が払われるべきであったと批判しています[62]。

（4）日本民俗学の成立

たしかにこれらはいずれも重要な指摘でした。しかし，そのような批判や反省の一方では，この山村調査や海村調査の成果は，前記の3冊の成果報告書とは別に，大間知篤三の『常陸高岡村民俗誌』，桜田勝徳の『美濃徳山村民俗誌』も含めて，調査に参加した研究者たちによってのちに『全国民俗誌叢書』として(63)，それぞれすぐれた民俗誌が作成されていったのであり，柳田の指導した山村調査や海村調査は，ただ批判の対象とのみされるべきものではなかったといってよいでしょう。すぐれた女性民俗学者瀬川清子（1895—1984）が活躍の場を得たのもそこからでした。

　なお，この山村調査に続いて，「離島及び沿海諸村に於ける郷党生活の調査」，いわゆる海村調査が，昭和12年（1937）5月から同14年4月まで全国30ヵ所の海村を対象に実施されましたが，当初の3年計画が2年目で補助金が打ち切られたため計画の縮小を余儀なくされ，その後戦争へと突入して，成果報告書『海村生活の研究』の刊行は昭和23年になってしまいました。このような全国的な「同時調査」の計画と実践はきわめて困難であり，しかも多くの批判をともないがちな作業ですが，高度経済成長期以降の生活の激変の中にある現代社会にあっても，民俗学にとってそれが必要であることに変わりはありません(64)。

　当時，柳田はまた，民俗語彙を重視してその総合的な集成をめざしながら，まずは分類分冊の形で昭和10年から『産育習俗語彙』以下12冊の分類習俗語彙を刊行していきました(65)。

日本民俗学講習会　昭和10年（1935）7月31日，柳田國男の還暦を記念して，日本民俗学講習会が東京の明治神宮外苑の日本青年館で開催されました。柳田との関係修復をぜひにと願っていた折口信夫や金田一京助が，この年の柳田の還暦をよい機会ととらえて，ぜひ記念祝賀会を開きたいと懇願したことがきっかけでした。しかし，いまこそ自分の構想している日本の民俗学の構築へと意欲をたぎらせていた柳田にとって，それはありがたい話ながらも，やはりめいわくな話でもありました。まだ若いと思っている柳田にとっては，還暦祝賀の会など老人扱いの隠居の押しつけであり，柳田はそんなただの祝賀の会などいやだと強く固辞したのでした(66)。その柳田の意図を汲んで計画されたのが，その代わりに民俗学徒の座談会の開催(67)と『遠野物語』の増補版の記念出版を，という計画でした。

表11　日本民俗学講習会での講演題目と講師とその年齢

講師名	生没年	年齢	講演テーマなど
柳田國男	1875―1962	61	「採集期と採集技能」
伊波普猷	1876―1947	60	「琉球諸島採訪談」
金田一京助	1882―1971	54	「アイヌ部落採訪談」
折口信夫	1887―1953	49	「地方に居て試みた民俗研究の方法」
橋浦泰雄	1888―1979	47	「協同労働の慣行」
松本信広	1897―1981	39	「仏蘭西に於ける民俗学的研究」
岡　正雄	1898―1982	37	「独墺両国に於ける民俗学的研究」
関　敬吾	1899―1990	36	「昔話の採集」
大間知篤三	1900―1970	35	「冠婚葬祭の話」
佐々木彦一郎	1901―1936	34	「民俗学と人文地理学との境」
桜田勝徳	1903―1979	32	「海上労働の話」
杉浦健一	1905―1954	30	「民間信仰の話」
後藤興善	1900―1986	35	「方言研究と郷土人」
最上孝敬	1899―1983	36	「交易の話」

　折口信夫と橋浦泰雄，それに大藤時彦らが中心となって準備が進められ，昭和10年7月31日，この日は柳田國男61歳の誕生日でしたが，いよいよ日本民俗学講習会が開催されます。全国各地から約150名以上もの参加者を得て，8月6日までの7日間，最年長の柳田國男（61歳）を中心に，講師陣には『柳田國男伝』の戸塚ひろみも指摘しているように[68]，まだ30歳代の若い研究者たちがおおぜい参加していました。戸塚の整理を引用しながら，『民間伝承』第1号の「日本民俗学講習会記事」をも参考にしながら紹介してみましょう。

　第1日目の7月31日の午前の講演は，折口信夫「地方に居て試みた民俗研究の方法」と桜田勝徳「海上労働の話」でした。午後の座談会は柳田國男自らが座長をつとめ参加者から自己紹介，研究テーマ，地方の状況などの報告がありました。柳田は，開会のあいさつの中で，「我々講演者が先生で無いこと，その大部分が諸君と同列の人であり，仲間であり又将来の永い友人でもある」ことを強調しています[69]。民俗学はまだこれから各人が参加し協力して創りあげていく若い学問であることを参加者一同に理解してもらい，それを実践してもらうようにと促したのでした。

　この時，京都から参加した石田英一郎（1903―68）は32歳でしたが，午後の座談会で座長の柳田に発言を求められても，「何もお話しすることがありま

せん」としか答えていません。それはまだ石田が大正15年（1926）1月に治安維持法違反で検挙され，昭和3年（1928）の3・15事件にも連座して昭和4年の第2審判決で刑が確定し投獄され，5年の刑期を終えて昭和9年の夏に出獄したばかりの身で(70)，まだ民俗学や民族学の調査や研究活動をはじめていなかったからでした。しかし，この講習会で石田は岡正雄と出会います。そして，2年後の昭和12年に岡と同じく渋沢敬三の支援を受けて民族学を学びにウィーンに留学することになりました。のちに東京大学に初代主任教授として文化人類学教室を開く石田英一郎が，民族学に進む機縁を作ったのもこの講習会でのことだったのです。

　第2日目の8月1日は，午前の講演が松本信広の「仏蘭西に於ける民俗学的研究」と最上孝敬の「交易の話」でした。午後の座談会の座長は愛知県から参加した伊奈森太郎がつとめました。各地の「食物」についての報告が進められました。第3日目の8月2日は，午前の講義が橋浦泰雄「協同労働の慣行」と後藤興善の「方言研究と郷土人」でした。午後の座談会は前日につづいて伊奈の司会で「食物」についての報告があり，休憩をはさんで午後3時からは，民謡，子守唄についての報告となりました。

民間伝承の会と雑誌『民間伝承』　第4日目の8月3日は，午前の講演がウィーンから帰国した岡正雄の「独墺両国に於ける民俗学的研究」と関敬吾の「昔話の採集」でした。柳田との関係がこじれていた岡正雄でしたが，主催者からの求めに応じてドイツ・オーストリアの民俗学や民族学の動向を話したのでした。岡はのちにそのころを回想して，「この話が先生のお気に召したらしいようで，お前，あれをもう少し充実したものに書いてくれといわれ，なんだか渡欧前の先生とはちがってきたように思われました」と語っています(71)。午後の座談会では，祭祀がテーマとされました。座談会の終了後，還暦祝賀の記念にと，柳田は地方からの出席者約60名を成城の自宅に招いて園遊会を催しました。そしてこの日の夜，事前に話し合っていた木曜会同人たちを中心に，柳田に向けて民間伝承の会の結成と雑誌『民間伝承』の創刊が提案され，了承されたのでした。こうして，この講習会の第4日目の8月3日土曜日の夜，成城の柳田邸，それが現在の日本民俗学会と雑誌『日本民俗学』へとつながる民間伝承の会と雑誌『民間伝承』の誕生した実質的な日時と場所となったのでした。

表12　民間伝承の会の設立までの動き

年　　月　　日	事　　　　　項
昭和 7(1932). 4.25	柳田邸で,「郷土生活の研究法」の会
昭和 8(1933). 9.14	柳田邸で,柳田國男による民間伝承論の講義
昭和 9(1934). 1.11	柳田邸で,第1回木曜会
昭和10(1935). 7.31	日本青年館で,日本民俗学講習会
8. 3	柳田邸で,民間伝承の会の設立と雑誌『民間伝承』創刊が決定

　第5日目の8月4日は,午前の講演が柳田國男の「採集期と採集技能」と,佐々木彦一郎の「民俗学と人文地理学との境」でした。柳田はその講演で次のように述べています。
　「郷土研究の意味は,西洋諸国でいふ割地調査法(レジオナリズム)と,此の点で余程異つた所がある。彼は種族の混和に基づく文化の多元性を認め,地方毎に屢々系統の異なるものあることを推究するのであるが,我邦は南も北も遡れば却つて多くの一致を見,ただ地形と中央からの距離の多少とによつて,其変遷の歩みに遅速あるを見出すのみである」「一地二地の見聞のみによつて全国を推論し得ざることも明らかである。是が自分等の計画ある観察,及び正しくしてしかも新しき多くの採集の比較を,一層精密ならしめんことを祈る所以であ」る,と述べて,国内各地に向けての計画ある民俗調査とそれにもとづく比較研究の重要性を説いています。そして,民俗学と民族学という発音が同じで紛らわしい2つのミンゾク学の差異について,それは「捜査区域の大小と,次には交通手段殊に言葉の難易である」と述べ,民俗学,つまり「国内の学の方が遥かに功を奏しやすいのである」と述べています。
　また,民俗学と文献史学との差異についても,「衣類の変遷などは近世に於て殊に,急激であつた故にこの方法は功を奏しやすい。一つの旧家の古箪笥の中からでも,我々は書外の歴史の数十頁を読み得る」「燈火の歴史は大部分が此半世紀間に慌だしく展開したのである。古風な歴史家は何にでも横の劃期を企てるが,京都なら京都といふ一つの土地ですらも,そんな形には世の中は移らぬ。ましてや全国の隅と中央,果と果とを比べるならば,これは同時に又横の異同でもあり,従つてその周到なる比較によつて,大よそは今までの経過を立證し得るのである」と述べ,民俗学が従来の歴史学とは異なる視点に立つも

のであることを説いています。そして,「『国民生活変遷誌』を以て日本民俗学の別名の如く心得, 其他は優秀篤志の人の手に委ねても, ちつとも相すまぬことはない様に私は思つている」, 民俗学はその「方法が全く今ある生活変遷誌, 即ち専ら文書によるものと違うからである」と述べて, 日本民俗学は, 全国各地の民俗資料の収集整理とその比較研究によって明らかになる「国民生活変遷誌」に他ならない, と説いたのでした。

午後の座談会は座長を橋浦泰雄がつとめ, 祭礼, 食物, 婦人と労働をテーマに報告が

図41 雑誌『民間伝承』創刊号

なされ, その後, 渋沢敬三 (1896―1963) の邸内のアチック・ミューゼアムを見学しました。第6日目の8月5日は, 講演が大間知篤三の「冠婚葬祭の話」と伊波普猷の「琉球諸島採訪談」でした。午後の座談会は前日に続いて婦人の労働, それに婚姻についての内容でした。第7日目の最終日, 8月6日は, 講演が杉浦健一の「民間信仰の話」と金田一京助の「アイヌ部落採訪談」でした。座談会は第1日目と同じく柳田がつとめました。そのあとの茶話会で, 座長の折口信夫から「民間伝承の会」(正式の会の名前はあとで柳田が選定) の発足の提案がなされ, それに全会一致での賛同が得られたのでした。

雑誌『民間伝承』の創刊は, 昭和10年 (1935) 9月18日でした。毎月1回発行の月刊誌で, 編集にあたったのは柳田門下の木曜会の同人橋浦泰雄, 大藤時彦, 守随一, 大間知篤三, 山口貞夫, 桜田勝徳, 杉浦健一, 倉田一郎, 瀬川清子たちでした。そのうち編集責任者としては, 柳田の推挙もあって第1巻が

守随一（1904―44）が担当しました。第2巻が大間知篤三，第3巻が大藤時彦，第4巻と第5巻が橋浦泰雄，第6巻が倉田一郎（1906―46），第7巻が関敬吾でした。誌面は，最初はタブロイド版16頁の薄いもので，巻頭に1頁の論文，それに会員通信，学界消息，紹介と批評，採集要項を中心に構成されていました。それはとても学術雑誌とは呼べないものでしたが，柳田にとってそれは覚悟の上でのものでした。創刊号の巻頭の柳田の「小さい問題の登録」という文章は，次のように書き始められています。

　　この月報は将来成長してずつと有力なものになつても，なほ各地の採集記録や研究報告とは独立して，どこ迄も連絡の任務の為に働くことにしたい。といふのが初期世話人等の念願である。さうして遠からず学会と名乗つても恥ずかしからぬ堂々たる発表機関と，それに相応した内容をもつ諸業績が，別にこの以外に印行せらるといふことは，何人よりも切に我々の待望する所ではあるが，それにも亦一つの欠くべからざる準備事業として此の如き用心深い水先案内を必要とするのである。

これはいかにも柳田らしい創刊の辞といってよいでしょう。会員への配慮もあって，タブロイド版16頁だけでは物足りないと考えてか，はじめのうち第1巻4号には付録として「民家の座談会」が，7号には付録として柳田國男「女性と歴史」が，加えられたこともありました。しかし，昭和17年2月の第7巻5号まではそのままのタブロイド版16頁で続けられました。それが昭和17年3月の第7巻6号で一時誌面が変わり，次の昭和17年5月の第8巻1号からは大きく変わってB5版の雑誌型になりました。そのとき誌面の刷新に当たったのは，もともと創刊の当初から『民間伝承』の編集実務に当たっていた橋浦泰雄でした。

橋浦泰雄はナップ中央委員長（1928）や日本無産者消費組合連盟常任中央執行委員（1932）などをつとめた社会主義運動家で，画業を生業としかつ編集や印刷上の経験が豊かでした。創刊号から誌名に宋朝の書体を白抜きにするなどそのデザインはなかなか斬新なものでした。昭和17年5月の第8巻1号から雑誌型に変わるときに，表紙にスケッチを入れたのは柳田の発案で，誌名の題字を会津八一に依頼したのも柳田の希望によってでしたが，それらをうまくアレンジしたのは橋浦でした[72]。その橋浦は戦時下へと向う世相の中でも『民

間伝承』の編集に全力を注ぎつつ，柳田國男を中心とする民俗学の全国規模での組織化を推進する中心的役割を果たした人物でした[73]。

民俗学会から日本民族学会へ　民俗学会が発展的に解消してその機関誌『民俗学』が休刊となり，それに代わって新たに誕生したのが日本民族学会とその機関誌『民族学研究』でした。昭和10年（1935）1月の創刊号に載せた「日本民族学会設立趣意書」には，次のようにありました。

> 民族学を文化人類学と見るにしても，原始文化学と解するにしても，これを体質人類学や人種学と区別して考へる時，それは人類文化の発生発展の綜合的研究である。政治・経済・法律・宗教・言語その他民族の生活文化の徹底的研究は民族学的比較にまたねばならず，それらの歴史と心理の究明こそ我々の民族学の重要な使命である。

つまり，民族学は文化人類学や原始文化学ともいえるもので，体質人類学や人種学とははっきりと異なるものであるとしています。そして，「我国の民族研究はこれまで多く民俗学の名に於て，主として郷土研究の方向に発展せしめられ，日本残存文化の採集と解説とに貢献するところ多大なるものがあつた。しかし，更にこれを綜合大成して，余地の民族文化との特徴を比較し，相互の系統関係を明らかにして，文化の発生から接触伝播の理法を考究することは，海外に於ける民族学の進展からも当然に要求される」と述べ，会の規約第1条では「本会ハ我国ニ於ケル民族学ノ研究ヲ振興シソノ国際的連絡ヲ計ルヲ以テ目的トス」と謳（うた）っています。

つまり，これまでの民俗学の名前およびそれとの混同を避けて，これからは明確に民族学と名乗り，海外の民族学と連絡しながら世界の民族との比較研究を進めようという宣言なのでした。それはちょうど，昭和9年7月にロンドンで第1回国際人類学民族学大会が開催された時期に当たっており，まさに時宜を得た出発であったといえます。そのロンドンの大会には東京帝国大学に宗教学科を創設した宗教学者姉崎正治（あねさきまさはる）（1873—1949）やドイツに留学していた岡正雄が参加していました。日本民族学会の初代理事長には東洋史が専門の白鳥庫吉（しらとりくらきち）が推挙され，理事には渋沢敬三，新村出（しんむらいずる）ら6名，発起人には長谷部言人，石黒忠篤，金田一京助，伊波普猷，折口信夫，有賀喜左衛門，鈴木栄太郎，鳥居龍蔵，中山太郎，今和次郎，原田敏明ら，実に多彩な計62名がその名を連ね

ていました。折口がその名を連ねているのは，前身の民俗学会と『民俗学』の発展的解消と再出発という学会の流れのうえであったものと思われます。

　編集責任者としては古野清人が当たり，創刊号の巻頭を飾った論文は馬淵東一の「高砂族の系譜」でしたが，第1巻2号には鈴木栄太郎の「屋敷神考」，第1巻3号には有賀喜左衛門の「田植えと村の生活組織」など，日本国内を対象とする社会学者の論文も掲載されました。事務所ははじめ東京大学に近い本郷のビル内に置かれましたが，まもなく三田綱町の渋沢敬三邸に移りました。

　こののち，民族学会は明治以来の人類学会とも連携して，昭和11年（1936）には第1回人類学会・民族学会連合大会が開催され，その後も毎年継続されて自然人類学と民族学・文化人類学の2つの学会の協業関係が築かれて，たがいに大きな学術的役割を果たしていくことになりました[74]。

（5）　渋沢敬三とアチック・ミューゼアム

渋沢栄一の嫡孫として　アチック・ミューゼアムは大正14年（1925）に渋沢敬三（1896―1963）が設立した，民俗や民具それに水産史の研究を中心とした私的な小さな研究所です。アチック・ミューゼアムというのは屋根裏の博物館という意味です。渋沢敬三は，近代日本の財政および産業育成に多大な貢献を果たした実業界の指導者，渋沢栄一（1840―1931）の嫡孫で，その後継者でもありました。アチック・ミューゼアムの前身は，敬三が大正10年2月，東京帝国大学経済学部卒業の年，友人の鈴木醇，宮本璋，中村正則ら数人の仲間たちとともに郷土玩具と動植物や化石標本などを持ち寄り，邸内の物置の屋根裏部屋に陳列して，アチック・ミューゼアム・ソサエティーと名付けたものに始まります。4月に大学を卒業した渋沢敬三は，横浜正金銀行に入りロンドン支店に勤務しました。そして，大正14年，そのロンドン支店勤務を終えて帰国した年に，前記の友人たちとあらためて郷土玩具を中心とする民俗品の蒐集と研究を目的として，屋根裏の陳列室をアチック・ミューゼアムと改称したのです。帰国した渋沢は大正15年7月に横浜正金銀行を退職し祖父渋沢栄一の築いた第一銀行に入り，取締役，副頭取などとして第一銀行の発展につとめました。その後，昭和17年（1942）には日本銀行副総裁，同19年には総裁としてきびしい状況の中での戦時金融の運営にあたりました。戦後の昭和20年

図42 渋沢敬三（32歳頃，昭和初年）
漁師の留吉さんと横浜本牧沖カサゴ根付近で渋沢が釣り上げた鯛（1貫40匁）

10月には幣原内閣の大蔵大臣となり占領下で戦後経済の復興へと努力しますが，昭和21年4月の内閣総辞職とともに辞任し，まもなく戦時中に日本銀行総裁であったことから公職追放となります。昭和26年に追放解除となり，昭和28年に創立されたばかりの国際電信電話株式会社の初代社長として国際電信電話事業の発展に尽くしました。

　その人生は，一貫して経済人として日本の経済界の発展のために尽くしたものでしたが，それは祖父栄一の強い意志を受けてのものでした。幼いころから「昆虫少年」「考古少年」とかいわれ，やがては動物学者か生物学者になりたいと思っていた敬三は，渋沢栄一の嫡孫というその立場上，学者としての人生をあきらめざるを得なかったのでした。初期のアチック・ミューゼアムの仲間の鈴木醇と宮本璋は中学時代からの友人で，東京帝国大学在学中にもおたがいに生物標本や郷土玩具などを蒐集して楽しんでいましたが，その2人，鈴木はのちに北海道大学理学部教授に，宮本は東京大学医学部教授になっています。

　のちに渋沢はこう述べています。

　　私はえたいの知れない男だ。実業家かもしれないし，政治家かもしれない。学者なのかもしれない。しかし，ほんとうは，そのどれでもないし，どれでもあった。……が，私は渋沢敬三という一個の社会人だ。やらなければならない大事なことは，そのつど，一生懸命やってきた……。

これは昭和38年（1963）10月25日，敬三が亡くなったあとの週刊誌の追悼記事「偉大なる"社会人"の死」に引用されている冒頭の一節です[75]。渋沢は第一銀行の取締役として重要な職務にあり，それに専念するとともに，アチック・ミューゼアムの主催者としての研究活動も，毎日の早朝から出勤前の時間

と夜遅い帰宅ののちの就寝前の時間を使いながら，また少ない休日を活用して熱心に続けて行きました。もちろん，それはたいへんな苦労でもありました。「金融史談」での回顧では次のように記されています[76]。

　　それでアティックなんか一生懸命になっておる。いかにも銀行の精力をそこに分けちゃって，銀行にデヴォートしていないかのような感覚をもつ人がいましたね。併しそれに対しては，その時間を比較してみろとよく云った。碁を打っておる時間，ゴルフをやっておる時間，マージャンの時間を通計して，ぼくのそれとどっちが多いか，通計したらぼくの方は少ないじゃないか。その代りぼくはそっちをやらない。（中略）もっぱらアティックでした。旅行でした。ぼくはそういう意味では完全に遊んでいる。だから，なまけ者と云われても抗議はしない。しかし仕事は面白いと思ったことはないけれども，一生懸命やっておりましたよ。

親方百姓の伝統精神　アチック・ミューゼアムの活動の中心は，民具類の資料の蒐集整理と研究とでしたが，その一方で，渋沢は多くの有能な人材への研究支援を積極的に行なっていきました。

柳田國男の民俗学の構築へも背後からの経済的な協力をいつも惜しみませんでした。柳田と渋沢の関係からみれば，明治8年（1875）生まれの柳田と，明治29年生まれの渋沢とは21歳の年齢差がありました。その柳田との関係で重要な人物は，のちに農林次官ともなる石黒忠篤（1884—1960）です。石黒忠篤は柳田國男の農商務省の後輩で，新渡戸稲造の郷土会の集まり以来，柳田と長い親密な関係を築いた人物で，日本の農村の研究と農政に熱心であった人物です。その石黒忠篤の夫人は，東京帝国大学教授法学博士穂積陳重の娘でした。そして，その穂積陳重の夫人は，渋沢栄一の娘であり，渋沢敬三の叔母でした。渋沢敬三にとってみれば，叔母さんの娘つまり従姉妹の夫が石黒忠篤で，石黒忠篤は渋沢敬三にとっては従兄弟（いとこ）なのでした。この2人の関係は単なる親戚以上のものとなりましたが，そのような関係で，柳田とも若くして面識を得ており，大正12年（1923）の横浜正金銀行ロンドン支店勤務中には，国際連盟委任統治委員として外遊中の柳田國男とロンドンで会っています。柳田が帰国して大正14年に創刊する雑誌『民族』を経済的に支援したのはその渋沢でした[77]。そのころの渋沢はまだ30歳の若い財界の俊秀でした。

その大正14年（1925）にロンドンから帰国した渋沢は，柳田の紹介で早川孝太郎に会います。そして，彼の故郷の愛知県奥三河の北設楽郡の花祭の豊かな伝承を聞き，昭和3年（1928）に早川とともにその花祭を実際に見学した渋沢は，民俗学の研究にとってぜひ詳細なモノグラフが必要であるとの考えから，何年かかってもいいから徹底的な調査と採録を行なうようにと励ましたのでした。そのころ早川の報告によって折口信夫もこの奥三河の花祭には大きな関心をよせて熱心に見学と調査に通っていました。早川は折口の啓発と渋沢の支援によって7年余にわたる奥三河の花祭や田楽や神楽の調査の成果として，昭和5年（1930）岡書院から大著『花祭』（上下2巻）を刊行したのでした[78]。これは日本の民俗学にとって最初の優れた精密なモノグラフといってよいものでした。

　渋沢がこうして支援し，大きな研究成果が得られた人物は他にも実に多くありました。前述のように，柳田のもとを逃げ出してウィーンに留学したいと言ってきた岡正雄を経済的に支援したのも渋沢でした。石田英一郎のウィーン留学もそれに続きました。また，名もない地方の生活者を重視して，竹内利美『小学生が調べたる上伊那川島村郷土誌』（1934），進藤松司『安芸三津漁民手記』（1937）や，吉田三郎『男鹿寒風山麓農民手記』（1935），『男鹿寒風山麓農民日録』（1938）など，生活者自身による記録の刊行にも支援を惜しみませんでした。竹内利美はその当時長野県の小学校の教員でしたが，それが機縁となって研究を進め，のちに東北大学の教授ともなったのでした。また，内田武志の『静岡県方言誌』[79]や『日本星座方言資料』（1949）の刊行も渋沢の支援によるものでした。その内田は，前述のように戦時中に秋田への疎開で東京を去らなければならなくなったとき，手にたずさえたのは柳田國男の『菅江真澄』（創元選書88，昭和17年〈1932〉刊）のただ1冊だけであったというのですが[80]，血友病という不治の病によって病床にありながらも妹や友人に支えられて，その菅江真澄の研究に没頭します。そして，その輝かしい成果である『菅江真澄全集』全13巻の刊行を支援し実現させたのも渋沢でした。また，今では「旅する巨人」などと呼ばれて[81]，50巻にもおよぶ膨大な著作集や十数万点の写真資料によって民俗学者として高い評価を受けている宮本常一（1907―81）の，不安定な生活と世俗の誘惑に乗りやすい人生のほとんどを大きく支え守り育て

たのも渋沢敬三でした。「君を軟禁する。私の許可なしに旅もしてはいけないし，他からの仕事も引き受けてはならない」「大事なことは主流にならぬことだ。傍流でよく状況を見ていくことだ」[82]とか，「私は君の防波堤だ。君は防波堤がなければすぐこわれてしまう」[83]という言葉には，宮本という人物をよく観察理解したうえでの深い愛情と友情がうかがえます。「君は足で歩いて全国の農民の現状を見ている。それも民俗学的な立場からとらえ，民俗の文献についてもよく知っており，民具についても一番理解がある。私は君に対してしなければならないと思うことは一通りした。この上はどのようなことがあっても命を大切にして戦後まで生きのびてほしい。敗戦ともなってきっと大きな混乱がおこるだろう。そのとき今日まで保たれて来た文化と秩序がどうなっていくかわからぬ。だが君が健全であれば戦前見聞したものを戦後へつなぐ一つのパイプにもなろう」，これが宮本へ残した渋沢の言葉でした。

　自分が目立つことなく，多くの人の世話をすることに無私の境地で喜びを感じるこの渋沢の気質については，「相手の成長を心から喜ぶという本格的な雅量を」「ほとんど生まれながらにして身につけていた」[84]ともいわれていますが，それはどこから来たのでしょうか。有賀喜左衛門は，その器量の由来について，祖父渋沢栄一から受け継いだ，村や村人の世話をすることを本来の役目としてきた近世武蔵農村の親方百姓，庄屋百姓の家の伝統的精神の実践がそこにあったと述べています。自分も信州の親方百姓の出身である有賀にはどこか共鳴，共感するところがあったようです。渋沢亡き後も日本常民文化研究所を支えながら民具研究を進め，やがて神奈川大学への移管によって日本常民文化研究所を存続させることにつなげた河岡武春（1927―86）は渋沢敬三を「世話する人」と呼んでいます[85]。

渋沢敬三の民俗への視点　この渋沢敬三と柳田國男の2人の学問をもっともよく理解していた研究者の1人が，その農村社会学の分野で大きな業績をのこした有賀喜左衛門（1897―1979）です。有賀は渋沢のアチック・ミューゼアムの後継者の1人でしたが，柳田の民俗学の後継者の1人でもありました。有賀の義弟の池上隆祐の回想によると，柳田國男は気まぐれに言ったのかもしれないが，柳田の学問の影響を自分の専門分野で生かし得た学者は，折口信夫と有賀喜左衛門だと池上に語ったことがあるといいます[86]。

図43　昭和8年（1933）の夏に新築なったアチック・ミューゼアム
1階の突きあたりの手摺りの奥が談話室

図44　アチックに洺月島の金支鏑氏を迎えて（昭和10年〈1935〉頃）
〈前列左より〉金支鏑，渋沢敬三，〈後列左端〉宮本常一，〈後列右より〉宮本馨太郎，高橋文太郎，桜田勝徳

いまここで，渋沢敬三とアチック・ミューゼアムのことについて整理する上で，参考になるのは，その有賀喜左衛門の「日本常民生活資料叢書　総序」[87]です。その有賀からの情報を紹介してみます。
　自然科学に関心の深かった渋沢は，アチック・ミューゼアムの創設にもあらわれているように，実物資料を重視する視点に立っていました。柳田の民俗学が，第1部生活外形，第2部生活解説，第3部生活意識という3部分類のうち，とくに第3部の生活意識を重視するのに対して，渋沢は，その外形の物質文化の中にも生活意識が含まれているという見方をしています。だから，アチック・ミューゼアムはその採集の主力を「民俗品」に集中させてきたのだといいます。渋沢は昭和8年（1933）9月に書いた「アティックの成長」という文章[88]で次のように述べています。

　　素人であるからよくは解らないが，自分等が特殊の敬愛と同情とを持つ民俗学に，今まで，生物学的とでも云ひ度い様な，実証的研究法があまり用ひられて居らぬことを，聊か不満に思つて居たので，ミューゼアムの本来の性質に鑑み，此のアティックで民俗品を採集することの意義を自ら悟つたのであつた。一例を云へば，方言の研究にしても，仮名だけで集めた時の危険は想像以上で，ビクと云ひ，カゴと云ひ，フゴと云ひ，モッコと云ひ，その何れにしても実物なしでは本体の解らぬものが多い。実物を分母とし，その名称を分子とすると，普通の分母はコンスタントで，分子のみ変化する様な気がするけれど，事実は分子が一つで分母が随分と変化する例はいくらでもある。分子と分母とが共に変化性を持つ以上，此の両者を仮名や文字の上だけで幾ら集めて議論しても，実は初まらないのである。
　　又藁の深靴が雪国ばかしかと思ふと九州にもあり，夏とか冬とか季節的に限つて使用されるものもあり，或は飢饉とか火事とかの非常時にのみ用ひられるもの等，実物が出て来て初めてその生活の技術なり態様なり，又その奥の思考に気のつくものは，沢山ある。今，アティックには民俗品が，大凡二千点程収蔵されて居る。集めてみてすぐ気のつくことは，例へば，動物の種属名のようにワラジ・エチゴエンシスとでも名付け度くなる程，その標準名なり学名なりが欲しくなることである。数量種類がうんと集まり，その製法仕法から，系統へと研究が進むと動植物に於ける如き自然分

類は不可能であるが，一種の分類学は成り立つとさへ思はれる。しかし，之は容易なことではないと同時に，茲に実物が物を云ふ所もあることである。そして，之は民俗学の一部門として極めて重要なことと思ふ。

こうした視点から，アチック・ミューゼアムでは，具体的な実物資料としての生活用具や生産用具の蒐集と分類と研究とが行なわれていったのでしたが，ここではまだそれらを「民俗品」と呼んでいます。しかし，この直後から渋沢は「民具」という言葉を使うようになります。昭和8年の段階では「民俗品」であったのが，昭和9年から10年の時点で「民具」へと変わったのでした。昭和10年7月から9月にかけて連載した渋沢の「アティック根源記」[89]では「民具」という言葉が定着しています。

共同研究と彙報・ノートの刊行　民具の蒐集と研究のため昭和8年（1933）にそのための委員会を発足させます。委員長に高橋文太郎，顧問格に宇野円空（東京大学教授），今和次郎（早稲田大学教授），宮本勢助（服飾研究家），委員に早川孝太郎，小川徹ら5名，幹事格村上清文でした。この年12月に東京の三田綱町の新築の2階建ての陳列館兼研究所が設けられ，収蔵民具もそこに収められました。文字通りのアチック（屋根裏）ではなくなりました。その渋沢邸の研究所を拠点として，昭和9年に実施された薩南十島の共同調査は画期的なものでした。渋沢をはじめアチックの同人，専門学者らが多数参加して，竹島，硫黄島から奄美大島，加計呂間島までの採訪調査が行なわれ，各島の民具が多数蒐集されました。その後も各地でアチックの同人たちによる調査が進められましたが，村上清文の越後三面，岩倉市郎の喜界島の調査などは1ヵ年におよぶ長期滞在調査でした。

昭和10年には『アチック・マンスリー』が創刊されますが，アチック同人による調査と研究の成果は，『アチック・ミューゼアム彙報』や，『アチック・ミューゼアム・ノート』のシリーズとしてそれぞれ刊行されていきました。現在，それら昭和11年から昭和17年までの『アチック・ミューゼアム彙報』全62冊，昭和10年から昭和17年までの『アチック・ミューゼアム・ノート』全22冊，昭和17年から昭和18年までの『常民文化研究所ノート』全4冊，がほぼ地方別に編纂されて，『日本常民生活資料叢書』全24巻として刊行されており[90]，貴重な情報を提供しています。

図45　アチックにて民具をかぶって記念写真（昭和12年〈1937〉頃）
〈前列左より〉岡村千秋，折口信夫，早川孝太郎，〈後列左より3人目から〉村上清文，渋沢敬三，高橋文太郎，宮本勢助

図46　アチックから刊行された彙報・ノートなど

渋沢自身の編集になる貴重な成果としてあげられるのは，昭和6年（1931）の祖父栄一の91歳での死亡に際しての看病と葬儀による過労から悪化した糖尿病治療のため，昭和7年伊豆での静養中に，伊豆三津の大川家に伝わる膨大な漁業関係資料を発見して，それを整理して『豆州内浦漁民史料』として刊行したことでした。また，柳田の民俗語彙との対比からか，民具を図絵で資料整理してみたいと考えて計画していた民俗図彙の刊行を断念して，昭和12年に『民具問答集』を刊行したことも画期的な成果でした。戦国期から明治時代までの膨大かつ貴重な史料群が収載された『豆州内浦漁民史料』の序文で渋沢は，「論文を書くのではない。資料を提供するのみである。山から鉱石を掘り出し，これを選鉱して品位を高め，焼いて鍰（からみ）を取り去って粗鋼とするのが本書の目的である。（中略）原文書を整理して他日学者の用に供し得る形にすることが自分の目的なのである」と述べています。それは「理論づける前にまず総てのものの実体を摑むということが大変大切ではないか」[91]という基本的かつ実証主義的な考え方によるものでした。『民具問答集』では，『民俗図彙』を断念した理由として「我々が民具に対して持つ知識のいかにも貧弱であることを自覚した」「一見熟知しているような気がしているものでも，これが民具としての物的存在だけでなく，人との交渉，家との交渉，村との交渉というふうに生きた民具として見る時，我々はあまりにも何物も知らないことにむしろ唖然としてしまったのであった」「ゆえに我々が解説すべきではなく，まず先方に聞き得たことを示してこれをもって第一次の資料であるとすべきであるとし，図彙の付録として民具問答集を付することとした」と述べています。これも渋沢の学問への姿勢が非常に誠実なものであることをよく示しています。

　実物資料を重視する渋沢はまた，字引に通う絵引は作れぬものか，と考えました。古い絵巻物には「当時の民俗的事象が極めて自然の裡にかなりの量と種目を以て偶然記録されていることに気が付いた」[92]渋沢は，柳田のもとで『民間伝承』の編集に当たっていた民俗学者でもあり画家でもある橋浦泰雄の参加を依頼して，昭和15年から絵巻物研究会を立ち上げました。それは戦争で中断しますが，昭和30年から村田泥牛，笹村草家人を加えて再開され，渋沢の死後，昭和40年に至って『絵巻物による日本常民生活絵引』全4冊として角川書店から出版されました。その当時はそれほど大きな反響はなかったのです

が，昭和 59 年に平凡社から全 5 冊として再刊されると，民俗学だけでなく当時フランスのアナール学派の影響を受けて社会史研究が活発化していた歴史学からも注目されてその意義が再確認されたのでした。

民族学博物館と日本民族学会　昭和 12 年（1937），東京都多摩の保谷村に，その地の地主でアチック同人の高橋文太郎の誘致によって約 1 万坪の土地を得て，2 階建て 125 坪の研究所と事務所が建設されました。そしてアチックの収蔵民具も渋沢邸からそこに移されるとともに，白鳥庫吉を理事長とする日本民族学会へと寄贈されることとなりました。そこで，同じく渋沢邸に事務所を設けていた日本民族学会もその保谷村に事務所を移転するとともに，学会附属民族学研究所を開設することとしました。古野清人主事をはじめ，アチック・ミューゼアムから高橋文太郎，磯貝勇，小川徹，宮本馨太郎など 14 名の研究員を任命して，秋田県男鹿から吉田三郎一家を招いて管理人とし，研究活動を開始することとなりました。翌昭和 13 年 8 月には木造平屋建て 360 坪の博物館が建設されました。そして，アチック・ミューゼアムの収蔵民具はすべてその日本民族学会附属博物館へと移管されました。その昭和 13 年の夏には民族学研究所の研究員の古野清人と宮本馨太郎の 2 人が樺太・サハリンに派遣されてオロッコ，ギリヤーク，アイヌなどの北方諸民族の調査が行なわれ，それによって蒐集された多数の民具を加えて，村上清文らの努力によって昭和 14 年 5 月には新しい民族学博物館が開館しました。

その後，昭和 15 年の皇紀 2600 年記念事業が各方面から企画される中，白鳥庫吉，石黒忠篤，渋沢敬三の 3 人が中心となって，大規模な野外民俗園を付設する国立民族学博物館の建設を政府に建策する動きがありました。しかし，黒板勝美の国史館建設案にそれは吸収されることとなり，結局は実現へ至りませんでした[93]。昭和 17 年に入ると，政府の要請により，文部省に民族研究所が創設されることになり，それにともなって日本民族学会とその附属研究所は発展解消されることになりました。そして，文部省民族研究所の外郭団体として財団法人日本民族学協会が設立され，機関誌『民族学研究』と附属民族学博物館の運営とがその新しい協会にひきつがれました。そのころ，アチック・ミューゼアムもその名称が敵国語の英語であるとして改名を迫られ，昭和 17 年に，日本常民文化研究所へと改称されました。その後は戦争の激化の中で，民族学

協会もアチック・ミューゼアムも十分な活動はできず，それはおろか，保谷村のある多摩地区も空襲の対象の範囲に入るなどせっかく収集された民具資料の保存も危ない状況となりました。その戦中から戦後の困難な時期にあって，渋沢の要請によって民族学博物館を保守したのは吉田三郎と宮本馨太郎（1911―79）の2人でした[94]。

柳田の常民と渋沢の常民　こうして渋沢敬三のアチック・ミューゼアムは昭和17年（1942）に日本常民文化研究所と改称されたのですが，ここで使用された常民という語と概念は，戦後の日本民俗学の議論の中では，柳田國男の民俗学の基本的な概念とされてきたものです。そして，その意味についてこれまでの議論では大別して3つのとらえ方があります。第1は常民を平民や庶民の意味，第2は近世の本百姓や近代の自作農などの農民の意味，第3はそのような身分階層などを示す実体概念ではなく文化概念，つまり「常の民」ではなく「民の常」という文化概念であるという解釈です。そして，共通しているのは柳田の常民概念には時代ごとに変化がみられるという点です[95]。

では，その柳田の論文の中で使われている常民の概念と，渋沢がいわば公称している日本常民文化研究所の常民の概念との関係はどうなっているのでしょうか。ここでその渋沢の常民と柳田の常民という概念の関係を確認しておくことは大切でしょう。

まず，単純明快なのは，渋沢の常民文化研究所の常民という概念です。それは英語のコモンピープル，the common people，つまり上流階級に属さない一般大衆という意味でした。渋沢敬三の還暦を記念して，渋沢家の側近の人たちで集まっていた柏窓会という親睦会が，昭和31年に編集した『柏葉拾遺』という本は，渋沢敬三の生い立ちを中心にした家族などの写真集ですが，それに附属している年譜の中で，敬三は「昭和17年（中略）此頃アチックを日本常民文化研究所と改称。常民とは庶民，衆庶等の語感を避け，貴族，武家，僧侶階層等を除くコンモンピープルの意として用い出せるもの。農山漁村のみならず市街地を合せ農工商等一般を含むものとして敬三の作出にかかる」と記しています。つまり，貴族，武家，僧侶などの上流階級を含まない一般庶民という意味でした。

それに対して，柳田のいう常民は複雑です。柳田の常民は渋沢のような英国

流の上流階級との区別の視点から出発したものではなかったのです。それは近代日本の知識大系の視線からは抜け落ちていきつつある山人や漂泊民という存在への注目からでした。彼らが眼前の「普通人」つまり「常民」とは異なる歴史を刻んできているのだという認識のもとに，その歴史の解明に学問的な光を当てようとしたものだったのです。最初に柳田が常民という語を用いたのは，『人類学雑誌』第 27 巻 6 号，8 号，第 12 巻 2 号に連載した「〈イタカ〉及び〈サンカ〉」という明治 44 年（1911）の論文[96]でした。次が，大正 5 年（1916）12 月の『郷土研究』第 4 巻 9 号[97]の「マタギと云ふ部落」で，次いで大正 6 年の「山人考」[98]，大正 7 年の「隠れ里」[99]です。これらはいずれもイタコやサンカ，マタギ，山人，木地師など，山川を主な生活の場にして移動漂泊し，村里の民との接触は少なく，祈禱や呪い，箒や籠や箕などの竹細工や柄杓や椀などの木工品の交易また時に窃盗をも生業とするような集団が，列島各地に数多く存在することに注目した論文でした。彼らは一般の農民とは異なる存在であるとの視点に立ち，その彼らの存在が発信している歴史情報の蒐集の必要性を説いたものでした。古代以来，日本各地には幾多の先住民が住み着いており，「現在の我々日本国民が，数多の種族の混成だと云ふこと」「私の研究はそれを既に動かぬ通説となつたものとして，乃ち此を発足点とします」というのが柳田の視点でした。したがって，ここで使われている「常民」とは彼ら山人とは系統の異なる一般的な村里の農民という意味でした。この柳田の視点は変わりません。昭和 19 年（1944）の「能と力者」[100]という論文でも，「甲州のリキの者は，……是も後々は跡を隠したらしいが，多分は耕作を主業として居たので，次第に常民と見分けられなくなつたものであらう。土地の言ひ伝へでは，リキの薬といふ堕胎薬を売り，又頼まれてさういふ蔭の仕事をしていたともいふが，……」と述べています。

　昭和 9 年から昭和 11 年にかけて実施された前述の山村調査は，実はそのような山人たちの歴史の伝承情報の蒐集をめざしたものでもありました。その結果は必ずしも成功したとはいえませんでしたが，柳田は「山立と山臥」という論文で次のように述べています。

　　漁村に比べると，山村にはより大いなる歴史があったことだけは明かで，しかも其跡はまだ埋もれて居るのである。熊野の北山，日向の那須などの

旧記を読んで見ると，山民は近世の平和時代に入るに先立ち，又その平和を確保する手段として，驚くべく大規模の殺戮を受けて居る。他の多くの山地でも，文書の史料は無いけれども，恐らくは亦同一の趣旨，同様の利害衝突によつて，たとへ殺されないまでも強い圧迫を受けて，散乱してしまつたろうことは想像せられる。彼等の生活法則に農業者と一致せぬ何物かが有つたとすると，それは勿論世の所謂乱世に適したものであつて，言はばこの以前が幾分か栄え過ぎて居た為に，反動が特に悲惨であつたのである。勿論その中には懲戒し治罰せらるべき者が，少数は確かにまじつて居たろう。しかし他の大多数は無辜であつた。婦女幼童は申すに及ばず，争ひ制する力が無くて，盲従して巻添を食つた者は幾らあったか知れない。さうして，近頃までの異色ある山村生活は，この一種の廃墟の上に，再び築き上げられて居たものの様に，自分等には感じられる。

　新しい文化の潮流に乗じ，是と適応し又妥協し得なかつた者の行先が，如何に悩ましく又幽鬱なものであつたかは，決して空漠なる詩材で無く，又単なる他山の石でも無い。人の命は形を変えて永続する。曾て彼等に波打つて居た血の流は，さう容易には涸れ渇くとは思はれない。それが混和しもしくは浸潤して，今日の所謂日本的なるものの，何れかの小さな局面に湧き漲つて居らぬといふことを，保障し得る者は一人も無いのである。果してこれを跡づける史学の方法といふものが，未来にかけて永久に見出されないであらうか。自分たち民俗学の学徒は，絶対にさうは考えて居ないのである。（中略）

　農に携わらぬ者の移動力は，一般に意外に大きく，又その智能も山奥に一生を送る者としては，驚くほど進んで居たことは，幾つかの例証がある。轆轤師又は木地屋と称する職人の群などもその一つで，彼等が自分の謂ふ山立の後裔であるか否かは疑問であるが，ともかくも山から山へ移り住んで，里とは交易以外の接触が無かったに拘らず，この仲間には夙に文字があり，又少しばかりの史学文学があり，信仰には統一があつて，可なり有利な条件の下に農民と対立して居た。この人々の経歴も，同情を以て傾聴するならば，今はまだ多分の知識を供与し得る。是も方法は既に具はつて，就いて，学ばうとする者が得られない状況にあるのである。

この柳田のいう近世初頭の山民大殺戮については，慶長19年（1614）12月に紀伊国と大和国にまたがる北山地方で起こった北山一揆の例をはじめ，元和5年（1619）の肥後国から日向国にまたがる椎葉山一揆，元和6年の四国の祖谷山一揆など，その文献記録が存在する例もあります。北山一揆に関する次のような紀伊石垣文書(101)に収める証文もその1つです

　　北山意起之者十二月十一日ニ新宮江大せいにてよせきたり，卯ノ刻よりおとも口ニ而合戦仕，かちにて大川を先かけ被仕，寄セ手之者ことことく追払，此時之手柄諸人ニ相しれ，まきれ無之候，将亦北山へ出陣，十二月廿七日ニ，大野之川ヲわたし，此時も先陣被仕，大峯山之前鬼意起大せう左衛門ノ太夫と申すものをくミふせ，首を取申事，此儀尚以まきれなく候，惣而貴所之てから度々之事無比類候，此旨浅野但馬守へ具ニ可申上候，為証文指夫申候
　　　慶長十九年寅ノ十二月廿九日
　　　　　　　　　　　　　　　　　浅野但馬守内
　　　　　　　　　　　　　　　　　　　長田正政所
　　　　　　　　　　　　　　　　　　　長田五郎七
　紀州佐野庄
　　　竹原徳兵衛殿

　また，椎葉山一揆について記すのは後世の編纂物ではありますが，『徳川実記』の次のような記事などがあります。

　　この山に三逕あり，正之等江代に於て謀を定め，士卒に命じ三隊に分ち，一隊は山口に屯して，山中より逃出る事を得ざらしむ。一隊は山中の者を見ん程ならば，搦取て刀剣を奪ふべしと定め，一隊は凶徒を誅戮する事を秘して，土人に知らしめざる為に備へしめ，正之等葛かづらを攀石を渡り，からうじて山中におし入，山中二十六村の男女千余人，一人残らず搦取て，凶徒の酋長百四十人が首を刎るを見て，婦女自殺する者廿人，茲に於て正之，忠成等兼て御朱印を奉ずる者をば悉く赦して，令を厳にし恩を施し，鎮恤しければ，土人悉く安堵し，山中静謐す

　歴史学ではこれらの一揆は，兵農未分離の中世の体制が圧倒的な近世幕藩権力によって解体される過程での初期土豪一揆とみる見解が有力ですが(102)，民

俗学では柳田に学んで近世初頭に山民の集団が全国各地で掃討されていった事例の一部であろうとみる見解が有力です[103]。つまり，柳田が明治期から大正期に実際に見聞していたサンカやイタカなど山人や被賤視される漂泊民の集団が，先住民からの独自の系譜を引きながら近世の幕藩権力によって殺戮掃討され分散していった歴史を伝える史料が一部にはたしかに存在しているのです。柳田が追跡しようとした集団の歴史は，時代をさかのぼればさかのぼるほど明瞭にその姿をあらわすはずのものだったのです。それは文字記録だけではわからない膨大な史実を含むもの，そしてそれは全国各地に伝えられている民俗という情報の中から再構成されるはずのものだったのです。

このように，柳田の常民という概念は，同じく日本列島に居住しながらも文化的にも種族的にも異なる系統と歴史を伝えているはずの山民や被賤視の対象である漂泊民の類を除くという視点に立ったものでした。そしてその一方では上流階級をも含むものでもありました。その柳田の考えを示す4つの文章を引いておきましょう。

1つは，昭和10年（1935）の「国語の将来」[104]の次のような文章です。「わからぬことは大抵過去を回顧してみるとわかる。こんな風潮を促進するやうな一種の教育法が前から我邦の上流の間に行はれ，それが尾を引いて今尚常民生活の一隅に占拠して居るのである」。つまり，上流社会の文化的生活要素が尾を引いて常民の生活の一部にも存在しているという見方です。

2つめは，昭和15年の『国史と民俗学』の一節です。「歴史は元来常民の学では無かつた。用途は主として政治にあつた故に，政治が僅かな上流の人だけの事務であつた時代には，当然に之を利用する者も限られ，又この人たちの参考になることのみが多く伝はつた」。つまり，ここでいう常民というのは，文字記録を残した上流の政治的な支配者たちではなく，それを残せないで支配される側であった一般庶民という意味です。しかし，前述のようにその常民に山人や被賤視の対象とされていた漂泊民が含まれていたわけではありません。

3つめは，戦後の昭和32年の雑誌『近代文学』の座談会での発言です[105]。「庶民をさけたのです。庶民には既定の内容がすでに定まり，それに理窟はいくらでもあるのですが，常民には畏れおおい話ですが，皇室の方も入っておいでになる。普通としてやっておられたことなんです。（中略）ことによったら

古風な奥方などは，華族さん，お大名の奥方も結局ごく低いところの階級と同じですね。その意味で常という言葉を使ったのです」，つまり，常民にはその生活の相において皇室をはじめとする上流階級も含まれるという考え方です。それはまた，上流階級の生活には素朴な常民的な部分が伝えられている一方で，外来文明の受容による変化や変容も多くあるという見方ともなっています。

4つめは，それに関連して，昭和28年の「稲の産屋」(106)の次のような一文です。「大嘗の日の神殿の奥に，迎へたまふ大神はただ一座，それも御褥御枕を備へ，御沓杖等を用意して，祭儀の中心を為すものは神と君と，同時の御食事をなされる，寧ろ単純素朴に過ぎたとも思はれる行事であつたといふに至つては，是を一社にしてなほ数座を分ち，それぞれに幣帛を奉進したといふやうな，いはゆる天神地祇の敬祭と同日に語るべきものではない」という指摘です(107)。つまり，単純素朴さにおいて皇室の伝統行事も常民の民俗行事と通底しているのだ，というのが柳田の考え方だったのです。

以上をまとめると，柳田の常民の概念は，列島内に居住しながらも異種異文化の系譜を引く山人や被賤視される漂泊の民を別種と位置づけ，それらの存続と消長という歴史事実の追跡確認の重要性を説くとともに，それとは明確に区別されるものとして設定されたのが常民という概念だったのです。その常民とは，稲作を中心とする一般の農民を中心として，それに文化的同一性をもつ近世社会の士農工商，そして天皇から貴族，大名をも含むものであったということです。そのとらえかたには上層への拡大傾向もみられますが，基本的には変化はありませんでした(108)。それに対して，渋沢の常民は，英語のコモンピープル，the common people の単純な翻訳概念であり，天皇や貴族，大名などの上流階級を排除した一般大衆，一般民衆という意味でした。そこには柳田のような山人や被賤視される漂泊民をとくに意識し識別する視点はなかったように思われます。それは両者の歴史認識のちがいでもあったのです。近代イギリスの社会と歴史を反映した概念であるコモンピープル，the common people は，日本の古代以来の社会と歴史を反映する，山人や被賤視される漂泊民の存在をその射程に含むこともまたそれを除外することも，明確にはしていなかったのです。

（6） 戦争と日本民俗学

『民間伝承』と戦争関係記事　昭和12年（1937）7月7日の蘆溝橋事件に端を発した北支事変から，8月の第2次上海事変，12月の南京占領へと続く戦局の拡大の中で，『民間伝承』誌上にも会員通信欄の短信として，武運長久や戦勝祈願，千人針や弾丸除け祈願などの記事が掲載されるようになりました。また学界消息として昭和13年11月の第4巻1号には「小林伝十氏戦傷死・哀悼」の記事が載せられました。しかし，そのころ編集に当たっていた橋浦泰雄がのちに回顧して「先生はつねづね，戦争に協力してはいけない……，と警告されていたし，会誌もそれに触れぬよう注意していた」と語っているように(109)，柳田は注意深い時局への対応を心がけていたものと思われます。

しかし，時流に乗って戦時体制に対する民俗学の姿勢を中心に論じるものが登場することになりました。それは倉田一郎の「時局下の民俗学」(110)です。その「時局下」とは，近衛文麿内閣と軍部が前年の昭和13年10月に武漢三鎮の占領に成功しながらも，蔣介石を中心とする国民政府に対して，その軍事的圧倒にも，汪兆銘を利用しての分裂・切り崩し工作にも，いずれにも失敗しており，戦争が泥沼化・長期化へと向う時期にあたっていました(111)。

　　われわれは斯学の目的と現代における使命とを新たに反省認識すると共に実践の歩を学芸総力戦の前線に進めねばならぬ。かゝる時代には千人針や守護札の心意を論考することを以て，この学芸当面の課題・貢献と考へるが如き愚かなる偸安と末梢的なる流行とは努めて之を排除せねばならぬ。
　　（中略）
　　今や東亜再建の大業は事変処理の進展と共に大陸に於ける政治的・経済的産業的・文化的諸工作として高度なる実践の段階に進みつゝある。而もこれら諸工作定立の基礎は実に支那民族とは何ぞやにあり。従つて彼此両国の民俗学に依る両民族の生活の究明比較に俟つこと多きは言ふまでもない。独りこの問題に限らず，爾後の植民政策に関しても，曾てのナチス独逸の植民政策に偉大なる知識として応用せられた独逸の国学としての民俗学の光輝ある歴史を回想することも亦，現代の日本民俗学への鼓舞激励となるであろう。

つまり，倉田は，千人針や守護札など瑣末な民俗事象についての論考は，このさい排除すべきであり，民俗学は日本と「支那」の両民族の文化究明比較を主要課題として，ナチスドイツの民俗学のように，国家の植民政策に利するものとしなければならない，と主張したのでした。これは，いくら時局下とはいえ，柳田國男がこれまで説いてきた民俗学とはその趣旨が大きく異なっていました。この倉田の論調に同調する論文はその後続いて現れてはきませんでした。

　むしろ，柳田國男はこれより早く磐城民俗研究会での講演「郷土研究について」において，この倉田とはまったく異なる趣旨の講演を行なっていました。それは，民俗学が市民権を求めるにあたっては「中等学校高等科で教へる様な教材を供給する」ことに役立たねばならない，しかし，ドイツ民俗学の道を歩むべきではない，という見解でした。柳田は「独逸では1925年に独逸国民生活史を教員採用試験の一課目とした。それを日本に真似せよと言へば出来ない事もなからうが，然し独逸は之れ以上の国家が無いと言ふ結論をこしらへて置いてそれに照らしてものを見て行く。我々は長所及び短所をありのままの姿で知り度いのであり，その間非常な差がある。臭い物に蓋をしたのではいけない。独逸の方法はその点が我々と合はない。この点に就いて当局が賛成されないのなら十年，二十年後れても止むを得ない。我々は独逸の道を歩まないつもりである」と述べています[112]。このような柳田の姿勢はその近くにいた大藤時彦が代弁しており，倉田の「時局下の民俗学」が掲載されたあとの『民間伝承』第4巻9号（昭和14年6月号）においてすぐに大藤は，民俗学と教育との統合の必要性を述べながら，同時に「我々は勿論，餘りにも政治化されたナチ民俗学の後塵を拝する気にはなれないが」と牽制しています。大藤時彦はその中で，民俗学を国民常識の中に浸透せしめる必要があり，そのためには教育と日本民俗学との統合が必要である，と述べています。

　そして，それとは別に民俗学の研究と教育が必要であるとの観点から，折口信夫の長年にわたる努力によって，昭和15年4月の新学期から國學院大学に民俗学の講座が国文，国史の必修科目として開講されることとなったことへの喜びを表明しています。日本ではじめて民俗学が大学の講座として設置されたのは，この折口による國學院大学の国文学科だったのです。

　大政翼賛会の圧倒的な影響下で，それに賛同する倉田の論調を，柳田もその

図47　折口信夫(3)（48歳，國學院大学での郷土研究会，昭和10年〈1935〉頃）

図48　折口信夫(4)（49歳，國學院大学で，昭和11年〈1936〉）

周辺も困惑しながらも抑えることができなかったのが実情ではないかと思われます。戦時下の思想統制の厳しさがいかに過酷なものであったか，それを知らないままの戦後数十年を経たうえでの議論や論評は空論にすぎないでしょう。

　戦時下の刊行継続　『民間伝承』が当初のタブレット版の 16 頁程度のものから B5 版の 64 頁の普通雑誌へとその版型を大きく変え，内容的にも論文と資料報告の充実を図るようになったのは，昭和 17 年（1942）5 月の第 8 巻 1 号からでした。その背景については，旧版の最後にあたる昭和 16 年 9 月の第 6 巻 12 号に，民間伝承の会が大政翼賛会の委託を受けて食習調査を開始するという記事がみられ，新版へ変更される過渡期の第 7 巻 6 号に早くもその調査状況報告が掲載されて，そこに「学域奉公」「挺身申込」などの語がみえることなどから，戦時下の食料難対策として伝統食の知識を求められた民間伝承の会が大政翼賛会の要望に応えていったことと，『民間伝承』が乏しい資金力にもかかわらずこの時期に紙面の拡大を図ることができたこととの間には一定の相関関係があるものと推測されます。こののち昭和 18 年 3 月発行の『民間伝承』第 8 巻 11 号には大東亜共栄圏への国策に応じようとする「民間伝承の会趣意書」が掲載されていますが，その編集後記に「本誌は当局の御支持によって用紙の特配を受け，さしたる減頁もせずに保ち得たことは感激に堪えません」とあるのもそうした推測を裏付けます。こののち厳しい戦時統制下にもかかわらず，昭和 19 年 8 月の『民間伝承』第 10 巻 7・8 合併号まで発行を継続することができたのは，柳田の存在と当局との間に複雑な配慮交換があったものとも推定されますが，その点について語る資料は何もありません。

　ただし，もと官僚としての柳田の政治的な巧妙性を想定する論には無理があります。すでにみたように，柳田はむしろ官僚としては本筋から外れた個性の持ち主であり，その官界を去って「浪人」となった柳田家の婿という負い目を背負った立場，そして，過去の官僚の世界においても学問の世界においても常に強い自己主張と孤立こそあれ，感情的連帯感をもつ橋浦泰雄や大藤時彦など稀有なる側近の助力によって立っていたのであり，自らは政治的運動的調整能力の必ずしも豊かでなかった柳田です。有賀喜左衛門の昭和 50 年の柳田國男生誕 100 年記念事業に酔う人たちを前にした，「『聟入考』と柳田國男」という論文の中の次のような文章は柳田の同時代像をよくあらわしています。

今日では柳田国男は学界のみならず世間からも大きくみとめられ，柳田ブームとも言われるほどの人気が湧き立っている。（中略）しかしその当時――大正の終わりから昭和の初めまでの頃――においては今日の状況は想像もできなかった。今なら柳田を「綜合的な偉大な学者だ」とでも言おうところを，当時は各方面の専門の学者の間では「雑学の徒だ」と片附けているものも少なくなかった。

　現在も語られている柳田の偶像性というのは，昭和16年（1941）の朝日文化賞受賞や昭和26年の文化勲章の受章によって創り上げられ，さらに柳田國男生誕100年事業などによって増幅されたイメージに過ぎないのです。柳田の生涯に対する美談化は，柳田の一生における歴史的事実とは別の場所で，各論者の社会的アピール上の利害関係の中で創り出されている可能性が大なのです。とくに，老境の柳田の戦後については昭和22年以来その近くにあった鎌田久子の見聞談も参考になります[113]。

　むしろ，戦時下にあっては奈辺か一部にこのような柳田國男への同情や同感を抱く者が存在した可能性が考えられるのです。たとえば，もと内務省神祇院考証官補であった小倉学の「『敬神と祈願』の思い出」[114]には，次のようにあります。「その頃，神祇院では学者を招いて勉強会をしていた。しかし民俗学の話を聞くというのは異例のことだった。今にして思えば，事務官僚の独走にブレーキをかけようと，おそらく専門職の発案によったのではあるまいか」，つまり，軍部の暴走に追随する官僚に対して，柳田の学問と見識を一定の抑止力と期待する存在があったことを推定させます。他にもたとえば，皇民化政策を推し進め，台湾人としての民族意識を高揚させるような民間信仰や冠婚葬祭などを破壊する方向にあった台湾総督府の施政方針に対して，それら失われていく台湾の民俗文化の保存記録をめざす『民俗台湾』の編集に当たっていた金関丈夫が，昭和18年に東京の柳田邸を訪れて指導を求めたのも，当時台湾総督府からの弾圧の危険が迫った状況への一種の避難牽制策であった可能性もあります。

　新たなる目標　誌面を一新した『民間伝承』第8巻1号の最初の巻頭言は柳田國男の「新たなる目標」でした。その主旨は，これまで『民間伝承』が力を入れてきたのは消え去る地方文化の保存と相互協力によるその集録であったが，

これからは，外部の理解者の獲得と民間伝承の知識の利用による未来の考究である，というものでした。つまり，この柳田のいう「外部の理解者」と「民間伝承の知識の利用」には2つの含意があり，「外部の理解者」とは眼前の力学関係からいえば「大政翼賛会」とも理解されるでしょうが，より根本的には「新しい民俗学徒」という意味にまちがいありません。「民間伝承の知識の利用」とはその文脈からいえば「国策への協力」とも理解されるでしょうが，柳田のこれまでの主張からいえば「国民の自己啓発」の意味にまちがいはありません。時局に対応する立場をとった柳田の苦心と工夫とが読み取れます。この「新たなる目標」は2号，3号と連続して同じものが掲載され，会員への周知が図られていました。しかし，それに続いて掲載されたのが倉田一郎の「新しき国風の学」でした。

　先に「時局下の民俗学」を書いた倉田はそこでも，「今や北に南に戡定のみいくさは進み，現代の新しき国生みの成就しつゝあるとき，この広大な地域に於ける共栄圏の指導者として立つ日本民族の，新たなる教養として要求せられる」のが，「おのが国風」の認識であり，同時に「共栄圏諸民族の土俗を比較的に把握すること」であるとして，「須く懐旧と好奇の旧殻を脱して」「大東亜の教養学」「新しき国風学としての前線を益々拡大し」て「民俗学の邦家に報ずるの道」を進まねばならぬと主張しています。

　これは，先に「時局下の民俗学」で述べたことの延長線上にあるものですが，たとえば「共栄圏諸民族の土俗を比較的に把握する」という倉田の主張は，一国民俗学の確立を提言し比較民俗学を時期尚早とした柳田の主張とはまったく相反するものです。それにもかかわらず，この巻頭言の掲載を事実上認めている柳田の立場とその姿勢については前述のように慎重に観察していく必要があります。ただ，この倉田以外の柳田周辺の研究者たちが，直接戦争に関わるような論の展開を決して積極的には行なっていかなかったことは，その後の『民間伝承』の巻頭言を一覧してみれば明らかです。そこには，当時，国策への反対や反抗の姿勢をとることが絶対的に不可能となっていた戦時下の時代状況の中で，あえて対象を民俗伝承にしぼるような論文の執筆が続けられているのが見て取れます。そうした中で，昭和17年（1942）3月の第8巻から19年8月の第10巻までの編集を担当した橋浦泰雄の場合は微妙です。第8巻10号の

「日本の自力」はまだ抑制のきいたものでしたが，それに続く第 8 巻 11 号の巻末に載せられた「民間伝承の会趣意書」は，「日本民族の世界における地位任務，殊に大東亜領域に於ける使命の愈々重大なる」ことを説いています。社会主義運動の活動家としての経歴をもちながら自らの社会正義を追及してやまない運動家的体質を反映してか，橋浦にとって眼前の戦時体制への無関心，無関与の姿勢をとり続けることは困難であったらしく，抵抗か協力かの両極端への危険性をはらみながら，時局へと関与していかざるを得なかった橋浦泰雄という人物の個性がそこに見て取れるように思います。

（7）　海外へ向かう民族学と基礎固め重視の一国民俗学

戦時下の民族学　では当時の日本の民族学はどうであったか，その民族学が国策に協力しながら大東亜諸民族の研究を進めていったことはよく知られているところです。柘植信行「戦時下の学問と生活」[115]に詳しいので，それを引用しながら紹介してみましょう。昭和 17 年（1942）5 月の大東亜建設審議会による設置答申を受けて昭和 18 年に発足した文部省所管の民族研究所は，「文部大臣ノ管理ニ属シ民族政策ニ寄与スルタメ諸民族ニ関スル調査研究ヲ行フ」[116]ものであり，その所員には岡正雄，古野清人，杉浦健一，八幡一郎，江上波夫，及川宏らが名を連ねていました[117]。この民族研究所の設立に尽力したのは，かつて柳田のもとを離れてウィーンに留学し，昭和 10 年にいったん帰国したのち，再度渡欧してナチス支配下となったドイツから昭和 15 年に帰国したあの岡正雄でした。オーストリアは昭和 13 年にドイツ民族統合を名目にナチスドイツに併合されていました。岡正雄は昭和 16 年に参謀本部嘱託となり，軍部の対外宣伝雑誌『FRONT』にも関係していたといわれています[118]。そして，昭和 17 年 10 月の講演「現代民族学の諸問題」では，「民族学は統治の対象としての民族の現実態的性格及び構造を明確にし，或はその民族構造の制約に於ける民族感情では民族意識，民族意志，民族行動の性格，動向，偏向を究明して，民族政策を基礎づけなければならない」[119]と述べています。鈴木二郎はその当時を回顧して，「その頃の先生は，民族研究所の創設をめぐる多忙の中に，中野学校（諜報防諜や宣伝など秘密戦の訓練教育機関）で講義をしたり，少佐参謀を帯同して南方を視察するというふうに，民族政策について積極的な

姿勢をとっておられた。あらためて言うまでもないであろうが，日本における民族学の発達は，台湾，朝鮮，中国大陸，および旧南洋などの植民地経営と不可分に結びついていた。先生の軍との関係もその流れに沿ったものである」[120]と述べています。また，柳田國男のもとに出入りしつつ民族研究所の所員となった杉浦健一も，昭和16年に発表した「民族学と南洋群島統治」では，「今後日本が大南洋の何処まで発展して行くにしても，先ず第一に必要なのは土民の労働力を十分使ひこなすことである。此の対策こそ今後の開発に重大な影響を与へるものと信ずる。土民を利用するには彼等の生活の全面を理解せねばならぬ。斯かる意味より土民の旧慣の研究が大南洋各地に行われなければならない」[121]と述べています。また，民族研究所の外郭団体として設立された財団法人民族学協会の設立趣意には，「整備された学術組織の下に民族学的素養ある学徒と提携聯絡して，主として大東亜共栄圏内の諸民族に関し実証的なる民族学的調査研究を行ひ，他面深く民族学の理論を探求して邦家の民族政策に寄与せんとす」るとあります[122]。

一方，東京に民族研究所が設立された翌年の昭和19年（1944）1月に，蒙古自治邦の張家口に設立され6月から活動を開始したのが，蒙古善隣協会西北研究所です。所長は今西錦司で次長が石田英一郎でした。この西北研究所は「蒙疆を起点として内陸アジアに連る外蒙・寧夏・甘粛・新疆・青海等大東亜共栄圏の西北をめぐる廻廊地帯を対象とし，その自然環境と民族社会とを綜合的に調査研究することを目的」とするもの[123]とされ，当時の状況として国策的，植民地主義的性質を帯びないわけはありませんでした。しかし，ある程度，研究者たちが自由な雰囲気で中国西北地方の調査研究を実施できたという回顧もあります[124]。

民族学と植民地主義に関する研究を進めている中生勝美も指摘しているように[125]，占領統治と植民地政策への協力を強いられていた戦時下にあってこれを意図的に回避することが多くの民族学者にとって事実上困難であった時代状況を無視することはできないでしょう。

一国民俗学という抑制　柳田國男が民俗学は「ナショナルなものにする必要がある」といい，終始一貫して一国民俗学を主張し続けたことはよく知られているとおりです。「先ず，一国民俗学の確立を期し，是によって将来の世界民

俗学の素地を用意し」「一国民俗学が各国に成立し，国際的にも比較綜合が可能になって，其結果が他のどの民族にもあてはめられるようになれば，世界民俗学の曙光が見え初めたと云い得るのである。しかし，比較法の恩恵はその華やかなる夢を実現するには，今日はまだ十分に材料が揃って居ないという他ない」という昭和9年（1934）の『民間伝承論』の文章がよく引用されますが，柳田の「一国民俗学」という語の使用はこののち晩年の昭和35年の「鼠の浄土」[126]まで継続しており，柳田の自らの民俗学に対する基本姿勢であったといってよいでしょう。この柳田の「一国民俗学」については，これまで多くの解読が，中には明らかな誤読も含まれながら行なわれていますが，現在のところでは岩本通弥「民俗・風俗・殊俗──都市文明史としての『一国民俗学』」[127]が最も的確な理解を提示しているといってよいでしょう。岩本は，柳田の方言周圏論は，中央都市からの「文化波及の法則」の発見，であり，柳田が提起したのは，文化を発生・波及させる装置としての都市を中核とする社会・文化統合論（文明論）であり，柳田の一国民俗学は，国という政治領域内を文化的かつ社会的に統合していく都市の文明力を中心に据えたがゆえの議論であって，そうした文脈においてこそ柳田は民俗学はまずナショナルなものでなければならないとしたのである，と解読しています。

　では，大東亜戦時体制のもとで，機を得たかのように中国大陸や南洋諸島で精力的に実地調査研究を進めていった民族学に対して，柳田はどのような見解をもっていたのでしょうか。その点に関しては，やはりこれまでもよく引用されている次の2つの発言が注目されるでしょう。まず，民族学への態度を示す第1は，「私らの同胞に対して抱いている熱意というものを，すぐに転用してちがった人種に持って行くということは困難なんです。われわれはまだ彼らの霊魂には触れていないからね」[128]という発言です。第2は，「我々の民俗学の歴史を一通り知った上でないと，新たな同情深い視察には這入つて行けぬのみか，あべこべに国内の同胞をすら，昔の民族学的態度を以て見下さうとする者を制止する途がないかも知れぬ。二つの呼び声を同じくする学問の主従の関係は，自他の為に今や是を明白にする必要が切なのである」[129]という発言です。第1の発言は，同胞人の文化は同胞人がまずはみずから研究するのがよいといういわば共感的理解の重要性を説くものであり，第2の発言は，民族学はその

調査対象者つまり情報提供者 informants を見下す姿勢になりがちな学問であり，同胞に対する同情ある学問であるべき民俗学はそれとは一線を画すべきだという主張です。

　一方，植民地の民俗に対する柳田の姿勢をよく示す例として知られているのは，『民俗台湾』の昭和18年（1943）12月号の座談会「柳田國男氏を囲みて―大東亜民俗学の建設と『民俗台湾』の使命―」における柳田の対応です(130)。『民俗台湾』は，皇民化政策によって消し去られていく台湾在来の民俗・習慣を蒐集・記録する必要性が痛感されて台北帝大医学部解剖学教室教授金関丈夫らによって昭和16年に創刊された雑誌でした。この座談会は昭和18年10月，柳田の古稀記念事業が推進され始めた時期に金関たちが柳田の助言を求めて東京の柳田邸を訪れて開かれたもので，金関は「柳田先生として，日本の民俗学或は東亜の民俗学のために，台湾からはかういう研究を期待してゐる。或は現在具体的にこれこれのことを調べてもらひたいといふやうな，さういふ御指導と御希望とを伺ひまして，我々の参考にしたいと思ふわけなのでございます」と述べています。それに対して柳田は，大東亜圏の各地域の協力による比較民俗学が推進されることが望まれる状況が生じてきており，「『民俗台湾』をその方針に進めていただきたい」と述べながらも，「ヨーロッパでは実は民俗学には国際学会迄出来まして，五六回開いてをります。数ヶ国の違つた民俗の人々が寄集まつて，協同の研究をしようと迄したのでありますが，此方とは條件が大分違います。第一向ふだと共通語を持ってをりますし，……大東亜圏内となるとさうはいかないんです」と述べ，「言葉」の相異という問題を乗り越えない限り「ごく貧弱なヨーロッパでやつてゐるような合同さへもできない」であろうと述べています。そして，柳田が『民俗台湾』に寄稿しなかった理由についても「どうも筆をとつてみると，思うように言い表せないものだから」とか，『民俗台湾』を読んでも，「言葉がまるで違うんだから，眼では知つても，その資料の内容の結び合わせを知らないといふことになるんです」「自分等の仲間の直接の学問だといふ気がしない」と述べるなど，みずから進んで比較民俗学への道を進むことはありませんでした。

　つまり，民俗語彙を重視し日本国内各地からの民俗資料の収集を基礎としてその比較研究による生活文化の歴史的再構成をめざす柳田の民俗学にとっては，

言語と歴史的背景の大きく異なる他の国や他の民族の生活文化はその主たる比較研究の対象とはなりえなかったのです。柳田國男の一国民俗学については，ネイティヴ natives（同郷人・同国人）中心主義によるものであり，それは分析的理解よりも共感的理解を優先させるもので，非ネイティブによる研究を軽視する結果となっているという解釈もありますが[131]，それだけではなく，むしろ自己抑制であり言語の資料性を重視する柳田民俗学の歴史主義に根ざすものであって，まさに柳田の方法自体と不可分のものであったというべきなのです。その柳田民俗学の歴史主義に由来する一国民俗学の主張は，日本を対象として絞り込む姿勢を守るものであり，当時の対外的な植民地研究には適合しない体質のものであったといってよいでしょう。むしろ，一国主義に内在する不干渉主義の可能性こそが注目されるのです。柳田の民俗学は植民地主義の立場はとらなかったのです。

（8） 柳田國男の神社研究

国民精神文化研究所 昭和7年（1932）に文部省によって設立された国民精神文化研究所は，戦時体制へ向けて「国体・国民精神の原理を闡明し国民文化を啓発して外来思想を批判しマルクシズムに対抗するに足る理論体系の建設を目的とする」ものでしたが[132]，柳田門下でその所員となったのは堀一郎（1910―74），和歌森太郎（1915―77），萩原龍夫（1916―85）でした。柳田の女婿堀一郎が同研究所の嘱託の地位を得たのは昭和12年の暮れのことで，まもなく研究部哲学科助手となって仏教や遊幸思想などについての研究を進めています。和歌森太郎はその堀一郎と柳田の推薦で昭和17年に調査嘱託となり，とくに神社や神事の調査に当たりました。同研究所の「神社及神事調査要綱」には，「本調査は国民生活の具体的規範となり，これを現代に培ひ来たれる神社及び神事に関する基礎調査を行ひ，以て国民精神の淵源と伝統とを明らかにすると共に，ここに皇国教学全般の根基を求むるを目的とす」るとありました[133]。実際に昭和17年8月31日から9月3日にかけて堀一郎と和歌森太郎は，主任で美術史専攻の正木篤三（1905―50）と3名で茨城県の鹿島神宮の調査を行ない，まもなく和歌森は「鹿島神宮式年御船祭拝観記―鹿島信仰をめぐる諸問題」[134]，「大洗採訪記―鹿島信仰をめぐる諸問題」[135]を発表しています。

のち戦後になって和歌森太郎の代表的な論著の1冊となる『美保神社の研究』[136]の基礎データが蒐集されたのも，他ならぬこの国民精神文化研究所の神社研究においてであり，昭和17年12月に行なわれた美保神社調査が重要な位置を占めていました。

柳田國男の氏神研究　国民精神文化研究所の和歌森たちによる神社研究が，柳田國男の氏神信仰調査の構想からの影響を受けていた可能性は大でした。和歌森を研究所に推薦したのも柳田であり，また，国民精神文化研究所国民伝統課の「神社・神事調査項目」の一部は，昭和17年（1942）8月に柳田國男と関敬吾によって刊行された『日本民俗学入門』の第17章「祭神」の調査項目130項目の一部をそのまま転用したもので，その項目選定は和歌森太郎によるものと考えられます。

ただし，柳田國男の神社や神道に関する研究姿勢は当時圧倒的な権威をもっていた国家神道のそれとは大きく異なっていました。柳田國男が日本の神社や神道に関する見解を明示したものとして知られるのは『日本の祭』[137]や『神道と民俗学』[138]ですが，そこで提示されているのは，国家が上から押し付ける国家神道の思想とは異なる，一般の人びとの生活の中に伝承されてきている民俗の神道ともいうべきものの存在であり，その生活の中の神道こそ重視されるべきであるとの主張でした。そのような柳田の基本的な考え方は，すでに早く大正7年（1918）の「神道私見」[139]で，「学問はどこまでも国民が当体であります。その国民の生活に同情のないような学問のしかたに対しては反対しなければなりませぬ。ことにもう一段高いところから見ましても目前の事実を軽んずるような学問のしかたには賛成することはできませぬ。仮定と神代の巻ばかりにもとづいた神道というものには賛成することはできない」という強い信念として表明されていました。

しかし，この柳田の主張が当時の国家主義的立場の学者たちから強い批判の対象とされていたことは事実であり，次のようなよく知られたエピソードがそれを表しています。昭和17年5月，「大東亜新秩序の建設と国語学及び国文学」をテーマに開催された日本諸学振興委員会国語国文学特別学会で，折口信夫は15日夜に「古代日本文学に於ける南方要素」と題する講演を行ないました。翌16日の総括討論の席上，当時文部省教学局参与国史編集総裁で学界に

絶大な権力をもち，噂によれば彼に睨まれたら国立学校の教官もクビになるともいわれた人物，山田孝雄(やまだよしお)(1873—1956)が，「三輪神社は三輪山が御神体である。いまもあの地の住民は三輪山を御神体として拝んでおる。しかるに，土俗学的研究などと称して，云々」と発言したのに対して，そのとき折口信夫は毅然として立ち，「ただいま山田先生がおっしゃったのは，柳田先生や私などがいたしている日本民俗学のことをおっしゃったのでありますか」と質問したのでした(140)。日ごろから「柳田，折口氏はいたずらに神を地上にひきおろす不敬の学者」であると非難していた山田孝雄であり(141)，柳田や折口の「土俗学野蛮学」への蔑視と危険視とが根強く彼の中に存在していたのでした。

たしかに柳田の姿勢は，昭和16年(1941)に長崎医大で行なわれた座談会においても「(国民)精神文化研究所などでも，当局の予期した結論になるような問題きり与えないですね。結論を与えているような気がしますよ。どんな結論になってもよいからやってみようというのでなければ，正しい研究ではない」(142)と発言しているように，民俗の事実を積み重ねたうえでの神社や神道の研究でなければならないとするものでした。

しかし，ではその柳田自身の，民俗に基づく神社や神道の研究は戦時体制においてどのような立場をとっていたのでしょうか。その点について参考になるのは，昭和18年7月9日に長野県東筑教育会において氏神信仰とその調査に関して行なった柳田の講演会での発言です(143)。そのとき長野県東筑教育会へ依頼された氏神信仰調査は，柳田門下の堀一郎，和歌森太郎の現地指導のもとに，(1)農村氏神信仰の状態はどうなっているか，(2)氏神氏子の概念はどうなっているか，(3)頭屋制度は残っているか，(4)祭と女性の任務，を主たる調査要項として，そのもとにさらに詳細な調査項目が用意されて実施されたものでしたが，柳田の意気込みはそのときのいわゆる「大講演」によくあらわれていました。その講演会に出席していた清沢芳郎の記憶に残った次のような柳田の発言(144)が注目されます。

第1は「この戦争は何千年たっても非常に研究される。その時この神道の問題を，はっきりしておくことは，大きな問題である。現在の兵士の大部分を供給している農村の，その兵士と憂いを同じうする家庭が神様のことを考えているかいないかは，まことに重大な事柄である」「果して若しわれわれの予期す

るごとくこの信仰が生きているならば，日本には軍神に続いて，いくらでも喜んで死んでいく人が出てくるであろう……。この仕事は弾丸作り，弾丸みがきと同じく，銃後後援の仕事である」という発言です。

　第2は「頭屋制度は残っているか。これを是非研究してもらいたい。やがて祭だけでも村民が自治する制度を政府が認めるという時が来た場合に，この研究が役立つのである。われわれは将来の日本の神道，農村の信仰，制度につき，はっきりしたものを持ち，見当をつけておかねばならない。今日誰しも氏神信仰の現状をよしとしている人はなく，また頽廃した現状をこのままでくいとめるという方法を持っている人もない。しかし，吾々は再びこうした時代が戦後またやって来た時に，かかる信仰に対する憂いを抱かなくてもいいようにしていきたいものである。氏神対氏子の関係をこれより下げたくない。農村の信仰のことは，新たなる道を作らなくてはならないのである。神道の地に落ちていないことを思えるような国にしたい。神国という本当の神の国にしたい」という発言です。

　そこには村人の生活現場への理解のない国家神道に対する批判とは裏腹に，民俗に根ざした神道の発見への熱意と，そのような神道の理想化への意気ごみが読み取れるのであり，戦時体制に対する批判は存在しません。つまり，柳田の氏神研究は国家神道への批判に立つものではあっても，戦争政策への批判ではありえなかったのです。それは，治安維持法という法律，特高警察という機関，国民精神総動員運動という運動，大政翼賛会（たいせいよくさんかい）という組織，の4者の相乗的絶対的強圧のもとに今日では想像を絶するほどの戦時下の過酷な言論思想統制のもとにあって，誰一人として逃れられない現実でもあったのです。そのような戦時下におけるしかも大政翼賛会への協力的な位置にあった柳田の氏神研究は，多くの戦死者を必然とする戦争に対して，むしろ生と死の最前線に立つ兵士とその家族に対する精神的救済への道具を提供する立場に立とうとしていたのであり，その意味の限りで言えば，戦争協力への危険性を含んだものであったと批判することはできるでしょう。しかし，柳田の推進した民俗の発見と採集と分析とその理論化という作業は，村人の生活への同感同情に立脚するものであり，彼らを赤紙1枚で徴兵し家族と引き離して戦地へ，死の淵へと送り出す戦争政策を鼓舞する体質のものではありませんでした。

昭和 19 年（1944）10 月 15 日，柳田は内務省神祇院に招かれて「敬神と祈願」と題する講話を行なっていますが，当時内務省神祇院考証官補の職にあってその講話に臨席した小倉学は，厳しい言論統制下であったにも拘らず，柳田が「神風ぞ吹かんといふやうな文句を，又何とかしてはやらせようとする者がある。斯ういふ軽々しい傾向こそは警戒しなければならぬ。神風の歴史は誰にも明らかだが，是は決して無条件には吹起こつては居ない。ただ日本が神国であるが故に，乃ち神風が吹くであらうなどと思ふ者は，最も尊い敬神の歴史の跡を忘れた者である」と公言したという記憶を記しています(145)。

　柳田批判と柳田理解　1990 年代の柳田批判で目立ったのは，柳田の思想と柳田の創始した民俗学に対して，そこにナショナリズムと植民地主義（コロニアリズム）を見出して批判を加えるものでした。ベネディクト・アンダーソンの「想像の共同体論」にならう村井紀の『南島イデオロギーの発生』(146)や，川村湊の『「大東亜民俗学」の虚実』(147)，また子安宣邦の「一国民俗学の成立」(148)などが印象深いものでした。しかし，それらには論証よりも類推の部分が多く，すでに岩本通弥の「国際連盟委任統治委員としての柳田」(149)，福井直秀の「柳田國男のアジア認識」(150)，藤井隆至の「柳田國男のアジア意識」(151)，後藤総一郎の「柳田國男の『植民地主義論』の誤謬を排す」(152)など多くの批判と反論が提示されています。

　また，戦争と柳田の民俗学についても，川村邦光は，柳田が昭和 21 年（1946）10 月の日本民俗学講座で「現代科学ということ」と題して行なった講演を導入部分として，「柳田の言葉にしたがうなら，民俗学もしくは日本民俗学は，やはり戦争に敗北した」と述べています(153)。一方，柳田の戦争協力論議をめぐる評論としてすでによく知られているのは，益田勝実や橋川文三のそれです。その益田や橋川によれば，柳田は，「戦争のまっただ中では〈実際生活〉以外ではない戦争の歴史性，戦争の本質などについて『（郷土生活の）研究法』のいう〈平民の反省〉をすることができなかった」(154)のであり，「柳田が自認したところでも，柳田は少なくとも戦争という国民総体の運命にかかわる大きな疑問に対して，ほとんどなんら答えるところがなかった」(155)といっています。たしかに，柳田の民俗学は決して戦時体制に抵抗しえず，一時期，戦争遂行への迎合や便乗の言辞を唱えていたことも事実です。しかし，それは，誕生した

ばかりの柳田の民俗学が，柳田自身の強烈な個性とともに広い意味での歴史学であるというその独自性への理解が門弟らに不十分なまま，また，民俗学の使命は日本の民族文化の解明であるなどという誤解が通用したままに，恐怖の戦時強制動員体制という巨大な政治的試練の中に逡巡していた姿として捉えておくことができるのではないでしょうか。同時代的状況を推定する限り，それ以上でもなくそれ以下でもなかったといってよいでしょう。ただし，その戦時体制とは如何なるものであったのか。それは藤田省三も指摘するように，けっして柳田1人ではなく当時のすべての日本国民が，「積極的」な「報国」行動が要求され，その限りにおいて「無為」も「勝手」も「妄想」も許されない，傍観主義，自由主義，観念的態度から，戦争協力という特定な行動そのものへの転向が厳しく迫られた極限状況であった(156)ということだけは忘れられてはならないでしょう。そして，そのような国家体制を形成し現出させてしまった日本近代史の一つ一つのターニングポイントを風化させてはならないでしょう。柳田はその最大のターニングポイントの1つであった田中義一内閣の強硬外交への転換の危険性を，前述のようにすでに指摘していたのでした。

（9）『先祖の話』とその意義

柳田の代表的な論著　柳田國男の代表的な著作として，一般的にまずあげられるのは，『遠野物語』でしょう。その次にあげられるのがおそらく『先祖の話』でしょう。しかし，その2冊の本が有名なわりには，よく読み込んで熟読玩味した人がどれだけいるでしょうか。『遠野物語』は『後狩詞記』とともに柳田が日本列島内の歴史的多文化性を見出した記念碑的な著作ではありますが，けっして民俗学の代表的な論著ではありません。それに対して，『先祖の話』は，柳田國男の民俗学の構想と挑戦と成果を1冊にまとめた代表作な論著なのです(157)。柳田の民俗学の基本書ともいうべき『民間伝承論』も『郷土生活の研究法』も前述のように，口述筆記でした。しかし，『先祖の話』は70歳に至った柳田が空襲警報の中でもその筆を止めることなく，自らの筆で書きつぎ書き上げた著作でした。それこそ，柳田の生涯をかけた民俗学の核心が記されている著作といってよいでしょう。柳田の代表的な著作であるだけに，誤読の多いのも残念ながら実情です。とくに『先祖の話』が，戦争や戦死者について論

じるものだというのが最たる誤読です。ここでそれらの誤読と誤解を解いておきたいと思います。

執筆動機への誤読を解く　まず，執筆動機についての誤解の例は，それがアジア太平洋戦争の最末期に書かれたものであることから，戦場に赴く若い学徒や兵士たちをめぐる死者祭祀の問題を提示したものだという誤解です。そして，戦争遂行のイデオロギーを民俗学的に説明しようとしていたという誤読です。この2つの誤読は，直接原著を読まないで柳田を知ろうとする一般読者を惑わしやすいものだけにほんとうに困りものです。正しくは，各自がみずから『先祖の話』をよく読んでみれば明らかです。「自序」で「これにもいくつかの動機があったのである」と明言しているとおり，第1に，先覚指導者へよりもそれに先だちまずは多数少壮の読書子に新たなる興味をもたせたい，第2に，自分が集めてみようとしている資料はまだ乏しいが，読者の記憶の中にこの本を機縁として同類の情報が喚び醒まされてよく理解され，またそれぞれの体験的な情報を提供してもらえるかもしれない，との期待から，つまり自分の構想している民俗学の視点と方法とへの広い理解を求めておきたいという願いだったのです。文献史学（文献記録を資料）や考古学（発掘遺物を資料）とならぶ，民俗学（民間伝承を資料）というもう1つの新たな歴史学の提唱とそれへの若い人たちの理解と参画とを期待する，というものだったのです。

眼前の戦争への言及はその文脈の中でのものでした。たとえば，「七生報国」という項目の意味するところは，戦争戦死の美化などでは決してなく，民俗の伝承の中には，「魂の若返り」「生まれ替わり」という信仰があったという指摘です。仏教的な六道輪廻の信仰の普及の中で，煩悩解脱から極楽往生へという教えが卓越していた『太平記』の時代には，「もう一ぺん生まれてこよう」などという願いは妄執であり「罪業深き悪念」とみなされていたのに，それが歴史はめぐり明治の日露戦争の時代には，広瀬武夫中佐が「七生報国」の語を残したというのですが，柳田が言っているのは軍神を美化するという意味ではありません。明治になるとそのころにはもう古い伝承が忘れられて，広瀬中佐の「その志の向かう所を仰慕して止まぬ」ようになっていたのが大きな変化であるという指摘なのです。「最後の一念」というのも，民俗の中には，「人の『最後の一念』が永く『後の世』に跡を引くという考えが，暗々裡に働いて

いた」が，それに対して仏教は「解脱」という教えに導いた，しかし，民俗の中には「願ほどき」「願もどし」などという慣習がまだ多くみられるということを指摘しているのです。

「40.柿の葉と蓮の葉」の段では，「私の先祖の話をして見たくなった動機も，一つには斯ういう境涯に在る者の心寂しさを由無いことだと思うからである。柿の葉は本来素朴の世の食器であった」と述べていますが，それは，民間伝承は常に変化の中にあるのであり，一時的な現象への単純な解釈によって生じる社会的な非難や個人的な不利益に対して，それを与える人た

図49 『先祖の話』の表紙

ちとそれをこうむる人たちの双方の誤解を解くのも民俗学の1つの役目である，という使命感によるものでした。

内容と主要な論点　中心的な論点は，まず第1に，その独自の方法の有効性の主張でした。「自序」で，家の問題，死後の計画，霊魂の観念について，「これらには国ごとにそれぞれの常識の歴史がある。民族の年久しい慣習を無視したのでは，よかれ悪しかれ多数の同胞を安んじて追随せしめることができない」と述べているように，平穏な時代にあっても激動の時代にあっても，常識の歴史，つまり民俗伝承の比較分析から知られる生活変遷の歴史への注目とその変遷に学ぶ新たな変革への対処が必要だというものでした。その方法とは，同じく「自序」に「幸いにして都鄙・遠近のこまごまとした差などが，各地の生活相の新旧を段階づけている，その多くの事実の観測と比較とによって，もし伝わってさえいてくれるならば，大体に変化の道程を跡付け得られるのである」という視点からの比較論という方法でした。これは，民俗伝承の変遷に対する歴史学的な研究方法としての重出立証法，つまり文献史学の単独立証法とは異なりそれと対照的な資料情報の量の多さを必要とする比較検証方法の有効性の主張であり，これは繰り返し主張されているものでした[158]。

第2は，家と先祖，人間の死，そして神とは何か，という問題が過去の人びとによってどのように考えられてきたか，その古くから現在までの変遷の過程

が，日本各地に伝えられている民間伝承の情報資料の蒐集整理と比較分析によって，次のようにわかるという論点です。ここに箇条書きをしてみればおよそ以下のとおりです。

1. あの世とこの世とは近い，死者と生者の境は近い，と考えられてきた。
2. 遺骸を保存する慣行は民間には行なわれず，肉体の消滅を自然のものと受け入れて霊魂の去来を自由にすることをよしとする考え方が伝えられてきていた。
3. 死者の御魂はその祀り手が必要だ，と考えられてきた。
4. その祀りを受けて死者は個性を失い，やがて先祖という霊体に融合していく，と考えられてきた。
5. その先祖の霊は子孫の繁栄を願う霊体であり，子孫を守る霊体である，と考えられてきた。
6. その子孫の繁栄を願う霊体は，盆と正月に子孫の家に招かれてその家と子孫の繁栄を守る神でもある，と考えられてきた。
7. 子孫の繁栄を守るその先祖の霊こそが，稲作の守り神であり季節のめぐりの中で山と田を去来する田の神でもあり山の神でもある，と考えられてきた。
8. その先祖の霊であり，田の神でもある神こそ，村の繁栄を守る氏神として敬われている神でもある，と考えられてきた。
9. 老人には無理だが子どもや若い死者の霊魂は生まれ替わることができる，と考えられてきた。
10. このたびの戦争で死んだ若者たちのためにもその祀りがぜひとも必要である。
11. このたびの戦時下から戦後への混乱の時代こそ，未来のことを考えるためには，古くからの慣習をよく知ることが肝要である。国民をそれぞれ賢明にならしむる道は，学問より他にない。

つまり，『先祖の話』は，柳田の長い研究生活の蓄積の中から編まれた民俗学の総論の著作であり，単なる眼前の戦争について論評する著作ではなかったのです。限りある人生の中，70歳という古稀の年齢に達するその眼前で，幕末から明治の人間たちが営々と築き上げてきた近代日本という国が音を立てて

崩壊していくのを前にして，柳田の視線はみずから孤軍奮闘の中で開拓してきた日本の民俗学の過去と現在そして未来へとわたっていたのです。

注
（１）　高木敏雄『日本神話伝説の研究』荻原星文館，1933（増訂版，平凡社東洋文庫，1973）。
（２）　池田弥三郎『私説折口信夫』中央公論社，1972。
（３）　後藤総一郎監修・柳田國男研究会編著『柳田國男伝』三一書房，1988。
（４）　新渡戸稲造「地方学の研究」（『斯民』1907 年 5 月）。
（５）　新渡戸稲造「序」（小田内通敏『聚落と地理』1927）。
（６）　柳田國男「自編『郷土会記録』」1925（『定本柳田國男集』23 巻）。
（７）　『南方熊楠全集』8，1972。飯倉照平編『柳田國男南方熊楠往復書簡集』1976。
（８）　日本思想史研究の上では，その点には触れないで南方を評価して「日本の民俗学は，極言すれば，この二人の巨人を軸として誕生しました」という鹿野政直『近代日本思想案内』（岩波文庫，2000）のような指摘もある。しかし，両者の間の民俗学に関する考え方は基本的に異なっており，あえて言いかえるならば「柳田と折口という２人の巨人を軸として」というのが本書の立場である。
（９）　『郷土研究』第 2 巻 5—7 号，大正 3 年 7—9 月。
（10）　池田弥三郎『わが師・わが学』桜楓社，1967。同『私説折口信夫』中公新書，1972。
（11）　小川直之「神去来観念と依代論の再検討」（『折口信夫・釈迢空—その人と学問—』おうふう，2005），諏訪春雄『折口信夫を読み直す』講談社現代新書，1994。
（12）　柳田國男「旗鉾のこと」（『定本柳田國男集』11 巻，32—33 頁）。
（13）　柳田國男「腰掛石」（『定本柳田國男集』11 巻，55 頁）。
（14）　折口信夫「髭籠の話」（『折口信夫全集』2 巻，185 頁）。
（15）　折口信夫「盆踊りと祭屋台と」（『折口信夫全集』2 巻，249 頁）。
（16）　折口信夫「髭籠の話」（『折口信夫全集』2 巻，190 頁）。
（17）　大藤時彦「『海南小記』解説」（『平凡社世界教養全集』21）。
（18）　W. A. グロータース「『蝸牛考』のふるさと」（『定本柳田國男集』月報 35，1971）。
（19）　「Ethnology とは何か」（『定本柳田國男集』25 巻，235 頁）。
（20）　『宮良当壮全集』20 巻（日記 11 月 10 日の記事参照），第一書房，1974。
（21）　大藤時彦「日本民俗学史話」（『日本民俗学史話』三一書房，1990）。
（22）　鈴木栄太郎『日本農村社会学原理』1940，同『都市社会学原理』1957。
（23）　小野重朗「ハラメウチ（孕め打ち）の原像」（『民俗学評論』10 号，1973）。
（24）　新谷尚紀「叩く—嫁叩き・消滅する民俗—」（『山梨県史研究』9 号，2001），同「消滅する民俗—嫁叩き習俗の深層—」（『柳田民俗学の継承と発展』吉川弘文館，2005）。
（25）　「柳田國男との出会い」（『季刊柳田國男研究』1 号，白鯨社，1973）。

(26) 『民族』の編集担当としてこの折口の論文を読んだ岡正雄は，折口の卓見に学び，「異人その他」を『民族』3巻6号に発表しているが，それは折口の「常世及び『まれびと』」を4巻2号に掲載するよりも前のことであった。
(27) 鈴木満男「マレビトの構造」（『文学』第44巻1号，1968）。一方，諏訪春雄『折口信夫を読み直す』（講談社現代新書，1994）は，折口のまれびと論を批判し，谷川健一の「『まれびと論』の破綻」（『谷川健一全集』5，冨山房インターナショナル，2006）を評価しつつかつ自らの中国での現地調査などによる見解をもとに，折口のまれびと論は超克できたと主張している。しかし，よく読めばそれらは折口のまれびと論の修正案や補強案の提示にすぎない。
(28) 折口信夫「翁の発生（承前）」（『民俗芸術』第1巻3号，1928）。
(29) 未発表ながら口頭で聴かされて折口が影響をうけたという山崎楽堂の「申楽の翁」の研究のこと。
(30) 柳田國男「雪国の春」（『婦人の友』第20巻1号，1926。のちに単行本の柳田國男『雪国の春』岡書院，1928）に収録。
(31) なお，このなまはげをめぐる柳田と折口の関係については，八木康幸のていねいな追跡と整理があるので参照されたい（八木康幸「近代における民俗文化の発見とその知識，情報の普及過程」〈『関西学院史学』第36号，2009〉。同「なもみはげたか」〈『人文論究』第60巻1号，2010〉）。
(32) 「柳田國男との出会い」（『季刊柳田國男研究』1号，白鯨社，1973）。
(33) 『民族』の同人の会をそのまま引き継いだかたちで昭和4年（1929）3月から7月まで毎月開催されたのが「民俗学談話会」（計5回開催）。『柳田國男伝』三一書房，1988，766頁。
(34) 「柳田國男との出会い」（『季刊柳田國男研究』1号，白鯨社，1973）。
(35) 大藤時彦『日本民俗学史話』三一書房，1990。
(36) 「柳田國男との出会い」（『季刊柳田國男研究』2号，白鯨社，1973）。
(37) 有賀喜左衛門「桜田勝徳著作集　総序」（『桜田勝徳著作集』第1巻，名著出版，1980）。
(38) 永池健二「第十章第二節　雑誌『民族』とその時代」（『柳田國男伝』三一書房，1988）。
(39) 「民俗学談話会記事　第三回」（『民俗学』第1巻1号，1929年7月）。
(40) 昭和3年（1928）刊行の民俗芸能の研究のための雑誌として折口信夫が中核的な役割を果たし，「翁の発生」をはじめ折口も力のこもった論文を掲載している。
(41) 昭和2年4―7月。『人類学雑誌』42巻4―7号に連載。
(42) 東条操「方言周圏論と方言区画論」（『国語学』4，1950）。
(43) 金田一春彦「辺境地方の言葉は果たして古いか」（『言語生活』17，1958）。
(44) 楳垣実「方言孤立変遷論をめぐって」（『言語生活』24，1958）。

(45) 長尾勇「俚言に関する多元的発生の仮説」(『国語学』27, 1956)。
(46) 馬瀬良雄「方言周圏論再考」(『言語生活』312, 1977)。
(47) 柴田武「方言周圏論」(『蝸牛考』岩波文庫解説, 1980)。
(48) その後, この聟入婚をめぐる民俗学の婚姻研究を継承し発展させたのは大間知篤三で,『大間知篤三著作集』第2巻 (未来社, 1975) にその主要な論考が収録されている。日本の婚姻をめぐる研究としては, 有賀喜左衛門『日本婚姻史論』日光書院, 1948 (『有賀喜左衛門著作集』6巻, 1968 所収), 高群逸枝『招婿婚の研究』講談社, 1953, 同『日本婚姻史』至文堂, 1963 (『高群逸枝全集』2巻・3巻・6巻, 理論社, 1966・1967 所収), 江守五夫『日本の婚姻―その歴史と民俗―』(弘文堂, 1986) などが参考になる。
(49) 桜田勝徳「解説」(『明治大正史世相篇』下, 講談社学術文庫, 1976)。
(50) 有賀喜左衛門「桜田勝徳著作集 総序」(『桜田勝徳著作集』第1巻, 名著出版, 1980)。
(51) 大藤時彦『日本民俗学史話』三一書房, 1990, 173頁。
(52) 「柳田國男との出会い」(『季刊柳田國男研究』2号, 白鯨社, 1973)。
(53) 「柳田國男との出会い」(『季刊柳田國男研究』2号, 白鯨社, 1973)。
(54) 『民間伝承論』は『定本柳田國男集』には収録されていない。大藤時彦『日本民俗学史話』によれば, 新村出も後藤のもとに親切ながらきびしい注意の手紙を送ってきたという。「こういうことをするから, 民俗学の研究者は文献学者から批判されるのだ。民俗学をやる人はよく文献上の間違いをやるが, もっと気をつけなくてはいけない。文献学者は文献を採用する時に厳密に批判をした上で採用して居るのであるから, 固有名詞や書名が間違って居るということは, その理論全体が信用されないということになる」という趣旨の注意であったという。これは柳田と相互に信頼しあう親友としての新村が柳田の学問の成長と確立を応援する立場からの忠告であった。なお, 昭和55年 (1980) 刊行の伝統と現代社の『民間伝承論』は, 大藤が柳田の訂正も確認の上で修正して校正もしてあるので信用してよいと述べている。
(55) 「現代科学ということ」(『定本柳田國男集』31巻)。
(56) 初版本『郷土生活の研究法』(刀江書院, 1935) の「編者のあとがき」で小林正熊は自分が編者であることを強調している。
(57) 石田英一郎「偉大なる未完成―柳田國男における国学と人類学―」(『東西抄』筑摩書房, 1965)。
(58) 岡正雄「柳田國男との出会い」(『季刊柳田國男研究』1号, 白鯨社, 1973)。
(59) 岡正雄『民族学研究』第1巻4号, 1935年10月号。
(60) 山口麻太郎「民俗資料と村の性格」(『民間伝承』4―9, 1939)。
(61) 大間知篤三「民俗調査の回顧」(『日本民俗学大系』13, 平凡社, 1960)。
(62) 桜田勝徳「村とは何か」「村の構成」(『日本民俗学大系』3, 平凡社, 1958)。

(63) 宮本常一『越前石徹白民俗誌』1949，瀬川清子『日間賀島民俗誌』1951，大間知篤三『常陸高岡村民俗誌』1951，桜田勝徳『美濃徳山村民俗誌』1951，最上孝敬『黒河内民俗誌』1951，今野円輔『檜枝岐民俗誌』1951。
(64) 国立歴史民俗博物館では 1960 年代と 1990 年代の両者を比較する，死・葬送・墓制の変化の追跡調査を試みている。国立歴史民俗博物館『死・葬送・墓制資料集成』（東日本編 1・2，西日本編 1・2，1999—2000 参照）。
(65) この分類習俗語彙は，のちにそれらを総合して五十音順に配列した民俗語彙集成としてまとめられることになるが，それが戦後柳田邸に創設された民俗学研究所の中心的事業として行なわれた『綜合日本民俗語彙』全 5 巻の編集刊行（1955—56）であった。そして現在では，それをもとにして国立歴史民俗博物館でデータベース化が行なわれ，広く検索できるようになっている。
(66) 「柳田國男との出会い」（『季刊柳田國男研究』2 号，1983），宮本常一「民間伝承の会発足の頃」（『民具マンスリー』1976 年 2 月）。
(67) 大藤時彦「巻末に」（柳田國男編『日本民俗学研究』岩波書店，1935）。
(68) 戸塚ひろみ「第 10 章第 5 節　民間伝承の会」（『柳田國男伝』三一書房，1988）。
(69) 柳田國男編『日本民俗学研究』岩波書店，1935。
(70) 山口昌男『石田英一郎』講談社，1979。
(71) 「柳田國男との出会い」（『季刊柳田國男研究』1 号，白鯨社，1973）。
(72) 「柳田國男との出会い」（『季刊柳田國男研究』2 号，白鯨社，1973）。
(73) 鶴見太郎『柳田國男とその弟子たち』人文書院，1998。
(74) 1996 年の第 50 回大会までつづいて発展解消した。
(75) 河岡武春「敬三の人間形成」（『渋沢敬三　上』渋沢敬三伝記編纂刊行会，1979）。
(76) 河岡武春「敬三の人間形成」（『渋沢敬三　上』渋沢敬三伝記編纂刊行会，1979）。
(77) 岡茂雄『本屋風情』平凡社，1974。
(78) 竹内利美「渋沢敬三と柳田民俗学」（『季刊柳田國男研究』8 号，白鯨社，1975）。
(79) 「第 1 輯動植物篇」1936，「第 2 輯童幼語篇」1937，「第 3 輯民具篇」1941。
(80) 内田武志「奈良環之助氏を悼む」（『菅江真澄全集』第 1 巻月報 1，未来社，1971），同「おわりに」（『菅江真澄全集』別巻，未来社，1977）。
(81) 佐野眞一『旅する巨人　宮本常一と渋沢敬三』文藝春秋，1996。
(82) 渋沢敬三「わが食客は日本一」（『文藝春秋』1961 年 8 月号）。
(83) 宮本常一『民俗学の旅』文藝春秋，1978。
(84) 渋沢雅英『父渋沢敬三』実業之日本社，1966。
(85) 河岡武春「敬三の人間形成」（『渋沢敬三　上』渋沢敬三伝記編纂刊行会，1979）。
(86) 「柳田國男との出会い」（『季刊柳田國男研究』4 号，白鯨社，1974）。
(87) 『日本常民生活資料叢書』第 1 巻，三一書房，1972。
(88) 『渋沢敬三著作集』第 1 巻（『祭魚洞雑録』），平凡社，1992。

(89) 渋沢敬三「アチック・マンスリーから」(『渋沢敬三著作集』第3巻，平凡社，1992)。
(90) 日本常民文化研究所編『日本常民生活資料叢書』全24巻，三一書房，1972—73。
(91) 渋沢敬三「所感—昭和16年11月2日社会経済史学会第11回大会にて—」(『渋沢敬三著作集』第1巻，平凡社，1992)。
(92) 渋沢敬三「絵引は作れぬものか」(『犬歩当棒録』1954〈『渋沢敬三著作集』3，平凡社，1992〉)。
(93) 宮本馨太郎「民俗博物館建設への歩み（一）—（四）」(『民具マンスリー』第1巻3—6号，1968)。
(94) 有賀喜左衛門「日本常民生活資料叢書　総序」(『日本常民生活資料叢書』第1巻，三一書房，1972)。
(95) 有賀喜左衛門「日本常民生活資料叢書　総序」(『日本常民生活資料叢書』第1巻，三一書房，1972)，福田アジオ「常民概念と民俗学」(『日本民俗学方法序説』弘文堂，1984)。
(96) 『人類学雑誌』第27巻6号（1911年9月），8号（1911年11月），第28巻2号（1912年2月），『定本柳田國男集』4巻，397頁。
(97) 『定本柳田國男集』27巻，397頁。
(98) 日本歴史地理学会大会講演手稿，1917年（『定本柳田國男集』4巻，177頁）。
(99) 「東京日日新聞」大正7年2—3月（15回連載）(『定本柳田國男集』5巻，257頁)。
(100) 柳田國男「能と力者」(『能楽全書』第5巻，創元社，1944〈『定本柳田国男集』7巻，127頁〉)。
(101) 『大日本史料』第十二編之十六，838頁。
(102) 大和から紀伊へかけての北山一揆，熊野一揆についての論文には，伊東多三郎「近世封建制度成立過程の一形態—紀州藩の場合—」(『社会経済史学』11巻8・9号，1941)，速水融「紀州熊野一揆について」(『三田学会雑誌』51巻7号)などがあるが，いずれも後進地における土豪の一揆と把握している。その後，西田真樹「一揆の展回」(『一揆』2，東京大学出版会，1981)でも「3　天下分ケ目と一揆」の節で土豪が主導した一揆として説明されている。深谷克己「幕藩制社会と一揆」(『一揆』1，東京大学出版会，1981)の「2　初期の一揆」の節ではこのような山村一揆の類は含まれていない。
(103) 千葉徳爾『民俗と地域形成』風間書房，1966。福田アジオ「近世初期山村一揆論」(『国立歴史民俗博物館研究報告』第18集，1988)。
(104) 柳田國男「国語の将来」（「国語教育への期待」〈原題　片言と方言〉『方言』5巻5・10号，1935），『定本柳田國男集』19巻，195頁。
(105) 「日本文化の伝統について（上）」(『近代文学』第12巻1号，1957)。
(106) 『新嘗の研究』第1輯，1953。『定本柳田国男集』1巻，196頁。

(107)　有賀喜左衛門「日本常民生活資料叢書　総序」(『日本常民生活資料叢書』第 1 巻，三一書房，1972)．
(108)　このような柳田の常民への理解は，和歌森太郎「柳田国男における常民の思想」(『国文学』第 18 巻 1 号，1973)の「二」の節で指摘されている．しかし，その論文末尾では竹田聴洲のいわゆる常民文化概念への理解を示したり，都市に集中する文字を知る人びとを常民に加えるか否かについて明晰ではなく，まさに包容力と調和と配慮をその個性とする和歌森らしい文章となっている．なお，柳田國男は被差別部落の問題についても決して逃避していたわけではなく，その柳田の論考については，新谷尚紀・仲林弘次「部落の古老女性に聞く」(『国立歴史民俗博物館研究報告』第 99 集，2003)において論点整理を試みているので参照されたい．
(109)　「柳田國男との出会い」(『季刊柳田國男研究』2 号，白鯨社，1973)．
(110)　『民間伝承』第 4 巻 6 号，1939 年 3 月号．
(111)　森武麿『日本の歴史 20　アジア・太平洋戦争』集英社，1993．
(112)　柳田國男「郷土研究について」(『福島県教育』54 巻 1 号，1938)．
(113)　鎌田久子「蓑笠―ささやかな昔―」(『民俗的世界の探求―かみ・ほとけ・むら―』慶友社，1996)，その他に口頭で話していただいた情報も多い．
(114)　『柳田國男全集』6 巻，月報 13，筑摩書房，1998．
(115)　後藤総一郎監修・柳田國男研究会編著『柳田國男伝』三一書房，1988．
(116)　『民族学研究』1943 年 2 月号（新第 1 巻 2 号）．
(117)　『民族学研究』1943 年 7 月号（新第 1 巻 7 号）．
(118)　中島健蔵『回想の文学』「雨過天晴の巻」平凡社，1977．鈴木均「戦争中のプロパガンダ」(『広告批評』1975)，多川精一『戦争のグラフィズム』平凡社，1988．
(119)　『民族学研究』1943 年 1 月号（新第 1 巻 1 号）．
(120)　鈴木二郎『民族学ノート』書評（『民族学研究』1965 年 10 月号）．
(121)　杉浦健一「民族学と南洋群島統治」(太平洋協会編『大南洋』河出書房，1941)．
(122)　『民族学研究』1943 年 1 月号（新第 1 巻 1 号）．
(123)　『民族研究彙報』3―1・2 合併号，1954．
(124)　磯野富士子『冬のモンゴル』文庫版「あとがき」中央公論社，1986．吉良龍夫「山と探検と京都大学と」(『今西錦司　その人と思想』ぺりかん社，1989)．梅棹忠夫『回想のモンゴル』中央公論社，1991．
(125)　中生勝美「植民地主義と日本民族学」(『中国―社会と文化』第 8 号，1993)．
(126)　柳田國男「鼠の浄土」(『伝承文化』1 号，1960)，『定本柳田國男集』1 巻．
(127)　岩本通弥編『民俗の思想』朝倉書店，1998．
(128)　柳田國男「民間伝承について」(『文藝春秋』1943)．『柳田國男対談集』筑摩書房，1964 所収．
(129)　柳田國男「日本民俗学」(『学術の日本』第 1 篇，中央公論社，1942)．

(130) 『民俗台湾』第3巻12号，1943。邱淑珍「柳田國男と台湾民俗学」（後藤総一郎編『常民大学研究紀要2　柳田國男のアジア認識』岩田書院，2001）。
(131) 桑山敬己「柳田國男の『世界民俗学』再考―文化人類学者の目で―」（『日本民俗学』222号，2000）。
(132) 国民精神文化研究所はのち昭和18年11月に国民練成所（昭和17年11月設置）を合併して名称を教学練成所と改めた。
(133) 『国民精神文化研究所要覧』1942。
(134) 『教学』9―8，1943。
(135) 『教学』9―10，1943。
(136) 和歌森太郎『美保神社の研究』弘文堂，1955。
(137) 柳田國男『日本の祭』弘文堂書房，1942（『定本柳田國男集』10巻）。この『日本の祭』は大政翼賛会の結成に呼応してできた東京帝国大学全学会の求めに応じて昭和16年（1941）6月26日から行なわれた7回の講演の手稿をまとめたもの。講演は実際は5回で中止されたが本文は7回分を収める。
(138) 柳田國男『神道と民俗学』明世堂書店，1942（『定本柳田國男集』10巻）。
(139) 柳田國男「神道私見」丁酉倫理会倫理講演集185・186輯，1918（『定本柳田國男集』10巻）。
(140) 玉上琢弥「源氏物語について」（『講座古代学』中央公論社，1975），堀一郎「折口先生と私」（『折口信夫全集』17巻，月報第24号，1956）。
(141) 「文化の日・民俗文学講座の授賞」（『芸能』「巻頭言」1960年12月号〈第2巻12号〉）。
(142) 今野円輔『柳田國男随行記』秋山書店，1983。
(143) 『民間伝承』第9巻4号，1943年8月号に「柳田先生は先般来神祇院に於て氏神信仰について講演され，又大政翼賛会の神社問題に関する研究小委員会に連続出席され，七月上旬には長野県東筑教育会の氏神調査に出かけられた」とある。また『民間伝承』第10巻1号（1944）が氏神特集号を組んでいる。なお，このときの柳田國男の関わりについては宮坂昌利「柳田國男『氏神信仰調査』考―東筑摩郡教育部会に依頼した柳田國男の『氏神信仰調査』の実態」（後藤総一郎編『常民大学研究紀要1　柳田学前史』岩田書院，2000），伊藤純郎「戦時下の民俗調査―柳田國男と『東筑摩郡誌別編』氏神篇編纂事業―」（『信濃』56―1〈通巻648号〉，2004に詳しい）。
(144) 清沢芳郎「戦争中の氏神信仰」（『信州白樺』18，1975）。
(145) 小倉学「『敬神と祈願』の思い出」（『柳田國男全集』6巻月報13，筑摩書房，1998）。
(146) 村井紀『南島イデオロギーの発生―柳田國男と植民地主義』福武書店，1992。
(147) 川村湊『「大東亜民俗学」の虚実』講談社，1996。
(148) 子安宣邦「一国民俗学の成立」（『岩波講座現代思想1　思想としての20世紀』岩

波書店，1993)。
(149) 岩本通弥「国際連盟委任統治委員としての柳田」(『文明研究』13号，東海大学文明学会，1994)。
(150) 福井直秀「柳田國男のアジア認識」(『近代のアジア認識』緑陰書房，1996〈初出は京大人文研，1994〉)。
(151) 藤井隆至「柳田國男のアジア意識」(『柳田國男　経世済民の学』名古屋大学出版会，1995〈初出は1975年『アジア経済』アジア経済研究所，1975〉)。
(152) 後藤総一郎「柳田國男の『植民地主義論』の誤謬を排す」(『常民大学研究紀要』2号，岩田書院，2001)。
(153) 川村邦光「戦争と民俗/民俗学」(『日本民俗学』215号，1998)。
(154) 益田勝実「『炭焼き日記』存疑」(『民話』1959.11.12，1960.2)。
(155) 橋川文三「柳田國男」(『二〇世紀を動かした人々1　世界の知識人』講談社，1964)。
(156) 藤田省三「昭和十五年を中心とする転向状況」(思想の科学研究会編『転向』中，1962)。
(157) 昭和20年(1945)4月から執筆開始(10月22日付自序)，昭和20年(1945)5月23日閣筆「『先祖の話』草し終る，三百四十枚ばかり」(『炭焼日記』)，昭和21年(1946)4月15日出版。
(158) 『定本柳田國男集』10巻の32，39，52，97，110，78—79の各頁など。

4　戦後日本民俗学の出発

（1）　民俗学研究所と日本民俗学会

民俗学研究所の設立　戦後の民俗学の出発は，昭和21年（1946）8月の民間伝承の会による雑誌『民間伝承』の復刊（通巻107号）と，同年9月の日本民俗学講座の開催からでした[1]。それが翌昭和22年3月の民俗学研究所の設置へと展開します。それはちょうど昭和9年に柳田の書斎が山村調査のために郷土生活研究所として開放されたことや，翌昭和10年に柳田の還暦記念として明治神宮外苑の日本青年館で日本民俗学講習会が開催されて民間伝承の会の設立へと展開したのとよく似た動きでした。日本の敗戦と自分自身の高齢化のなかにあっても，日本の民俗学の発展と後継者の育成のためには自邸の書斎を提供し研究員を育成して前に進まねばならないという柳田の強い意志がうかがえます。

　昭和22年6月の『民間伝承』第11巻4・5合併号の裏表紙には，「日本民俗学の確立のためにご協力を乞ふ」，8月の6・7合併号には「新しい学問のため

表13　民俗学に対する疑問の例示

◇民俗学と民族学とはどうちがうか
◇昔話と伝説のちがいはどこにあるのか
◇むかしからあった習俗の残存と，途中から出来た習慣のくずれたものと，どうして見分けるか
◇お正月に大正月と小正月とあるのはなぜですか
◇仲人と見合ひは昔からあったのですか
◇門松はなぜたてるのか
◇社会科教育における郷土研究の主義如何
◇聖徳太子を「うまやどの皇子」といひますが，キリストが厩で生まれたのと関係がありますか
◇孝行をやかましく言った日本にどうして姨捨山の話があるのですか
◇女は汚れてゐるのに何故神にまつられてゐるのですか
◇編年体をとらぬ民俗学では如何なる歴史の記述法をとるや

に」, という同じ内容の文章が掲載されました. 戦後の大きな課題であるところの, 第1に憲法の改正にともなう家族制度への反省, 第2に従来の政治史中心の国史の再検討, 第3に新設された社会科教育への協力, という問題に対して, 日本民俗学こそ民間の生活, 民の歩みを明らかにする学問として寄与できる部面が多いとして, その確立と発展を期する必要があると述べられています. そして, 民俗学に対する疑問を些細な問題から理論や方法論に至るまでどんどん提出してほしいとの要望が示されています. その疑問の例示としてあげられているのは表13にみるようなものでした. いずれも曖昧にされがちな問題ですが, 日本民俗学の独自性を確認する上で非常に重要な問題ばかりでした.

そして, 第11巻4・5合併号に載せた「民俗学研究所発足のことば」では, 日本民俗学とは何か, が明確に述べられています. 次の文章がそれです. とくに下線部です.

　　すべてが新しくなろうとしてゐる時代には学問も新しくなければなりません.

　　これまでの学問は「象牙の塔」などといふ言葉であらはされてゐたやうに民衆の手のとどかないところにあることを以て, むしろ誇とするやうな風潮さへありました. しかし, 今は民衆自らが考へ, 自ら判断を行ふべき時代であり, 学問はその取捨判別の基礎を与へるといふ大きな使命をもつてゐるのであります. ことに, これまでの国史といはれるものにただの一頁も跡をとどめなかつた名もなき民の過去の姿を現在の民間伝承によつて復原し, 時のながれの中に正しく身を置くことによつて, 今日の生活に対する反省と, 未来への判断のよりどころたらしめようとする民俗学という学問は, まづ率先して国民の間に伍して行くべきであることを痛感するものであります. 欧米諸国をみますと幾多の学会が組織され, すべての大学には民俗学の講座が開かれてゐるといふのに, 日本ではやうやく, 二三の大学に講座が開かれたにすぎません. だが, われわれはこれを大学の門に閉ぢこめて専攻の学者の手に任せて置くよりもむしろ国民の間に伍さしめて, ひろく共通の知識たらしめることが, この学問にふさはしいと思ふのであります.

また, 8月の『民間伝承』第11巻6・7合併号に載せた柳田みずからの「民

俗学研究所の成立ち」という文章は，民俗学研究所への支援と協力を求めて昭和22年5月に東京銀座の交詢社で開催された民俗学研究所世話人会での挨拶を文章化したものですが，その世話人会には当時の各界の有力者である石黒忠篤，渋沢敬三，東畑精一，谷川徹三たちの他に文部省から犬丸人文科学課長を筆頭に数人の官僚も出席していました。そこで柳田は以下のような点を強調しています。箇条書きにしてみます。

　(1) 普通教育のなかで歴史に代わって社会科が設けられた。いまこそ自分たちの日本民俗学が役に立つべきときである。(2) かつての郷土生活研究所による全国約50ヵ所の山村と約30ヵ所の海村の民俗調査以降，約10年の間に集まってきた資料が整理されている。その活用が必要であり，「少くとも中央に一つ比較的完全に近い材料置場があつて，それが出来るだけ利用しやすい状態に」する，それがこの民俗学研究所の目的の1つである。(3)「ただの趣味人，ヂレッタントを少なくし，指導のできる人を多くしなければならぬ」「研究員を作り出すことを主たる事業と」する。(4) 研究員の「生活費の保障もまだ出来ない」が，「それが可能になるのを待つといつて，又数年を空しく過ごすことはできない」。「学術研究会議と，農林省綜合農業研究所との両方から」援助を得ているが，「少くとも五年間は脇目も振らずに，一つの途を進ませて見たい故に，それに入用な経費をまだ慾深く捜そうとして居る」。(5) 財団法人といっても事業の永遠性など保障されるわけではない。「斯ういふ事業は有期で結構だ。永くて二十年，早ければ五年ぐらゐで使ひ切り，それでもう自活できるか，もしくは永続の必要が新たに認められるやうでなければ，一旦打ち切つた方が却つてよい」。(6) この研究所は中央の情報を田舎で研究している人たちに提供し，また各地相互の情報交流を進める役に立つことによって，民俗学研究の活発化をはかりたい。(7) 自分の楽しみの1つは民俗語彙の蒐集と分類で，まとめて1冊の綜合民俗語彙を編集刊行し，それを次々と改訂増補していき「民俗資料の完全なる台帳と」したい。

　こうして出発した民俗学研究所は，はじめの1年はかつての郷土生活研究所と同じように私的な研究所でしたが，昭和23年（1948）4月に文部省による財団法人の認可を得て，財団法人民俗学研究所となり若干の補助金も得ることができるようになりました。一階の書斎が財団法人民俗学研究所となり，柳田は

昭和2年からずっと使ってきたその書斎を引き払って2階で勉強するようになりました。柳田73歳のときです[2]。

　民俗学研究所設立の主な目的は、研究者の育成であり、研究員は研究所例会において研究報告と発表とが義務づけられました。昭和23年3月の第24回研究例会では石田英一郎の「民族学における機能学派」という発表が行なわれて、ポーランド出身でイギリスの学界で活躍していたブロニスワフ・カスパル・マリノフスキ

図50　和歌森太郎(2)（34歳）

（1884—1942）やイギリスのアルフレッド・ラドクリフ・ブラウン（1881—1955）、それにアメリカのフランツ・ボアズ（1858—1942）など海外の研究動向と理論が紹介されました。5月の第26回研究会では、和歌森太郎の「伊勢神島の村落構成」、萩原龍夫の「民俗学と宗教学との交渉及び民俗学の扱うべき範囲」の発表があり、6月と8月には関敬吾が「民俗学の方法論」と題して民俗学の方法には歴史的方法、地理的方法、社会的方法、心理的方法があると発表しました。

　それに対して柳田は「歴史は我々の目的であつて方法ではない（中略）我々は今迄の不完全な歴史の完成、言葉を換へて言ふならば、現在我々の行つてゐる生活の原因を探求するのが、民俗学の目的である」[3]と述べています。その同じ『民間伝承』12巻8・9合併号には「垣内の話」と「土穂団子」という2本の論文を書いて、みずから率先して民俗学の研究上の視点とその要点を例示しています。前者では、(1)垣内（カイト）という呼称が日本各地に広く使用されていながらも、地方ごとにその意味内容にはさまざまに大きな差異があること、(2)中世以前はその垣内（カイト）は豊富に過ぎるほどに古文書の資料がありながらも、東北や九州南半など国の端々にはその分布が少ないこと、(3)その薩南地方の中世古文書では垣内（カイト）はなくそれに代わるらしい薗（ソノ）が見られること、等々を指摘しながら、古く開けた村には垣内がなく新しい土地でも全部が垣内に分割されていないことなどをもとに、垣内に関するより多くの情報収集の必要性を説き、その伝承多様性に注目することによ

って，もともとは文字通り垣で囲った土地の区画の意味であったはずの垣内がその後その意味を広げながらたどった歴史を，文献史学とも交流しながら探究できるはずだと述べています。

また，後者でも，日本各地に伝えられている最終粗悪の屑米で作るまずくて食べられないような土穂団子が，12月と2月のコト八日などの忌みの食べ物とされている意義について，比較論的な研究の方法を提示しながら11月や12月の行事をコトオサメとする稲作の祭りと忌みの伝承からそれがその後どのように変化していったのか，民俗情報の蒐集整理の必要性を述べています。つまり，多様な民俗とは歴史的な情報なのであり，その蒐集整理と比較分析とによって現在の生活の原因とその沿革とを歴史の中に探求するのが民俗学だと，実践的に説いていたのです。

民俗学研究所では，研究発表の活発化のために昭和23年11月の研究例会からは五十音順に発表していくこととなり，その初回は堀一郎の「民間信仰における『人神』の観念と実修」でした。一方，そうした専門的な研究例会の開催とともに，初心者でも気軽に仲間入りして採集報告や意見交換などができる会として，民俗の談話会が昭和23年4月の会合を第1回としてはじめられました。その日の参加者は18名で今野円助（のちに円輔）の「迷信に関する話」が発表され，そのあと奥野彦六郎撮影の「裏南洋習俗」という16ミリ映画の鑑賞をしました。この談話会は新人の発掘とその育成をという意図で開かれましたが，昭和32年の民俗学研究所の解散の後も長い歴史を刻んで，現在も日本民俗学会談話会として引きつがれています。また，同じ昭和23年5月には女性民俗学研究会の第1回研究会が世田谷区成城の民俗学研究所からほど近い経堂の鷗友学園で開かれ，柳田の「ミカヘリ婆さん」の話がありました。翌昭和24年1月の第9回研究会からは会場を民俗学研究所に定めて，柳田の臨席のもと，能田多代子や鎌田久子たちによる研究発表が行なわれました。柳田はつねづね「女の人の歴史，生活史は女の人自らの手で作らねばならない」[4]と述べて，女性の研究者の育成に意を注いだのでした。この女性民俗学研究会は昭和32年の民俗学研究所の解散によって会場を新宿区の瀬川清子宅に移しますが，その瀬川清子，丸山久子，大藤ゆき，能田多代子，川端道子，鎌田久子たちが中心となって活動を続け，昭和31年4月には機関誌『女性と経験』を創

図51　瀬川清子

表14　民俗学研究所から刊行された民俗誌その他

『全国民俗誌叢書』(財)民俗学研究所編(昭和24年〈1949〉4月―昭和26年10月)
柳田國男『北小浦民俗誌』三省堂，1949
宮本常一『越前石徹白民俗誌』三省堂，1949
瀬川清子『日間賀島民俗誌』刀江書院，1951
今野円輔『檜枝岐民俗誌』刀江書院，1951
大間知篤三『常陸高岡村民俗誌』刀江書院，1951
桜田勝徳『美濃徳山村民俗誌』刀江書院，1951
最上孝敬『黒河内民俗誌』刀江書院，1951
〈一般向け書籍〉
『民俗学の話』(財)民俗学研究所，1949
『年中行事図説』(財)民俗学研究所，1954
『日本民俗図録』(財)民俗学研究所，1955
『民俗選書』(財)民俗学研究所編(昭和29年〈1954〉10月―昭和31年2月)
柳田他『民俗学手帖』古今書院，1954
井之口章次『仏教以前』古今書院，1954
岩倉市郎『おきのえらぶ昔話』古今書院，1955
武田明『祖谷山民俗誌』古今書院，1955
瀬川清子『海女』古今書院，1955
蔵田周忠『民家帖』古今書院，1955
最上孝敬『詣り墓』古今書院，1956
『綜合日本民俗語彙』
昭和29年(1954)　編集着手
昭和30年(1955)　全5巻刊行開始
昭和31年(1956)　完結

刊しました。この女性民俗学研究会の活動は現在も継続しています。

　民俗学研究所の活動の一つとして，民俗誌や辞典その他の書籍の編集と発行がありました。昭和24年（1949）の柳田國男の『北小浦民俗誌』からはじまる『全国民俗誌叢書』，これははじめの予告では15冊刊行の予定でしたが，出版社の倒産で7冊までが刊行されました。また，一般向けに社会科教育に役立つように民俗学を解説した『民俗学の話』や，図入りでわかりやすくした『年中行事図説』『日本民俗図録』も刊行されました。また，昭和29年の『民俗学手帖』からはじまる『民俗選書』のシリーズは，各研究員の調査研究成果をまとめた書籍として注目されました。

　また，戦前に試みた山村生活や海村生活の調査のような日本各地での民俗調査の試みとして，昭和25年度から3ヵ年計画で「本邦離島村落の調査研究」いわゆる離島生活の調査が行なわれました。代表は大藤時彦がなり調査項目選定には大間知篤三が深く関与して充実がはかられました。最初の計画では60ほどの離島が選定されましたが実際に調査できたのは30余島でした。その成果の刊行は民俗学研究所の解散によって遅延しましたが，昭和41年になって『離島生活の研究』[5]として刊行され，17名の調査員による19ヵ所の事例が報告されています。

　民俗学研究所の刊行物の代表は，『民俗学辞典』です。昭和24年（1949）の暮れの企画からはじまり翌昭和25年2月には編纂委員会が発足し，項目選定に着手されました。この事業には文部省学術助成金が「民俗学に於ける学術用語の選定」の名で交付されることとなりました[6]。監修は柳田で編纂委員には民俗学研究所の大藤時彦，大間知篤三，直江広治，堀一郎，和歌森太郎，編纂事務担当に井之口章次，挿図担当に橋浦泰雄と決まりました。構成は，1総論，2住居，3服飾，4食物，5村制，6農耕，7山村，8漁村，9諸職，10交通・社交，11族制，12婚姻，13産育，14葬送，15年中行事，16信仰，17神名，18俗信，19芸能，20児童，21言語，22伝説，23昔話，24沖縄，の24の分類枠で全897項目が立てられました。執筆者は研究所員の40名でしたが，各自の分担項目は明示されていませんでした。のちに，井之口章次によって「『民俗学辞典』の執筆者一覧（上）（下）」[7]が書き残されてその詳細が紹介されておりたいへん参考になります。注目されるのは執筆者欄が個人名ではなく，

編者とされている項目の多さです。井之口によれば，それは「添削が甚しく，原執筆者の責任に帰すべきでないと考えた項目」で，その編集上の添削の役のほとんどを実質的に引き受けたのは大間知篤三だったといいます。その大間知の記名執筆項目は69項目あり，編集として添削して仕上げた項目は221項目にものぼります。両者を合わせたら290項目です。実にこの『民俗学辞典』の約3割もの項目の実質的な執筆者は大間知篤三であったことがわかります。そして，そこからは大間知の誠実な研究者としての人物像がよくうかがえます。

　『民俗学辞典』の完成は異常なほどの早さでした(8)。編纂委員会が発足して1年も経たない昭和26年1月にはもう発売されていました。そして，昭和26年度の第5回毎日出版記念賞を受賞しました。その昭和26年はちょうど柳田が77歳の喜寿の記念祝賀の年であり，7月31日に誕生日を迎えた柳田の祝賀の会が10月13, 14日の日本民俗学会第3回年会にあわせて國學院大学講堂で開かれました。そして，その年の11月3日，柳田は文化勲章を受章したのでした。この昭和26年というのは柳田の長い人生の一区切りの年であったように思われます。これまで大学教授の肩書をもとうとしなかった柳田が，唯一國學院大学が神道学コースの大学院を新設するに当たって懇請されて國學院大学の教授の職を受諾したのもこの昭和26年からのことでした。ただし，それは神道理論・神道教理史の講座であり民俗学の講座ではありませんでした。

　民間伝承の会から日本民俗学会へ　民俗学研究所は昭和23年（1948）4月に文部省の認可によって財団法人民俗学研究所となりましたが，民間伝承の会はそのままでした。一方，戦後の人文科学の学界動向として注目されたのが，渋沢敬三の提唱による人類学や社会学や考古学など隣接する学会の連携協力への動きでした。昭和22年5月，まず東京で日本人類学会，日本社会学会，日本考古学会，日本言語学会，日本民族学協会，それに民間伝承の会の六学会連合の第1回大会が開催されました。翌昭和23年には日本地理学会と日本宗教学会が加わり，八学会連合として第2回連合大会が5月に「稲」を共通課題として開催されました。それに対応して，民間伝承の会では『民間伝承』第12巻3・4合併号で「稲と民俗」の特集を組んでいます。その後，毎年5月に大会が開かれることとなり，昭和25年には日本心理学会が加わり，九学会連合となりました。

表15　九学会共同調査

調査地域	調　査　年　度	研　　究　　成　　果
長崎県対馬	昭和25(1950)，26年	『対馬の自然と文化』古今書院，1954
能登半島	昭和27(1952)，28年	『能登－自然・文化・社会』平凡社，1955
奄美諸島	昭和30(1955)―32年	『奄美－自然と文化』日本学術振興会，1959
佐渡島	昭和34(1959)―36年	『佐渡－自然・文化・社会』平凡社，1964
下北半島	昭和38(1963)，39年	『下北－自然・文化・社会』平凡社，1967
利根川流域	昭和41(1966)―43年	『利根川－自然・文化・社会』弘文堂，1971
沖縄諸島	昭和45(1970)―48年	『沖縄－自然・文化・社会』弘文堂，1976
奄美諸島	昭和50(1975)―54年	『奄美－自然・文化・社会』弘文堂，1982

　その九学会連合の活動で特筆されるのは文部省の科学研究費を得て行なわれた特定地域を定めての共同調査です。昭和25年，26年の対馬からはじめて，昭和50年から54年の奄美諸島まで，計8回の共同調査が行なわれました。

　民間伝承の会がその名称を日本民俗学会に変えるのは昭和24年4月1日からです。柳田國男はそのような名称の変更に対しては強く反対の考えをもっていました。それは自分が開拓してきた民俗学を大学などの「象牙の塔」の専門研究者たちだけのものしてしまうことへの反対

図52　箱根叢隠居での折口信夫

でした。あくまでも民俗学は国民一般の一人ひとりのための学問にしなければならないというのが柳田の信念でもあったのです。しかし，文部省の科学研究費の申請にしても，九学会のような学術的な世界での交流にしても，民間伝承の会という名前では不都合です。やはり学会という名前は必要です。柳田自身も民俗学の専門研究者の育成をはかるために民俗学研究所を開設していたわけですから，その心境は複雑だったわけです。名称変更はもう避けられない状態になっていました。しかし，畏れ多くて誰も柳田に言い出せないなか，女婿の堀一郎もまったく説得できないなかで，みんなの期待にこたえざるを得なかっ

（1）民俗学研究所と日本民俗学会　　153

図53　柳田と折口(1)（箱根叢隠居にて，昭和22年〈1947〉7月）
〈左より〉牧田茂，柳田國男，今野円輔，穂積忠，折口信夫

図54　柳田と折口(2)（箱根叢隠居への途次，昭和22年〈1947〉7月）

たのが折口信夫でした。その日のことを理解するには鎌田久子（1925―2011）の回顧談が貴重です(9)。昭和24年3月1日の夕刻，折口の弟子で画家の伊原宇三郎が書いた柳田の肖像画が出来上がったといってそれを届けに訪れたという折口を，柳田はいつものように快く迎え入れます。しばらくの談笑のあと，ころあいを見計らって折口はおもむろに名称変更のことを柳田に懇願します。それを聞いた柳田はその日研究所に集まっていた大藤，大間知，直江，堀たちの前で烈火のごとく怒ります。突然立ち上がり，横のテーブルにあった本を叩きつけ，語気するどく「折口君，僕がどんな思いでこの民間伝承の会を作ってきたか……，君なんかに分かってたまるか……」と，それは誰も見たことのないような恐ろしい顔だったといいます。折口はやや間をおいて静かな低い声で「一番よく分かっております。誰よりも一番よく分かっております」と心にしみるような返事をしました。それから何秒か音のない時間が過ぎると，怒った柳田は憮然として足音高く2階へと階段を上がっていきました。その光

図55　柳田と折口(3)（昭和24年〈1949〉頃）

図56　柳田と折口(4)（伊勢と関西への旅行・東京駅にて，昭和25年〈1950〉10月24日）

〈左より〉柳田孝，堀一郎，柳田國男，折口信夫，伊馬春部

図57　柳田と折口(5)（伊勢と関西への旅行途次）

景をふるえながらみていたみんなに向かって，折口は静かに腰を下ろしていいます。「はい，これで日本民俗学会が生まれました」と。そして，まもなく鎌田久子に2階に行ってみてくださいと折口はいいます。鎌田はふるえながら2階に柳田の様子をうかがいに行きます。すると，柳田はにこにこしながら，みんなどうしてる，折口君はもう帰りましたか，といったというのです。鎌田には，柳田と折口の2人の間には誰も入っていけない誰も分からない深い深い信頼と師弟の愛情友情があるのだと思ったといいます。

『民間伝承』第13巻3号にさっそく「会告」が掲載されました。そこには次のようにありました。

> このたび，委員並に在京評議員一同の協議にもとづき「民間伝承の会」の会名を「日本民俗学会」と変更することに致しました。思へば，民俗学研究所が公式に発足してより一年，日本民俗学の学的確立は世間，学界のひろく認めるところとなりました。それで私たち民間伝承の研究に従ふ学徒も，いよいよ責任の重大なるを痛感しつつ，ますますこの学問の充実と向上とを期し，たくましく勉励して居る次第であります。かやうな学界の趨勢にかんがみ，本会も一層学会らしい会へと発展すべく，創設以来のなつかしい名ではありますけれども，「民間伝承の会」の名を廃し，「日本民俗学会」と称することに定めたのであります。

こうして誕生した日本民俗学会では，初代会長には柳田國男，顧問に新村出，石黒忠篤，渋沢敬三，評議員に折口信夫，石田英一郎，大間知篤三ら64名，常任委員に大藤時彦，直江広治ら9名が任命されました。会計事務は戸田謙介がとることとなり，本部は民俗学研究所と定められました。これまでの研究所談話会は月例談話会として引き継がれました。そして，第1回年会が昭和24年9月23日（土），24日（日）に民俗学研究所の企画運営のもと，東京の朝日新聞社講堂で公開講演が，國學院大学で研究発表会が行なわれました。23日の公開講演は，柳田國男「日本を知るために」，萩原龍夫「家の祭りと村の祭り」，折口信夫「日本民俗学の領域」でした。

その後，昭和28年日本民俗学会はそれまでの『民間伝承』に替えて学術機関雑誌『日本民俗学』を創刊しました。新たに創刊された季刊『日本民俗学』はそれまでの『民間伝承』が全体で40頁から50頁ほどで短信や事例報告が中

心で論文といっても10頁以下の短いものが多かったのとはちがい，全体で130頁から150頁ほどの分量で本格的な論文も数多く掲載される雑誌となりました。その後，民俗学研究所が解散閉鎖となる昭和32年の5巻2号まで刊行されました。一方，『民間伝承』の方は廃刊というのではなく，それまで経理面をはじめ長く刊行の世話をしてきた戸田謙介のもとに引き継がれ，その後昭和58年まで刊行されました。それは日本民俗学会とは直接関係のない刊行物となりましたが，前述の井之口章次による『民俗学辞典』の項目執筆者一覧(10)など興味深い記事も掲載されました。

民俗学の目的と方法をめぐる議論　昭和24年（1949）4月に日本民俗学会が発足すると，民俗学とは何か，その学問としての特徴は何か，民俗学の目的と方法について，の議論が活発化しました。まず，あらわれたのが和歌森太郎と関敬吾の論争です。

　和歌森太郎は，すでに昭和22年に大学の国史学専攻学生を対象とした講義ノートをもとに『日本民俗学概説』(11)を著していましたが，そこで民俗学とは民俗を史料として民俗史を構成する科学である，と述べて，関敬吾をはじめとするその他多くの批判をあび，まもなくその見解を撤回し修正していました。その和歌森がまず口火をきり，昭和24年4月の『民間伝承』第13巻4号で「民俗学の方法について」を発表します。そこで和歌森は，(1) 民俗学の研究対象は民間伝承としての民俗である，(2) その民間伝承なり民俗なりの，日本民族全体の生活の中における性格と意味とを明らかにするのが民俗学である，(3) 個々の民俗資料をあつめ比較しあうことが日本民俗学の対象にかんがみて絶対の要請である，などと述べた上で，(4) 彼自身の文章から引用すれば，「要するに民俗自体並にそれを指標づける方言の比較研究による重出立証法を以て，各民俗相互間における前後関係がわかりa，その結果をさらに，それぞれ支へてゐる社会的・文化的条件に照すならば，今かやうな民俗がなぜ保たれてゐるのか，その歴史的性格や意味が了解できるb，とするのである。さうして究極において日本人一般の原質的なものが何でありc，なぜそれが原質的意義をもってゐるかがわかるのである」と述べています。そして，上記の下線部aに関連して，(5)「地方差はすなはち時代差を示す」「周圏論的認識たる遠くの一致，近くの不一致も，この延長であろう」と述べ，また下線部bに関連

して，(6) 歴史学が「時」・「時代」を座標にして歴史的発展を把握するのに対して，民俗学は各民俗が伝承されている「場所」・村落を座標とする，なぜなら，1つ1つの民俗はそれ自体が単独であるものではなく，村落の全生活と有機的な関連をもって伝承されており，如何なる生産手段，生産組織をもってどのような環境を構成しているのかを観察する必要があるからだ，と述べています。そして，上記 (2) と下線部 c に関連しては，のちにそれをさらに発展させ『日本民俗学』[12]で，「民俗学は今日見聞しうる諸々の民間伝承の比較研究を通じて，日本人の心性，生活文化の歴史的特色を把握しようとする学問である」「現実に見聞されるもろもろの民間伝承の由来や歴史的意味がどこにあるのかを知るために，同類の多くの民間伝承を集めくらべあうことによって研究する。そうしてけっきょく，日本人の心性や生活文化の歴史的特色をとらえる。これが日本民俗学である」と述べています。

　つまり，和歌森の説く日本民俗学というのは，第1に，柳田の周圏論や比較研究法を支持しつつ，第2に，民俗の伝承の場たる村落の生活の有機的全体性を把握する必要性を説き，第3に，日本人の心性，生活文化の歴史的特色を把握しようとする学問である，という内容だったのです。この第1，第2，第3は，その論理的関連性を把握するのがなかなか困難な主張でした。なぜなら，第1が柳田への理解を示したもの，第2が社会人類学的な村落調査法への理解を示したもの，第3が石田英一郎の主張する民族のエトノス論への理解を示したものであり，それぞれ別の主張を混ぜ合わせ並列させたものだったからです。

　その和歌森の論文の中で自分の所説を否定された関敬吾は，同年6月の『民間伝承』第13巻6号と7月の7号で「民俗学方法の問題（上）（下）―和歌森氏の所論に関連して―」でただちに反論します。関は民俗学研究所の研究会でも述べていたように，民俗学とは民俗史だけではない，民俗学の方法にはそのような歴史的方法もあるが，同時に地理的方法，社会的方法，心理的方法があると主張します。文化事実をその変化の段階に秩序づける，現在という一平面の中に横たわる文化を時間的に秩序づけるのが歴史的方法であり，「蝸牛考」のように地方差は時代差を示すとして文化の空間的な広がりの中に時間的な深さを求めるのが地理的方法であるといいます。また，職業，階層，性，年齢などによるさまざまな社会集団の，民俗の生成変化に対する関係において民俗を

観察する方法を社会的方法と呼び，民間信仰や民間文芸など民族心理学や宗教民俗学の対象となるような民俗に取り組む場合の方法として心理的方法があるというのです。この関と和歌森との2人の議論はそれぞれ一定の意味のある主張でしたが，両者がうまくかみ合うことはなかなかありませんでした。

　次に物議をかもしたのは，昭和26年（1951）3月の『民間伝承』第15巻3号に掲載された平山敏治郎の「史料としての伝承」でした。平山は京都大学の西田直二郎門下で文化史学を専門としつつ柳田の影響で民俗学を学んでいました。その平山が「日本民俗学は日本民族の文化に関して国史の立場から考察しようとするものである」と述べ，産育習俗に関する伝承を研究する場合には，『徳川実紀』のなかにみられる，幼少時の家光が「世のならはし」にしたがって無事の成育のために路傍で子売りと子買いの真似事をして仮親をとったという記事や，家光が41歳で子の綱重が生まれるとき，産婦をいったん家光の姉の千姫の邸宅へ迎えさせて誕生させたのは「俗に四十二のふたつ子とて，いむことにするゆえなり」と記されている事例など，そのような文献もその史料価値が高いと主張したのでした。

図58　関　敬吾

　それに対して千葉徳爾は「史料と資料」[13]でただちに反論し，「民俗学を歴史学の一部にしてその下に属せしめようとするのは誤っている」，民俗は資料と書くべきで史料と書くべきではないと主張しました。そしてまた，牧田茂は「民俗

図59　西田直二郎と大阪天王寺中学の同級生
〈前列左より〉岩橋小弥太，武田祐吉，西田直二郎，
〈後列中央〉折口信夫，明治37年（1904），17歳

（1）民俗学研究所と日本民俗学会　　159

表16　戦後民俗学史略年表(昭和20～40年)

年　月　日	事　　　　　　　　　項
昭和20(1945)	終戦(敗戦)
昭和21(1946)	『民間伝承』復刊
昭和22(1947)	民俗学研究所設立。和歌森太郎『日本民俗学概説』(民俗学は民俗を史料として民俗史を構成する科学)
昭和23(1948)	民俗学研究所認可。石田英一郎「歴史科学としての民俗学と民族学」(『人文』2―1)，関敬吾「民俗学の方法論」民俗学研究所第29回例会(柳田発言「歴史は我々の目的であって方法ではない〈中略〉今迄の不完全な歴史の完成〈中略〉現在我々の行っている生活の原因を探求するのが民俗学の目的である」)，関敬吾「民俗学と唯物論」(『世界文化』3―11)〈志村義雄への反論〉
昭和24(1949)	日本民俗学会発足(民間伝承の会から日本民俗学会へ)。『全国民俗誌叢書』刊行開始((財)民俗学研究所)。座談会「民俗学の過去と将来」(『民間伝承』13―1・2)〈柳田，折口，石田，大間知，大藤，桜田，関，直江，堀，牧田，最上，和歌森〉)。和歌森太郎「民俗学の方法について」(『民間伝承』13―4)，関敬吾「民俗学方法の問題―和歌森氏の所論に関連して」(『民間伝承』13―6・7)，古島敏雄「民俗学と歴史学」(『歴史学研究』142〈特集歴史学と隣接諸科学〉)
昭和25(1950)	座談会「民俗学から民族学へ」(『民族学研究』14―3〈柳田，折口，石田〉)
昭和26(1951)	『民俗学辞典』刊行。平山敏治郎「史料としての伝承」『民間伝承』15―3〈民俗学は日本民族の文化に関して国史の立場から考察する学問〉，千葉徳爾「史料と資料」(『民間伝承』15―5)，牧田茂「民俗の時代性と現代性―日本民俗学の目標について―」(『民間伝承』15―6〈民俗学は現在の民俗を説明し理解する学問〉)，和歌森太郎「民俗学の性格について」(『民間伝承』15―8)，堀一郎「民間伝承の概念と民俗学の性格」(『民間伝承』15―9)，牧田茂「民俗の現代性―民俗学をして民俗学たらしめるもの―」(『民間伝承』16―2,『民間伝承』編集部　打ち切り宣言)
昭和27(1952)	『日本社会民俗辞典』日本民族学協会編
昭和28(1953)	『日本民俗学』創刊(→昭和32の5―2まで)，有賀喜左衛門「民俗資料の意味―調査資料論―」(金田一京助博士古稀記念『言語民俗論叢』〈民俗学は個別科学における民俗資料採集の方法論〉)，和歌森太郎『日本民俗学』(民俗学は民間伝承の比較研究を通じて日本人の心性，生活文化の特色を把握する学問)
9.3	折口信夫死去
昭和29(1954)	第6回日本民俗学会年会　石田英一郎公開講演(歴史学か文化人類学か，文化人類学へ)
昭和30(1955)	石田英一郎「日本民俗学の将来―とくに人類学との関係について―」(『日本民俗学』2―4〈民俗学は広義の文化人類学の中で発展すべき〉)，黒田俊雄「文化史の方法について」(『歴史学研究』183〈民俗学理論への批判〉)
昭和31(1956)	第8回日本民俗学会年会「民俗学の限界について」(大島建彦，桜井徳太郎，

年　月　日	事　　　　　　　　　　項
昭和32(1957)	牧田茂，報告→昭和32『日本民俗学』4―2) 民俗学研究所　代議員会で閉鎖決議。『郷土研究講座』全8巻刊行開始(～昭和33)。和歌森太郎「近代地方史と民俗学―方法論の問題として」(『地方史研究』27)
昭和33(1958)	『日本民俗学大系』全13巻刊行開始(～昭和35)(編集　大間知篤三，岡正雄，桜田勝徳，関敬吾，最上孝敬)。『日本民俗学会報』発刊(→67号から『日本民俗学』に改称)。関敬吾「日本民俗学の歴史」(「歴史科学としての民俗学」『日本民俗学大系』2)，堀一郎「岐路に立つ欧米の民俗学」(『日本民俗学会報』4)
昭和34(1959)	関敬吾「民俗学―歴史・課題・方法」(『講座社会学』別巻)。千葉徳爾「民俗周圏論の展開」(『日本民俗学会報』9)
昭和35(1960)	和歌森太郎編『くにさき』刊行(～昭和45年まで全9冊刊行)。柳田國男「日本民俗学の頽廃を悲しむ」(柳田86歳)
昭和36(1961)	石塚尊俊「民間伝承の地方差とその基盤」(『日本民俗学会報』16)，桜田勝徳「戦前の民俗学の研究」(『地方史研究』50)，西垣晴次「戦後における民俗学の歩み」(『地方史研究』50)，神島二郎「民俗学の方法論的基礎―認識対象の問題―」(『文学』29―7)
昭和37(1962)	桜井徳太郎「斎忌習俗の解体過程―常民生活における神仏の影響―」(『国民生活史研究』5)
8.8	柳田國男死去
昭和38(1963)	石塚尊俊「信仰伝承の解体をめぐる問題―桜井徳太郎氏の批判に答えて―」(『日本民俗学会報』27)，千葉徳爾「民俗周圏論の検討」(『日本民俗学会報』27)，千葉徳爾「民俗学における地域の問題」(『人類科学』15)，関敬吾『民俗学』，和歌森太郎「民俗資料の歴史的意味」(『東京教育大学文学部紀要』41)
昭和39(1964)	千葉徳爾「民俗の地域差と地域性」(『日本歴史論究考古学・民俗学編』)，竹田旦「民俗の複合と重層」(『日本歴史論究考古学・民俗学編』)，北見俊夫「民俗学における村落研究の方途」(『日本歴史論究考古学・民俗学編』)
昭和40(1965)	小野重朗「民俗分布の同心円構造について」(『日本民俗学会報』37)

の時代性と現代性―日本民俗学の目標について―」[14]という論文を提出し，民俗学は現在の民俗を説明し理解する学問であり，現在の社会につながらないものは民俗学の対象から排除すべきだという極論を述べます。そして，堀一郎が宗教学者の岸本英夫との対談の中で民間伝承の時代的な前後関係を知る上では文献も参考になると述べていたことや，和歌森太郎が民俗学は民俗史の究明であると述べていた点をも同時に批判し，民俗学の目標は過去を解説するのではなくあくまでも現代について考える学問であると主張しました。牧田に批判さ

れた和歌森は「民俗学の性格について」(15)でただちに反論し、まず前稿「民俗学の方法について」(16)をよく読んでほしいといい、民俗学というのは「今日の常民的生活が、どのような歴史的意味をもつ遺産であるか、或は歴史的に形成された結果としてどういう性格をもつものであるのか」「全国的に、民間伝承を相互比較することによって、日本人の古いくらしぶりをさぐることを通じて『日本人とは何ぞや』、『日本文化とは何ぞや』の問題解決へと迫っていく」学問なのだと述べます。堀一郎も「民間伝承の概念と民俗学の性格」(17)という論文で的確な反論をしています。堀一郎は宗教学者であり民俗学者ではありませんでしたが、これは柳田國男の民俗学をよく理解していたと思われる解説ですので、ここにその一部を引用しておきましょう。

図60　堀一郎

　フォクロアを規定するものは伝承性、持続性、常民性であり、文化一般から民間伝承を区別するものは、その文化の担う常民性の有無ということになる。この点が資料として取上げる標準となる。素材が文献として保存されているか、口頭乃至行為伝承として保存されているかによって資料価値が定まるのではなく、その資料がフォクロアであるかどうか、その文化表象が常民性を担うかどうかにかかわるのである。採集は口頭や行為伝承を記録化する作業であり、従って記録資料と採集資料との厳密な区別は存在し得ない。そしてここに民俗学の基本的方法としての比較法を適用することによって、始めて素材が資料としての意義と立場を明らかにすることとなるのである。

　僕は、資料の先後関係を決定し、変化の様相を系列化するのが必ずしも民俗学の唯一の使命だとも考えない。それはフォクロア資料が一にサーヴァイヴァルズと呼ばれる所に基く。この語はタイラーの唱えた学術用語であり、後にマレットやリバースが特に重要視した語である。しかしボアズやマリノフスキーによって、社会的機能を喪失した残留は、いかなる社会にも存在し得ないとの批判を蒙って、この用語は人気を失った。しかし、

原始的な文化が幾多の自身の変化と他からの複合と反撥を行いつつ，世代を超えて生き延びて行くという意味の「残留」の存在は認めぬわけには行かない。この残留の事実を民俗学固有の素材として重要視するのである。

　文化表象を変化の相において捉えるのも民俗学であるが，「残留」研究もまた文化歴史科学としての民俗学なのである。それは文化表象が変化の相の下になお一つのものの「残留」をさとらしめるものの存在，即ち変化を変化たらしめている，変化の底にひそみ流れている不変性なるものの存在を予想することである。われわれが ABCD 等の表象を一つの A の変化の相として捉え得る基盤には，それぞれに内在する a, a′, a″, a‴ が貫かれているからに外ならない。この a 系列を辿って民族や社会集団の文化を今日にもたらした基盤的支柱，すなわちエトスの根原に横たわる所を発掘するのも，民俗学の大きな任務である。それは単に原初形態への淵源の興味に止まらず，今日に至る文化の歩みの芽や根としての意義を発見することである。

この堀一郎の，民俗学とは文化歴史科学であるという主張は傾聴すべきものでした。とくに伝承論の視点に立ってサーヴァイヴァルズ survivals という概念の有効性を再提起した点は重要でした。これを残留とか残存とか遺存などと翻訳したり理解するとまちがいがおこります。伝承や継承と理解すべきです。前代文化が幾多の自身の変化と他からの複合と反撥の繰り返しのなかで世代を超えてそれぞれの時代で意味をもちながら生き延びていくという現象は，たとえば儀礼食や儀礼服などの伝承の例をあげるまでもなく眼前に当然に存在している事実です。堀が柳田を理解して述べていると思われるこの文化歴史科学という言い方には，民俗学は広義の歴史学であると同時に，単なる歴史学にとどまらず，文化の伝承性に注目するもう１つの哲学的な意味をもつ歴史学である，という意味が含まれていたものと考えられます[18]。

歴史学からの批判と声援　また，当時は民俗学の外からも隣接科学同士ということで歴史学から貴重な発言がありました。そのうち，ここでは古島敏雄の「民俗学と歴史学」[19]と，黒田俊雄の「文化史の方法について」[20]を紹介しておきましょう。古島敏雄（1912―95）は優れた農業史の研究者として知られていますが，まず「筆者古島は東京大学農学部学生として，同学部における柳田

図61　古島敏雄（81歳，平成5年〈1993〉）

國男の講義を昭和8年と9年の2年にわたって聴講し，その後は文字に書かれた資料を主として扱いながらも自らひそかに先生の門下生の一人たることを期して研究を続けてきている」と述べています。つまり，文献史学に進みながらも柳田の門下生の1人と名乗る民俗学へのよき理解者であったわけです。その彼は戦前の政治史中心の旧い歴史学への柳田の批判に理解を示しつつ，しかし，戦後の新しい歴史学は経済史や社会史などへとその対象を拡大させていると述べ，民俗学との交渉を進める必要を認めています。しかし，そのためには民俗学にも一定の条件を満たしてほしいといいます。たとえば，燈火の変遷の幾多の中で，書かれた資料ではついにとらえることができなかった松の根の樹脂の多い部分を削って用いる方法がもっとも古いものだろうとの推測が示されて，歴史学者の眼が開かれるのではあるが，ではそれは如何なる生産上の特質を備えた時代の燈火として限定したらよいのか，またそれが次の段階の燈火へと変化するのは，如何なる条件変化に伴うのか，それが明らかにされないままでは歴史学と民俗学との交流は難しい，と述べています。そして，柳田の民俗学に対する理解不足がその門弟や後続者たちには見受けられる，として次のような批判と警告と，そして声援を送っています。

　　柳田氏の記録偏重批判を文字通りに解して，何故そのような強い言葉が発せられたかを察しようとしない民俗学者があるならば，僻村の老嫗の気まぐれな記憶を以て，真実に替えるという誤りが，過去の史学の誤りを越えて大きく浮かび上がってくることを，われわれは深く警戒せざるを得ない，（中略）柳田氏の苦心・その周到な資料整理に関する心構を先ず如何に多くの郷土研究者，方言研究者，伝説研究者の中に浸透させるかが，民俗学自体の問題になるのではないか，（中略）われわれ史学に従事する者が民俗学の成果に耳を籍すことの必要であるとともに，柳田氏から厖大な蒐集物の整理を残された人々にも民俗学の周辺科学への深い関心を拂って頂くことを望んでやまない。

164　　4　戦後日本民俗学の出発

古島はこうして柳田の民俗学の精神と方法とを継承していない民俗学へ警鐘を鳴らしつつ，その柳田を超えるような民俗学の成長をと応援の声を発していたのでした。

　黒田俊雄（1926—93）は優れたマルクス主義歴史学者で権門体制論などで知られていますが，この「文化史の方法について」という論文では，マルクス主義歴史学は文化史の研究がまだ不十分でありその反省さえないような現状であると述べて，まず自己批判をしています。そして，民俗学がもたらした大きな成果として，「民俗」を学問的に掘り起こしたこと，農村の実情から歴史をみようとしたこと，日本人の生活秩

図62　黒田俊雄（63歳，平成元年〈1989〉）

序としてのハレとケ，民衆のなかに育った言語芸術，宗教の教義とは異なる民間信仰の実態などを明らかにしたこと，などを高く評価しています。しかし，それ以上に民俗学のもつ問題点を指摘します。第1に，民俗学はみずからの方法を深めるような方向を示していない，たとえば表層文化と基層文化という対概念を示しながら，その2つの範疇の関連性とその法則性を探求しようとはしないで，宗教思想と民間信仰とについても混然一つに扱い結果的に表層文化を基層文化に引きおろしてしまっているにすぎない，と批判します。第2に，日本文化の特徴についてもその弱点を合理化したり，その根源を「民族性」というような政治に責任のない宿命的なものにぼかしているなど，時代の変革と階級の対立を語りたくないという態度がみられるといいます。そして，民俗学で問題なのは，伝統と創造，形式と内容の問題などが法則的に追究されていないことだというのです。そして，文化史の方法に関しては，社会的矛盾と文化との関係，形式（論理）と内容（階級的要求）の関係に留意すべきだと主張し，民俗学者が「内省の学」として研究にとり組んでいるその態度に，歴史家すべてがもっと学び，そこから今まで不十分であった「方法」を1つ1つ確立していこうではないかと結んでいます。先の古島の批判もこの黒田の批判も，当時の民俗学への率直なしかも友誼に満ちた批判であり，傾聴すべきところの多い

（1）　民俗学研究所と日本民俗学会　　165

ものでした。

折口信夫の死　昭和28年（1953）9月3日午後1時，折口信夫が亡くなります。享年67歳でした。干支が同じ亥年で一回り上の柳田はすでに79歳に達していました。まさか自分よりも先に逝くなどとは思っていなかったと柳田は書いています。

　　一度は折が有ったら話し合って見たいものと思ひながら，逢ふと互ひに慰めたり労はったりする言葉が先に立って，議論になりそうな問題には，入って行くことが出来なかった。一つには折口君の境涯が寂し過ぎ，きつい人ではあったけれども，ここを生き抜くためにはやはり力を貯へた方がよいと思ったからだが，それよりも更に大きな理由は，自分の方が後に残り，出来もせぬ後始末に苦労をせねばならぬことを，少しでも考へて居なかった気楽さである[21]。

柳田がいつも折口をきびしく批判したこと，それにもかかわらず折口は心底から柳田を師として終生慕いつづけ尊敬しつづけたこと，これは多くの人が語っているとおりです[22]。その不思議な関係を読み解くには次のような理解が必要でしょう。柳田の批判は，折口の方法では一般の研究者には真似はできない，学習できないという点につきます。つまり多くの民俗学の研究者が育つこと，またふつうの人たちが自分で民俗学を修得できるようにすること，そのために民俗学の着眼の仕方，資料蒐集と比較研究の方法，それを研磨しまた教育すること，に日夜励んでいる柳田にとって，折口の文献や民俗への着眼と分析と立論とはまさに正確ではあっても，とても一般の人間にはできないものであり，それでは民俗学の後継者が育たない，そして何よりも，東京帝国大学の国史学を頂点とする巨大な歴史学の壁に立ち向かえる民俗学の方法論を磨き確立するためには，数量的にも質的にも豊富な事例情報の蒐集とその帰納論的な分析という段階的な手続きの整備が必要不可欠である，という意味を含んでいたものと思われます。聡明な折口はそのことを十分に承知しており，それだからこそ柳田の進む道の独創性に啓発され教えられて学んでいる，学恩への深い感謝の意味があったものと思われます。国文学を学ぶ上で文字からしか迫らない大学の教授陣に対して失望と不満を覚えていた若き折口が，まず啓発されたのは金沢庄三郎や金田一京助たちの音声をも重視する言語学であり，卒業論文に

「言語情調論」を書いて文学研究の上で音声の重視と幅広い比較の視点の重要性へと開眼していった折口に,さらに天啓にも似た衝撃を与えたのが柳田だったという保坂達雄の解釈は正しいと思います(23)。柳田と折口とは凡庸な人間には見えないような独創的な高い境地での学究の道をともに泥まずに離れずに歩んでいたものと思われます。

図63　折口信夫と金田一京助（金田一京助古稀記念祝賀会の日に，昭和27年〈1952〉5月5日）

　柳田が折口を，実はたいへん高く評価していたことがわかる文章があります。

　　折口信夫君といふ人は，我々の同志の中でも最もこの弊の少ない人であつた。真似と受売の天性きらひな，幾分か時流に逆らつて行くやうな，今日の学者としては珍しい資質を具へている。(中略) 私たちの意見にも共鳴したと言ひつつ，それを敷衍することはさて置き，同じ一つの路を歩み進まうとはせずに，いつでも途中で行逢ふことが出来るやうな，もしくは他の一つの新道を拓き添えるやうな，思い設けぬ方角からばかり，毎度大きな協力を寄せられる。(中略) 二十年近くも前に，金田一君が私にささやいたことがある。折口氏の断定は，自分だけには確かな根拠があるのですね。其時はびつくりしても，暫くしてから成ほどと思ひ当ることが折々ありますと。私はそれを聴いて大いにうなづいたのだが，私の実弟にも一人，それをしてしくじって居る者があるから，さうもてはやさぬ方がよいと思つて口には出さなかつた。ただ斯ういふ人が居なかつたら，私の仕事は一層苦しいだらうと思つて，自分は真似をせぬ代りに窃かに当てにしては居た。さうして，金田一氏の言の如く，最初から信用しきつて居た方がよかつたと，思ひ当たることが毎度あつた。長くならぬやうにして，その実例を一つ話して見やう。大正四五年頃に，稲ニホのことが郷土研究に出た際に，ニホはニフナメのニフだと折口君が断言した。さうだつたら面白

（１）　民俗学研究所と日本民俗学会　　167

図64 折口信夫の晩年（箱根叢隠居にて）
〈左より〉角川源義，折口信夫，牧田茂，岡野弘彦

からうと思ひつつも，何分久しく新嘗と書いて居るので，証拠が無くてはといふやうなことを私は言つて居た。（中略）私はつい近年に入つて，どうしてもさうで無くてはならぬといふやうな気になつて居る。<u>智恵の開きの二十何年の差は情けない</u>と思つた。（中略）ともかく折口君の早い暗示を，まともに受入れなかつた為に大へん仕事がおくれ，明日にこの解決を残して行くことになつたのは，後悔の種である。人に色々の長所の有ることは，長い経験で知つて居りながら，それを大きく組織して行かうとしなかつたことは，民俗学の成長の為には可なり忍び難い損失であつた[24]。

これは昭和22年（1947），折口信夫の還暦の年，柳田が73歳のときの文章です。稲の穂積みをニホといい産屋をニフという伝承から，人の生命の根源である穀物の霊の誕生を斎ふ意味があったことにようやく気づいた柳田が，折口と自分との「智恵の開きの二十何年の差は情けない」といっているのです。柳田が本心では折口を如何に高く評価していたかがよくわかる言葉です。その後，79歳の高齢に達して，もっともよき生涯にわたる学問の理解者であった折口を失った柳田の，深い悲しみと寂しさとがあらためて想像されます。

その折口は身体の容態が悪化して意識も朦朧とするなかで，最後の最期まで柳田のことを思っていました。最期をみとった岡野弘彦の『折口信夫の晩年』[25]には次のようにあります。

　　（箱根の叢隠居から）出石の家にお連れして階下の書斎に床をとって，先生を寝かせた。薬がきいたのか，痛みはいくらか間遠く三十分おきくらいになった。
　　「杏伯（伊馬春部のこと），柳田先生に電話でお断り申しておくれ。東京へは帰ってまいりましたが，あんまり疲れて，体が冷えきっておりますので，

図65　折口信夫追悼式（國學院大学折口信夫研究室にて）
挨拶するのは西角井正慶（昭和28年〈1953〉9月12日）

もう二，三日休ませていただきますと」。「早う，先生に電話をかけたらどうや。おっさん（岡野弘彦のこと），早ういっといで。皆，強情になって言うこと聞かんやないか。お腹の痛みがとれましたら，明後日，いやそれは無理やから，二，三日過ぎてからうかがいますと，丁寧に申しておくれ……」

　箱根から先生を運びおろしたのも，柳田先生の配慮なのだと思っていられるらしい。もう，柳田先生は御承知です，といっても何度も何度も，電話をかけよといわれる。私はそのたびに廊下を電話の前まで歩いて，そこでしばらく時を過して戻ってきては，電話して来ましたと報告する。しばらくするとまた言い出される。

　そうして，岡野は暗い廊下の隅の電話の前で独りつらい涙があふれてきたと書いています。

　　私はまだまだ，死ねないのです。國學院も慶應も私のあとを継ぐ者が，まだ十分に育っておりませんので，どうあってももうしばらくは，生きていなければ困ります

（1）　民俗学研究所と日本民俗学会

これが，意識がまだ確かであった折口の，医師に懇願した最期の言葉でした。

民俗学研究所の解散　最大の理解者であった折口信夫を亡くした柳田はまもなく 80 歳を迎える高齢に達していました。その柳田の近くにいた石田英一郎は，そのころの日本民俗学に対して社会学者の有賀喜左衛門から加えられた批判[26]，それは，日本民俗学は「民俗資料を主として採集記述する方法論」であり独立科学として成立し得るものではない，また，現在の日本民俗学は焦点のないままに資料の「漠然とした捉へ方に陥り易」く，理論的な「概念規定や対象決定を明確にしないままに」「選択もない列挙的記述に終る」傾向がある，というきびしい批判でした。石田はそれが事実なら日本民俗学はその責任を負うべきであろうと述べます。そして，昭和 29 年（1954）10 月 2 日，3 日に東京教育大学および茗渓会館で開かれた第 6 回日本民俗学会年会の公開講演で 1 つの提案をします。石田はちょうどこのころ昭和 29 年には東京大学駒場キャンパスの教養学部に文化人類学講座を開設しその初代主任教授になることが決まっていました。その石田の文章の一部を紹介しておきましょう。

　まず，第一の途として考えられるのは，日本民俗学をもって，広い意味の日本史の一部として，大学でいえば，史学部ないし史学科に属せしめる行き方である。私がかつて論じたように，日本民俗学には，ドイツのフォルクスクンデやゲルマニスティークの場合と似た，自民族の伝統文化に対する回顧反省の学としての性格が強い。それは，わが国で国学といわれたものや神道学などと通ずる一面でもある。その主たる目的は旧来の日本史学の改造にあった。私が最近，柳田先生から直接承ったところによっても，先生御自身は日本民俗学の在り方としてこの方向に進むことを望んでおられるようであり，私が次に提唱する広義の人類学の一部としての行き方は，従来の先生の主たる努力から外れた迂遠の途として，先生のむしろ与せられざるところである。

　だが，柳田先生の開拓された深くて広い学問領域は，はたして右の国史学ないし国学的な範囲にのみとどまるものであろうか。私があえて先生の意図に背いても，なお且つ，ここに第二の途を提唱して，今後日本民俗学を専攻される若い世代の，少なくとも一部の人々がこれを希望する所以のものは，ひとえにこの学問の中に，右のような範囲に局限することのでき

ない，発展性に富んだ幾多の問題を包含することを信じるが故に外ならない。

　この第二の途とは，広義の人類学と結合する行き方である。（中略）

　もとより私は，広義の人類学が日本民俗学の提携すべき唯一の近縁科学であるとは言わない。また，多くの学徒が，国史学の改造という目標に重点をおいて，この学問を推進されることに対しても，何ら異議を挟むものではない。ただ，その場合といえども，人類学的諸科学の最近までの成果に無関心では，所期の目的を達するのに不十分であろうと考えるのである。それに広義の人類学も，今日一つの転換期に立っているのであって，ことにわが国では，ようやく大学教育の中に，従来とはちがった形で新たにとり入れられようとする気運が熟してきた。私の提案したいのは，日本民俗学がこの機会に，もっと積極的に，大学教育の中に進出を試みてはどうかということ，その際一つの，しかし，学問的に最も発展性のある途として，広義の人類学とくに文化人類学の学科課程の中に，その正当な地位を占めることを考えて見られてはどうかということである。

図66　石田英一郎（56歳，昭和34年〈1959〉）

図67　有賀喜左衛門（52歳，昭和24年〈1949〉）

　この石田の提案は，当時の民俗学の内外の情勢をよくみた上でのものであり，その場では有益な意見として好評であったといいます[27]。柳田自身も，石田がこの発表の別のところで指摘しているように，エドワード・タイラーやジェームス・フレーザー以来，その後のブロニスワフ・マリノフスキを経るなかで一貫して西欧の民族学や社会人類学に対する深い理解を示しており，石田英一郎を成城の民俗学研究所の代議員に迎えていたのもその柳田でしたから，民俗学研究所の研究員たちもこの石田の提案に理解を示したものと思われます。

　その後，『民間伝承』の記事によれば，翌昭和30年1月の民俗学研究所の研

究会で柳田は学問の前途多難なことを述べ，方法論の確立を促しています。また 8 月の談話会では将来に残された日本民俗学の問題について語っています。そして，12 月 4 日の代議員会の席で研究所の将来について話し，突然その発展的解消を提案したのでした。関敬吾によれば，柳田はその日，先の年会での石田の主張を批判して，「日本民俗学は広義の日本史である。それにもかかわらず，石田の見解に対して批判をあえてするものもなく，民俗学は低調でその発展は心細い。かかる無力な民俗学研究所は解散し，学会の発展に主力を注ぐべしという意味の重大な発言をした」(28) というのです。

　すでに 81 歳に達していた柳田は，年が明けて翌昭和 31 年（1956）1 月 8 日，研究所の談話会に出席しますが，もうこれ以後はこの会には出ないことを告げ，あとはいろいろな回顧談を語りました。そしてまもなく，1 月 16 日に研究所の 2 階の書斎を離れて邸内の隠居所へと移ります。約 10 年前の昭和 22 年に，民俗学研究所を開設して後に続く研究者を育成して行こうとしたとき，柳田はすでにその時点で，財団法人といっても事業の永遠性など保障されるわけではない，「斯ういふ事業は有期で結構だ。永くて二十年，早ければ五年ぐらゐで使ひ切り，それでもう自活できるか，もしくは永続の必要が新たに認められるやうでなければ，一旦打ち切つた方が却つてよい」と述べていました。それにしてもよくぞここまで，との感を強くします。前述の古島敏雄や有賀喜左衛門など，歴史学や社会学からの批判にも正面から応対せず，また石田英一郎の発言への反応など，文化人類学と日本民俗学との区別もできないような門弟たちへの失望が，81 歳という老境の柳田にはあったのです。

　民俗学研究所の運営も，たしかに経済的な基盤の脆弱さから困難をきわめていました。出版事業による収入を財源の 1 つとしていた研究所ではたしかに雑用が多かったのも事実です。所員たちの生活もきびしい状態にありました。解散を前にして昭和 31 年には動きがあわただしくなりました。ここで杉本仁の整理(29)を引用しながらことの経緯をかんたんに紹介しておきましょう。昭和 31 年 2 月 14 日に和歌森太郎を中心に研究所を東京教育大学へ移管する案を含む「研究所改革案」が代議員会で提示されます。すると，その 3 日後の 2 月 17 日には研究所所員の丸山久子（1909—86），鎌田久子（1925—2011），井之口章次（1924—），酒井卯作（1925—），郷田洋文（1928—88），亀山慶一（1926—

表17　戦後の柳田國男

年　月　日	事　項
〔戦後柳田第1期〕	
昭和20(1945). 9. 9	木曜会再開(柳田71歳)
10.12	雑誌『展望』記者に，1.固有信仰　2.和気の文学　3.国語の普通教育を
昭和21(1946). 8	『民間伝承』復刊
9.28	「日本民俗学講座」開催(10.5柳田「現代科学ということ」)
昭和22(1947). 3.13	民俗学研究所創設
昭和23(1948). 4. 8	民俗学研究所　文部省財団法人認可(柳田74歳)
昭和24(1949). 4. 1	日本民俗学会発足(初代会長　柳田國男)
4	『全国民俗誌叢書』刊行開始(柳田國男『北小浦民俗誌』以下7冊刊行)
9.24・25	第1回民俗学会年会　東京　民俗学研究所企画運営
昭和25(1950)	離島調査「本邦離島村落の調査研究」開始
	九学会連合による対馬調査
昭和26(1951). 1	『民俗学辞典』刊行
	柳田國男　國学院大学教授
	井之口指導『國學院大學民俗研究会　民俗採訪』刊行開始
11. 3	柳田國男文化勲章受賞(柳田77歳)
昭和27(1952)	『日本社会民俗辞典』刊行開始　日本民族学協会編
昭和28(1953)	『日本民俗学』創刊(昭和32年〈1957〉の5巻2号までで終刊)
	折口信夫　死去　67歳(柳田79歳)
昭和29(1954).10. 2・3	第6回日本民俗学会年会　石田英一郎講演
10	『民俗選書』刊行開始(『民俗学手帖』以下7冊刊行)
昭和30(1955)	『綜合日本民俗語彙』全5巻刊行開始
12. 4	民俗学研究所理事・代議員会での柳田閉鎖発言(柳田81歳)
〔戦後柳田第2期〕	
昭和31(1956). 3.29	民俗学研究所　代議員・理事会合同協議会で1年後解散決定
6	『社会と伝承』創刊　原田敏明
昭和32(1957). 4. 7	代議員会で研究所閉鎖決議，翌8日解散
	『日本民俗学会報』創刊
昭和33(1958). 4	『日本民俗学大系』全13巻　平凡社刊行開始(〜1960)
昭和35(1960)	和歌森太郎編『くにさき』刊行(〜昭和45年〈1970〉まで全9冊刊行)
	柳田國男講演「日本民俗学の頽廃を悲しむ」(柳田86歳)
昭和36(1961). 7.15	『海上の道』出版
昭和37(1962). 1	『定本柳田國男集』刊行開始(全31巻，別巻5)
8. 8	柳田死去　88歳(『定本柳田國男集』7冊刊行の時点で)

2008），西垣晴次（1929―）たちによる身分保証や就職先の斡旋などを求める「代議員会の研究所改革案に対する要望事項」が発表されます。そして，3月29日に研究所代議員・理事会合同協議会が開催され，1年後の解散と東京教育大学を第1候補とする研究所の移管が決定されました。その議決文は4月10日の研究所代議員・理事合同協議会で再確認され正式決定となりました。そこに当日の出席者として名前を連ねたのは，代議員の石田英一郎，瀬川清子，桜田勝徳，関敬吾，能田多代子，最上孝敬，和歌森太郎，そして理事の大藤時彦，堀一郎，直江広治，萩原龍夫，桜井徳太郎でした。この東京教育大学への移管運動の中心は和歌森太郎（1915―77）と直江広治（1917―94）でしたが，このような代議員・理事会の解散案と移管案が上から伝えられるだけで何の相談にもあずからなかった研究所の専任研究員（所員）たちには不安と不満が高まりました。民俗学が好きというだけで薄給に耐えながら細々と生活と研究を続けていた所員たちは，5月「財団法人民俗学研究所を東京教育大学付属研究所として移管する案に反対する声明書」を発表しました。その反対の背景には教育大移管派の強引さと移管後のポストの取引き上での不誠実さがあったと言われています[30]。代議員・理事の中からもあまりに手際のよい移管案や実施計画案へ疑問を抱く者が現れて，所員と連携して反対の動きが大きくなりました。その反対の中心となったのは理事の大藤時彦でした。そうして東京教育大学への移管案は棚上げとなり結局実現することはありませんでした。

　昭和32年（1957）4月7日，最高議決機関である代議員会は，民俗学研究所の閉鎖を正式決定しました。そのときの代議員は，柳田國男，和歌森太郎，橋浦泰雄，瀬川清子，桜田勝徳，最上孝敬，石田英一郎，牧田茂，能田多代子，関敬吾の計10名で，賛成9票反対1票で，その反対の1票を投じたのは牧田茂でした。

　研究所の解散閉鎖が決定されたあと，残った問題は柳田の膨大な蔵書の行方でした。民俗学研究所の設立に当たって取り決めておかれた研究所の定款により，研究所に寄贈された蔵書はもとの寄贈者に返還されることとなっており，その貴重な蔵書の行方について柳田は，1. 一括保管　2. いますぐ使えるように　3. 沖縄研究を重視する，という条件を提示していました。寄贈先の第1候補には柳田と近い松本信弘や池田弥三郎の仲介で慶應義塾大学があがりましたが，

図68　民俗学研究所解散記念の席で（登戸の紀の国屋にて，昭和30年〈1955〉12月4日）

〈前列左より〉瀬川清子，橋浦泰雄，柳田國男，和歌森太郎，関敬吾，堀一郎，〈中列左より〉桜田勝徳，最上孝敬，牧田茂，石田英一郎，萩原龍夫，〈後列左より〉能田多代子，直江広治，大藤時彦，桜井徳太郎

それは2.の条件で不可能ということになりました。東京教育大学も研究所の移管は暗礁に乗り上げていましたが，蔵書についてはぜひにとの思いが残っていました。しかし結局，柳田の住む成城にある成城大学が図書館建設中で，研究所閉鎖にともなう残務整理を任されていた研究所代表理事の大藤時彦の成城大学教授への就任内定も併行しており，大学側では学内の今井冨士雄（1909—2004）や池田勉（1908—2002）が受入れ体制を整備して蔵書の大学への「委託」の契約が結ばれました。約2万冊の蔵書が新築なった成城大学図書館に移送されたのは昭和32年9月27，28日のことでした。

日本民俗学会の動向　民俗学研究所が閉鎖された昭和32年（1957）10月の第9回日本民俗学会年会は岡山で開催されました。民俗学研究所の東京教育大学移管問題のしこりはその後の日本民俗学会の運営に複雑な影響を残してしまいます。代表理事は和歌森太郎に代わって中間的立場にあった最上孝敬が選出

（1）　民俗学研究所と日本民俗学会

されます。10名の理事のうち桜井徳太郎や直江広治たちが去り，堀一郎や萩原龍夫たちが残りました。そのとき大藤時彦は新たに理事に選出されましたが辞退しました。学会事務局はそれまでの実業之日本社から能田多代子邸へと移りました。肝心の学会機関誌『日本民俗学』は，昭和32年9月の『日本民俗学』第5巻2号で休刊となっていました。そこで昭和33年7月から『日本民俗学会報』が創刊されました。それは薄い会報であり学術雑誌とはいえない程度のものでした。つまり，日本民俗学会はそのとき学術的な機関雑誌を失ってしまったのでした。その後，昭和36年（1961）10月の理事会役員改選では，再び代表理事に和歌森太郎が選出され，学会事務局は東京教育大学史学方法論教室に移されました。そして，昭和40年10月の理事会役員改選では，こんどは代表理事に大藤時彦が選出され，学会事務局は成城大学文芸学部へと移りました。そうして民俗学研究所の教育大への移管をめぐる対立がしばらくは後を引いてしまいました。しかし，その後，東京教育大学の和歌森太郎門下から宮田登や福田アジオをはじめとする活動的な研究者が輩出し，彼らが中心となって次の世代を率いて行くこととなりました。機関誌『日本民俗学会報』があらためて『日本民俗学』となるのは昭和45年の第67号からのことです。

『日本民俗学大系』の刊行　柳田が民俗学研究所を閉鎖して一線を退いたのち，昭和33年（1958）4月から『日本民俗学大系』全13巻の刊行が始まります。それは昭和35年8月で完結しますが，編集委員は大間知篤三，岡正雄，桜田勝徳，関敬吾，最上孝敬の5人でした。彼らは柳田國男の薫陶を受けて学問の道に進んだ人たちばかりでしたが，その後はまた独自の道を歩んだ人たちでした。岡は民族学が専門で大間知や関も民族学の方面へと傾倒していましたし，桜田勝徳は渋沢敬三の支援を受けて数値や実物資料の具体性を重視する民俗誌的研究や水産史研究へと進んでいました。最上孝敬は中間的な人物として編集の支えになったものと思われます。したがって，この『日本民俗学大系』全13巻の内容は柳田國男の構想を超えた学際的な内容となっていました。民族学や社会学，歴史学や地理学，宗教学や芸能研究など，執筆陣も専門分野も年齢もひじょうに広い範囲にわたる構成となっていました。それは柳田國男の民俗学からの離陸と独立を学内外に宣言したようなものでした。柳田の門弟の中からも橋浦泰雄や瀬川清子や丸山久子は執筆に参加し，また民俗学研究所の

若い所員であった井之口章次や郷田洋文たちは自分たちの研究成果の公表のよい機会ととらえて積極的に執筆していきました。しかし，老境の柳田の複雑な心境を代弁するかのように，公私ともにもっとも柳田に近かった大藤時彦はこの大系への執筆を忌避し拒否しました。一方，執筆者の選定の上でのもう1つの傾向は，和歌森太郎と萩原龍夫を除いて東京教育大学の関係者が加わっていないという点でした。民俗学研究所や日本民俗学会で活躍していた直江広治や桜井德太郎や竹田旦（あきら）の名前がみられませんでした。しかし，それはそれとして，この『日本民俗学大系』全13巻は，当時の民俗学研究の到達点を示すものとして高い評価を受けたものでした。

柳田國男の死　「願いのかなえられないのを悲願という。日本では昔から想いが残れば幽霊になって出るという。このあたりに民俗学研究所があった，といわれるようにならぬものでもない」。

これは，昭和30年（1955）12月25日，成城の民俗学研究所での研究会の席上，民俗学の将来を案じた柳田の口から出た言葉です。その前年，石田英一郎が民俗学はもっと積極的に大学組織のなかに進出すべきであり，その際文化人類学の学科課程のなかに位置づけるべきであると述べたのに対して，柳田は門下の誰一人としてそれに反論しなかったのを怒り悲しんだというのは前述のとおりです。年末のこの日の研究会で，突然発言した柳田が言いたかったのは，

図69　柳田國男米寿記念祝賀会での柳田夫妻と金田一京助

図70　柳田國男の最後の写真（昭和37年〈1962〉7月）

（1）　民俗学研究所と日本民俗学会　　177

「民俗学は，文化人類学の中に位置づけるべきではない，舶来のものばかり尚ぶのは問題である，広い意味での歴史学の中に位置づけるべきである，しかし，いまの歴史学は本当にいけない，国史はもっと具体的なものにして，平民のものにすべきである」ということでした。「インフェリオール・コンプレックス」と，金切り声で反芻する柳田は，何よりも民俗学の自立を願っていたのです。「事実だけを大事にしている学者を大事にしなければならない」とも強調していました。たしかに，この日の柳田はどうかしているとしか思えない雰囲気で，そのあまりの語気の激しさに，みんな自分が叱られているようで，息詰まる空気のなか，顔をあげることができなかったといいます[31]。

　　老いてまだ　待つべきことのあり顔に　ほほえむ翁　あはれ八十七

それから 6 年，これは亡くなる前年の昭和 36 年に，成城大学の今井冨士雄のもとめに応じて，自分の写真の裏に書いた即興の歌です。身構えずに気軽に詠んだ歌にも，たゆまぬ学問への意欲がみなぎっています。

　新しい学問の開拓者，創始者であり，それゆえにこそ孤独な人であった柳田は，その最晩年，軽い脳軟化症の症状をみせながらも，「惜しいことをした。昔話や方言などに熱を上げるんじゃなかった。もう時間が足りない」，というような愚痴をよくこぼしたといいます。女婿でありすぐれた宗教学者であった堀一郎は，「また口癖が出たな，と思いながらも，ありあまる問題点をかかえながら，刻々と迫ってくる死期と気力の衰えを自覚せざるを得なかった最晩年の柳田に，鬼気に似た憂国の情をくみとって粛然とする思いであった」といっています[32]。

　昭和 37 年 5 月 3 日，日本民俗学会によって成城大学で柳田國男の米寿（べいじゅ）を祝う会が催されました。柳田を会場に先導したのは和歌森太郎でした。参加者は約 250 名ほどで，國學院大學教授金田一京助（きんだいちきょうすけ）（1882—1971）や京都大学名誉教授梅原末治（うめはらすえじ）（1893—1983）の祝辞がありました。すでに柳田の老衰は進んでおり，多くの参会者にはこれが今生のお別れかとの思いがつのったといいます[33]。そして，昭和 37 年 7 月 31 日に米寿の誕生日を迎えた柳田は，夏の暑さの中，8 月 8 日午後 1 時 20 分，成城の自宅で静かにその 88 歳という長い生涯を閉じたのでした。

日本常民文化研究所の再出発　その柳田の訃報をみずからの病状への自覚の

中で聞いた渋沢敬三も，翌昭和38年（1963）10月25日に68歳という折口信夫と同じくらいの享年で没します。明治8年（1875）生まれの柳田國男，明治20年生まれの折口信夫，明治29年生まれの渋沢敬三でした。柳田と折口は12歳，折口と渋沢は9歳，柳田と渋沢は21歳という年齢の差でしたが，この3人こそが日本近現代の民俗学と民族学を創造し，後進を育成した三大人といっても過言ではないでしょう。

そこで，渋沢が創設し指導した日本常民文化研究所の戦後の活動についてあらためてみておくことにしましょう。渋沢敬三は幣原内閣の蔵相を勤めたのち公職追放や財閥解体などの打撃を受けましたが[34]，日本常民文化研究所は活動を再開していきます。まず，昭和24年10月から水産庁の委託を受けて，日本の漁業制度改革のための「漁業制度資料調査保存事業」を進めることとなりました。それは日本各地の漁村の古文書の蒐集と整理の事業でした。その事業推進は，水産庁資料整備委員会保存部会，財団法人日本常民文化研究所（財団認可は昭和25年〈1950〉12月，理事長は桜田勝徳）という2つの組織の間を，日本常民文化研究所のなかに設置された漁業制度資料収集委員会（委員長は宇野修平）が媒介するというかたちで実施されました。したがっ

図71　柳田國男と渋沢敬三（山梨県河口湖畔産屋ヶ崎にて，昭和24年〈1949〉4月25日）

柳田の後ろが大藤時彦，渋沢の後ろが千葉徳爾

図72　網野善彦

（1）　民俗学研究所と日本民俗学会　　179

て，中心的な役割を果たしたのはその漁業制度資料収集委員会委員長の宇野修平（1913—69）でした。宇野修平は一高時代に左翼運動で逮捕されて除籍処分となり投獄生活ののちに東洋大学を卒業して竜門社（渋沢栄一の伝記資料編纂会）に入り，渋沢敬三の知遇を得て昭和17年から日本常民文化研究所の水産史研究室に勤務していた人物です。戦後はシベリア抑留から帰国して水産庁の外郭団体水産研究会の研究員となっていました。宇野の古文書蒐集の大方針は渋沢敬三の『豆州内浦漁民史料』などにならうもので史資料群全体を一括して蒐集整理しようというものでした。これは理想的ではありましたが，言うは易く行なうは難しのことわざ通り，借用した古文書の返却の段階で筆舌を尽くせぬほどの混乱と負担を後に残す結果となりました。この事業の展開と意義と混乱については，網野善彦（1928—2004）の貴重な文章があるので複雑な経緯などについてもたいへん参考になります[35]。網野は歴史学者として著名ですが，昭和25年4月大学卒業後すぐにこの事業に参加して奮闘し，昭和30年にこの事業が終了してからは都立北園高校や名古屋大学への勤務を経たのち，日本常民文化研究所がその収蔵資料とともに移管されていた神奈川大学に移って最後の最後まで古文書返却の責任を果たそうとした人物でもあります。また，その古文書群の動向については，神奈川大学日本常民文化研究所によるよく整理された文章もありますので[36]，それらを参考にしながら以下少し紹介しておきます。

　東京都月島にあった水産庁の東海区水産研究所の建物の中に，水産庁資料整備委員会保護部会と漁業制度資料収集委員会事務局が置かれ，そこに通称日本常民文化研究所月島分室も置かれて，昭和24年10月から昭和30年3月までの約5年半の間に日本各地の漁業関係資料が集められました。その借用と収集と整理の事業に従事した人たちの中には，先の網野のほかにも歴史人口学で大きな業績を残した速水融をはじめ，のちにそれぞれの分野で活躍することになる研究者も多くいました。集められた歴史資料は古文書約5万点，筆写された史料約20万点で，筆写原稿は製本されて筆写稿本と呼ばれていますが，紆余曲折ののち，それらは現在では神奈川県の金沢八景にある中央水産研究所と，神奈川大学日本常民文化研究所に同一のものが1冊ずつ所蔵されています。

　渋沢敬三は，一方で庶民史料の収集保存を文部省に働きかけ，昭和26年に

は文部省史料館が品川区戸越の三井文庫の跡地に設立されます。そして，渋沢の「祭魚洞文庫」と呼ばれた貴重な図書や資料(37)は，その文部省史料館に水産史関係の古文書や絵図などの大部分が移管されました。しかし，「祭魚洞文庫」の中の水産史関係の図書は，日本常民文化研究所月島分室のあった東海区水産研究所に移管され，その後昭和30年2月に品川区戸越の文部省史料館と同じ敷地に新たに建設された水産庁資料館に移管されました。現在は，文部省史料館は人間文化研究機構国文学研究資料館として品川区から立川市に移転し，水産庁資料館は独立行政法人中央水産研究所として品川区から金沢八景に移転していますので，結局，「祭魚洞文庫」は2つに分割されたままになっています。

　日本常民文化研究所の月島分室での水産史資料の収集整理の時代は，昭和30年（1955）で終わります。借用証を残したままで返却もできない膨大な古文書類などの資料が残ったまま，それらは品川区戸越の新しく建設された水産庁資料館に移されました。事業推進の中心人物であった宇野修平は借用文書の処理などをめぐって水産庁と対立して後始末がうまくいきませんでした。そして自分が重要視していた古文書群は新たに助教授として勤務しはじめた東京女子大学の倉庫に移してしまいました(38)。残された研究所員たちはそれぞれ自分の進路を自分で探すしかなく，結局新しい水産庁資料館に移ったのは日本常民文化研究所の所長を辞して水産資料館の館長となった桜田勝徳だけでした。

　渋沢敬三が亡くなるのは昭和38年ですが，その渋沢亡き後の日本常民文化研究所の運営は，残された宮本常一と河岡武春（1927—86）との間の軋轢などもあり複雑だったようですが，確かな情報はなく実はよくわからないというのが現状です(39)。宮本常一が東京三田の渋沢敬三邸から独立して府中に転居するのは昭和36年54歳のときで，武蔵野美術大学の教授となるのが昭和40年58歳のときです。そして翌昭和41年には近畿日本ツーリストの出資でみずから所長となる日本観光文化研究所を設立するなど，宮本はその方面へと活動の場を移していきました。一時，その宮本の勤務する武蔵野美術大学にあった日本常民文化研究所の事務局も，理事長に有賀喜左衛門を迎えて昭和47年には，三田の二の橋のマンションに完全に移ります。そして，河岡武春や宮本馨太郎（1911—79）たちを中心として雑誌『民具マンスリー』が発刊されるのが昭和43年で，昭和51年には日本民具学会が設立されました。そして，戦前から戦

災を逃れるなどたいへんな苦労の中で東京多摩地区の保谷村に収納されていた膨大な民具資料群は，すでに昭和37年には前述の品川区戸越の文部省史料館に移管されていましたが，昭和52年にあらためて新たに建設された大阪の千里万博公園跡地の国立民族学博物館へと移管されました。そして，日本常民文化研究所は昭和57年に神奈川大学の付属研究所へと移管され，河岡武春は神奈川大学教授として赴任しました。その河岡は残念ながらまもなく病没してしまいますが，その後，筑波大学から移った宮田登と歴史学の網野善彦との間で民俗学と歴史学との相互理解と協業共鳴の関係がみられ数多くの貴重な出版物が刊行されました。そして現在では新潟大学から移った福田アジオの後をうけて佐野賢治教授を中心に次世代を担う民俗学研究者の育成が進められています。

（2） 大学教育と民俗学

國學院大学の伝承文学（民俗学）コース　柳田國男は，「民俗学研究所の成立ち」[40]でも述べていたように，日本民俗学を専門的に研究する研究者を大学で育成することの必要性を説いていました。そして，決してそれだけでなく一般の人たちにもみずからの生活の変遷史を研究する民俗学を郷土で学んでほしいとも望んでいました。前者と後者とは車の両輪のように考えていたのであり，大学での専門教育は必要ないなどとは考えていませんでした。民俗学とは「野の学問」だという人も多いでしょうが，それは一面的な理解にすぎません。この点は誤解のないようにしておかねばなりません。日本で最初に民俗学を大学の講座に設けたのは前述のように折口信夫の國學院大学でした。折口は臨時講師となる大正8年（1919）よりも早くすでに大正5年から学内に郷土研究会を作って学生の指導をしていました。その折口の長年の努力によって，昭和15年（1940）に國學院大学国文学科に国文学と国史学の必修科目として民俗学が開講されました[41]。大藤時彦は慶賀と感謝の意を込めて次のように述べています。

　　本年四月，國學院大学に於て，新学期より民俗学の講座が国文・国史の必修科目として開講されるに決したことは，我々の実に欣快とする所で，此学問の前途に一道の光明を齎した感がある。これ一つに講座担任の折口信夫教授の長年月に亘る並々ならぬ努力の結果なるは論なきも，國大当局者の英断，又よく時流を達識したクリンヒットとして賞讃したい[42]。

戦後もこの折口の民俗学の講座は継続されましたが，折口の学問分野は古典研究を中心として幅広く，その門下として知られたのはいわゆる折口門下の五博士，つまり西角井正慶，高崎正秀，大場磐雄，藤野岩友，今泉忠義の5人をはじめとする人たちで，必ずしも民俗学を専門とする人たちだけではありませんでした。昭和26年には柳田國男が國學院大学教授として招かれますが，それは前述のように神道学コースの大学院の新設のためであり，民俗学の講座ではありませんでした。そうした中，戦後の國學院大学国文学科で民俗学のテーマで折口信夫に卒業論文を受け付けてもらえたのが，牧田茂「船霊の研究」，井之口章次「葬送習俗の研究」，郷田（坪井）洋文「族制の研究」などでした。そして，戦前から折口が率いてきた学生たちの研究会である郷土研究会に代わって，戦後は折口や柳田の指導のもとに，民俗学研究所の研究員となった井之口章次を指導者として学生たちの研究会である國學院大学民俗学研究会が結成されました。昭和26年から毎年日本各地のどこかに調査地を選定し，井之口のもとで学生た

図73　折口信夫(5)（國學院大学での講義，昭和23年〈1948〉）

図74　井之口章次と國學院大学民俗学研究会
（上）山形県中津川村での合宿。昭和29年（1954）7月，前列左端が郷田（坪井）洋文，後列左端が井之口章次。
（下）静岡県伊東市での合宿。昭和48年（1973）3月，前列左が井之口章次，右が小川直之。

（2）　大学教育と民俗学

ちが集団的な民俗調査を実施し『民俗採訪』という民俗調査報告書を発行しました。この民俗学研究会の活動は現在も継続しており，そこから多くの民俗学の研究者が輩出しています。

平成4年（1992）からは日本文学科に伝承文学コースという名前で民俗学を専門とするコースが設置され，平成8年からは大学院にも設置されました。その伝承文学という専攻名は，まぎらわしいのですが，学科を表す「文学」という言葉を残して，民俗学を「伝承」という言葉で代表させたもので，その2つの語の並列であって内容は民俗学専攻そのものです。一般にいうところの昔話や伝説などの意味でとらえられやすいのですが，そのような狭い意味での伝承文学コースという意味ではありません。日本文学科における民俗学つまり伝承文化研究を行なう専攻コースという意味です[43]。ですから，伝承文学コースの大学院は修士（民俗学）・博士（民俗学）の学位を授与することができる唯一の大学院となっています。現在は小川直之教授が中心となって次世代を担う民俗学研究者の育成が進められています。

東京教育大学の史学方法論教室　民俗学研究所の移転案も出た和歌森太郎を中心とする東京教育大学というのは，昭和24年（1949）4月に旧来の東京文理科大学と東京高等師範学校とをあわせて創られた新制の国立大学でした。その創設当初の文学部史学科に学科共通の講座として「歴史学」が設置されました，それが昭和27年に「史学方法論」と改称されて，新たに民俗学と考古学とを専攻する講座となりました。史学科の中に日本史学科，東洋史学科，西洋史学科とならぶ第4の教室として「史学方法論教室」が新設されたのです。はじめは教員のみで開講し学生定員はとくにありませんでしたが，そこに1学年5名の学生定員が認められて第1期生が入学したのは昭和28年のことでした。その史学方法論教室では，教授は専門が古代文化史の木代修一，助教授が東洋史出身の直江広治，助手が竹田旦でした。和歌森太郎は文学部史学科日本史学専攻の教授でしたが，史学方法論教室でも民俗学の特講や演習や実習などを担当していました。宮田登も日本史学専攻の学生でその後大学院に進み，昭和40年に史学方法論教室の助手に採用されています。史学方法論教室の第1期生は，民俗学2名，考古学3名で，第2期生は民俗学4名，考古学1名で，その第2期生の民俗学の1人に福田アジオがいました。その東京教育大学は，和歌森太

郎や宮田登に続く民俗学研究者として福田アジオをはじめ、戦後日本の民俗学を牽引する多くの研究者を生み出し1つの研究者人脈を形成しました。しかし、そこでは折口信夫や渋沢敬三の系統の民俗学はほとんど教えられることがなく継承されることもありませんでした[44]。そして、せっかく戦後の民俗学教育に貴重な歴史を残したその東京教育大学史学方法論教室は、残念ながら満20年を迎えるとともに廃止となってしまいました。東京教育大学の筑波大学移管が決まり、昭和52年度をもって大学の廃学とともに史学方法論教室もその短い一生を終えたと『東京教育大学文学部記念誌』[45]は記して

図75　和歌森太郎(3)（50歳、文学部長、昭和40年〈1965〉）
筑波移転問題に大学が大きく揺れはじめた頃

います。しかしその後、この史学方法論教室の系譜を引く民俗学教育の場は筑波大学へと移りました。学部の教育組織としての人文・文化学群に人文学類、比較文化学類、日本語・日本文化学類の3つが設けられて民俗学の教育が行なわれていきました。そして、大学院では博士課程人文社会科学研究科歴史・人類学専攻と修士課程地域研究研究科の2つで民俗学の研究者を育成し、そこから多くの研究者が巣立っていきました。宮田登の後を引き継いで現在は古家信平教授が中心となって次世代を担う民俗学研究者の育成が進められています。

柳田文庫と成城大学文化史コース　現在、民俗学を学べる大学の1つとなっている成城大学は、戦後の昭和25年（1950）に創設された新制の私立大学です。創立当初は経済学部が中心でしたが、昭和29年に文芸学部が新設され、昭和32年に「柳田文庫」が招致されます。柳田邸から大学へ膨大な蔵書を学生たちが搬入したのは9月27日と28日でした。それがきっかけとなって、翌昭和33年4月、これまでの国文コース、英文コース、芸術コースの3コースに加えて文化史コースが設置されました。そのコースの民俗学の指導の中心となったのが、それまで柳田邸での民俗学研究所の運営に貢献してきた大藤時彦（1902—90）と鎌田久子（1925—2011）でした[46]。その新コースは2年生の学生8名で出発しました。その後、昭和37年5月3日には日本民俗学会と成城大

学民俗学研究会との共催で，柳田先生米寿祝賀会が成城大学で開催されました。その年の8月8日に柳田國男は88歳で没します。そこで成城大学に依託されていた柳田蔵書が大学へ寄贈ということになり，「柳田文庫」が設立されました。民俗学が学べる文芸学部文化史コースは，民俗学，考古学，文化史の3つの専攻で出発しましたが，民俗学コースではなく文化史コースという名前にして学際協業的なコースとされました。その背景には，京都大学で西田直二郎の文化史学に学ぶところの多かった柳田の門弟の1人である平山敏治郎の進言があったといわれています(47)。そして，大学院文学研究科日本常民文化専攻民俗学専修が創設されるのが，昭和44年4月のことでした。その大学院の日本常民文化専攻は文化史コース，芸術コース，マスコミニュケーションコースの3コースからできており，昭和45年に着任した堀一郎（1910—74）によって「民俗学専修」という分野が設けられました。当時の大学院は，堀一郎，大藤時彦を中心に，交通史の新城常三，考古学の山内清男，美術史の上原和らが教育にあたり，文芸学部の民俗学は，大藤時彦，鎌田久子，それに文化人類学の野口武徳があたり，そうした新たな教育環境のもとで，多くの民俗学研究者が育っていくこととなりました。民俗学研究所の創設は少し遅れて昭和48年4月のことでした。現在は松崎憲三教授が中心となって次世代を担う民俗学研究者の育成が進められています。

図76　大藤時彦

図77　宮本常一と渋沢敬三

その他の大学からも　宮本常一（1907—81）がはじ

めて専任の大学教員，武蔵野美術大学教授となるのは昭和40年（1965）57歳のときでした。渋沢敬三邸からやっと独立して府中市内に転居するのが54歳，昭和36年のことで，渋沢が68歳で亡くなるのが昭和38年です。宮本はその大学教授の立場からと同時に学外からも学生を迎え入れて，文字通り「あるくみるきく」の民俗学[48]を後進に教えていきました。その門下から育ったフィールドワークに強い研究者も少なくありません。香月洋一郎元神奈川大学教授をはじめとして彼らは渋沢敬三のアチック・ミューゼアムの系譜を引く研究者たちといってよいでしょう。また，早稲田大学では民俗芸能の研究者として著名な本田安次（1906―2001）や後藤淑（1924―2010），また芸能研究の郡司正勝（1913―98）たちがいて，民俗学や民俗芸能の研究者を育成していきました。慶應義塾大学でも折口門下の国文学者池田弥三郎（1914―82）からは次の世代ですが，宗教学が専門で修験道研究で著名な宮家準が主に宗教人類学や宗教社会学の分野で活躍する研究者を多く育てました。関西地方では，京都大学の西田直二郎の文化史学の影響のもとに多くの文化史学者や民俗学者が輩出されましたが，同志社大学からのちに仏教大学に転じた竹田聴洲（1916―80）や関西大学の古代史の横田健一や大谷大学の五来重（1908―93）のもとからは多くの研究者が世代を継いで育っていきました。現在では仏教大学の八木透教授が中心となって次世代を担う民俗学研究者の育成が進められています。一方，このような大学での専門的な教育からではなく，柳田や折口の論文を直接読

図78　後藤　淑

図79　宮家　準

図80　竹田聴洲

むことによって啓発されて民俗学へ進んだ学生，研究者も少なくありませんでした。東京では早慶以外にも宮本馨太郎のいた立教大学，萩原龍夫のいた明治大学，また，中央大学，法政大学，大間知篤三以来民俗学の非常勤講師が継続していた東京女子大学など，そして，関西では同志社大学や立命館大学など，多くの大学出身者が民俗学研究者として育っていきました。専門の講座やコースが設けられていないのにもかかわらず，兼任講師が担当する民俗学の講義にふれて専門の道に進んだ研究者が少なくないのも民俗学の特徴の1つといってよいでしょう。また，大学や大学院のゼミでの教育以外に，みずからの調査体験の積み重ねや隣接諸学との交流の中で方法論を磨き，独自の民俗学研究の境地を開拓していった人たちも少なくありませんでした。

(3) 民俗学と文化財行政

文化財保護法と民俗文化財　民俗文化財に関する法律，文化財保護法が制定されたのは昭和25年（1950）のことです。それは前年の昭和24年の法隆寺金堂壁画の炎上事件を1つの契機として参議院の議員立法として成立したものでした。そして，文部省の外局として文化財保護委員会が設置され，昭和27年には，記念物課に民俗資料係が設けられてその主任に祝宮静，調査員に宮本馨太郎が任じられました。そして，昭和29年には，文化財保護法が改正されましたが，その要点は，第1には従来有形文化財の1部門とされていたのがまったく独立の1部門として民俗資料が位置づけられたことでした。これによって広く有形・無形の民俗資料の保護と保存がはかられることになりました。そして第2には，有形民俗資料と無形民俗資料とでそれぞれ別個の保護規定が設けられたことでした。そこで，有形の民俗資料のうちとくに重要なものを「重要民俗資料」として指定し，「重要文化財」に準じて保護し，一方，無形の民俗資料はそのうちとくに必要なものについては，文化財保護委員会が自ら記録を作成するほか，地方公共団体などの記録を補助することができるように規定されたのでした。

　文化財保護委員会は，まず昭和29年に，正月行事・年齢階梯制・中馬制・蔓橋の製作工程・ドブネの製作工程，の5件の，記録作成の措置を講ずべき無形民俗資料の選択を行ない，翌昭和30年には，おしらさまコレクション・背

負運搬具コレクション・山袴コレクション・ともど・諸手船・祖谷の蔓橋，の6件の重要民俗資料の指定を行なっていきました。そして，昭和43年6月1日の時点では，国の重要民俗資料として指定されたものが72件，記録作成等の措置を講ずべき無形民俗資料として選択されたもの30種目70件で，国によって出版されたものが18件，9冊となっていました(49)。その後も記録作成は継続され，平成22年（2010）の時点では巻末の付表2のとおりとなっています。

また，文化財保護委員会では昭和37年（1962）から3ヵ年継続の国庫補助事業として各都道府県平均30ヵ所，調査項目各20項目の全国民俗資料緊急調査を実施し，昭和40年度以降も，干拓地区・水没地区・新産都市指定地区・臨海工業開発地区・離村地区・山村振興指定地区など，開発その他によって急速に変貌する特定地区（50ヵ所）の緊急調査を実施していきました(50)。それらはいずれも日本が高度経済成長の大波，大渦の中に入って行く前の伝統的な生活に関する非常に貴重な民俗資料情報を提供しています。その膨大な情報資料はまだ活字化されておらず，各県にも文化庁にも元の記録データもしくはコピーで保存されているはずです。それらを廃棄などされてはなりません。ぜひとも文化庁をはじめ各県の文化財担当部局などの関係機関による再確認と再整理の作業が必要不可欠です。高度経済成長によって大きく変貌し廃絶していった日本各地の民俗文化の伝承情報を伝える随一の貴重な資料情報群だからです。

大学教育とは別に，このような行政の場で民俗資料の調査収集が行なわれていったことは大きな意義あることでした。そして，そこで指標とされていたのが渋沢敬三のめざした学術的で正確な民俗調査情報だったという点も重要でした(51)。

文化庁と民俗文化財　文化庁が創設されたのは昭和43年（1968）のことです。それまでの文部省の文化局と文化財保護委員会とを統合して文部省の外局として新たに設置されたもので，「文化の振興及び普及並びに文化財の保存及び活用を図るとともに，宗教に関する国の行政事務を行うこと」（文部省設置法第29条第1項）がその任務とされました。そして，民俗文化財とは何かについて次のように位置づけられています(52)。

> 民俗文化財は，物心両面における我が国固有の生活文化の推移を知り，よき伝統を後世に伝えていく上に欠くことのできないものであり，われわれ

一人一人の日常生活に密着した文化財である。しかし，それが日常茶飯事に属する風俗慣習や実用生活道具であるため，伝承者・所有者自体が文化財であるという自覚を持たない場合が多く，生活様式や生産技術の急変とともにその慣習が消滅したり，道具類を廃棄する例が多い。また，ダム工事による水没や干拓・開発事業，離村などによって根こそぎ失われる事例が急増している。埋蔵文化財や遺跡などの場合は，文化財の破壊という現実に見える事態に直面するので工事停止，発掘調査，遺跡保存等の措置がとられ保護が加えられるが，民俗文化財の場合は衰亡，変質，破壊が目に見える現実として感知されないままに，貴重な文化財が消滅してしまう。

このように述べたうえで，「<u>有形民俗文化財は，衣食住，生業，信仰，年中行事及び民俗芸能等に用いられる衣服，器具，家屋その他の物件である</u>」「飲食器，仕事着，農具，漁具等の実用道具類が多いが，これらは美術工芸品などとは異なり，他に比類のない一点限りの芸術品ではなく，一定の地域内には普遍的に存在する生活用具等であるので」「一点だけを取り上げて個体として指定するだけの価値を持たない場合が多い。しかしそれらが有機的・大系的な収集としてまとめられると，歴史的変遷，時代的特色，地域的特色，生活階層の特色，職能の様相等を如実に示す新たな包括的意義が生じ，国民生活の推移を示す貴重な資料としての価値を生じるものである」と述べています。

また「<u>無形民俗文化財は，衣食住，生業，信仰，年中行事等に関する風俗習慣及び民俗芸能である</u>」「しかし，重要無形民俗文化財の指定は，地域の人々がこれを保存し，後世に継承していけるものでなければ，その意味がないので，生活様式とともに変わる可能性の高いものや，人々の生活，信仰等を規制することとなるおそれのある<u>風俗慣習</u>はおのずから指定の対象とはなりにくく，民俗芸能や年中行事が中心となっている」と述べており，風俗慣習が無形民俗文化財の指定にはなりにくい事情も説明されています。

これらの文化庁の文章を読む限り，その背景に柳田國男や渋沢敬三が説いてきた民俗資料への基本姿勢がよく生かされ反映されており，民俗文化財をめぐる行政の重要性が適切に説かれているといってよいでしょう。そして同時に，もちろん民俗学が研究対象とする範囲のすべてを民俗文化財行政が対象とするわけではないという自明のことも了解されていることがわかります。これらの

資料情報は一定の基準のもとに蒐集整理されて貴重な研究素材となっています。高度経済成長期をはさんでそのビフォアーアフターの変遷を追跡する民俗学の研究の上でもっと活用されてよいでしょう。そこには各自治体史編纂の民俗編に記録された資料情報以上に集約的な情報が収録されています。現在の民俗調査を行ないながら同時にこれらの調査情報を活用して現代日本の生活変遷の動向を追跡確認する比較研究が若い研究者によって推進されることが期待されます。

注
（1） 昭和21年（1946）9月28日，10月5日，10月12日の毎土曜日に柳田の古稀記念の意味をも含めて靖国神社境内の旧国防館講堂で開催。その構成は以下のとおり。
　　　9月28日　関敬吾「日本民俗学概論」，池田弘子「食習の変革」，橋浦泰雄「日本家族制度」，大藤時彦「民俗学の参考文献」
　　　10月5日　和歌森太郎「再建されるべき日本歴史」，今野円助「民俗学の方法」，柳田國男「現代科学と云ふこと」
　　　10月12日　瀬川清子「婦人の地位」，牧田茂「青年の社会」，折口信夫「先生の学問」
（2） 財団法人民俗学研究所の理事は，大藤時彦，堀一郎，直江広治，牧田茂，今野円輔の5名，監事は，最上孝敬，代議員は，柳田國男，橋浦泰雄，関敬吾，最上孝敬，石田英一郎，柴田勝，和歌森太郎，瀬川清子の8名，同人が151名。
（3） 『民間伝承』第12巻8・9合併号，1948。
（4） 「民俗学研究所報21」『民間伝承』第14巻5号，1950。
（5） 『離島生活の研究』集英社，1966。のちに国書刊行会から1975年に復刻刊行。
（6） 井之口章次『歩く・見る・書く』岩田書院，1977，104頁。
（7） 『民間伝承』321・322号，1970。
（8） 『民俗学辞典』のこのような早い編纂刊行の背景には，当時日本民族学協会が進めていた『日本社会民俗辞典』への対抗意識によってであったという話も伝えられている。たしかに，翌昭和27年（1952）6月から昭和35年1月まで日本民族学協会編『日本社会民俗辞典』全4冊が刊行されていく。
（9） 鎌田久子「蓑笠―ささやかな昔―」（『民俗的世界の探求―かみ・ほとけ・むら―』慶友社，1996，同「日本民俗学会発会のころ―柳田国男の周辺―」（『日本民俗学』229号，2002）。その他，鎌田氏から直接その体験談も得ている。
（10） 『民間伝承』321・322号，1970。
（11） 和歌森太郎『日本民俗学概説』東海書房，1947。
（12） 和歌森太郎『日本民俗学』弘文堂，1953。

(13) 『民間伝承』第15巻5号，1951。
(14) 『民間伝承』第15巻6号，1951。
(15) 『民間伝承』第15巻8号，1951。
(16) 『民間伝承』第13巻4号，1949。
(17) 『民間伝承』第15巻9号，1951。
(18) この点については本書の，1―(1)の「日本民俗学は広義の歴史学」，および5―(2)の「変遷論と伝承論とを併合する視点」を参照のこと。
(19) 『歴史学研究』142号（特輯　歴史学と隣接科学），1949。
(20) 『歴史学研究』183号，1955。
(21) 柳田國男「和歌の未来といふことなど」（『定本柳田國男集』31巻，337頁）。
(22) 岡野弘彦『折口信夫の晩年』中公文庫，1977，他多数。
(23) 保坂達雄「新しい折口信夫へ」（『国文学』第51巻10号，学燈社，2006），同「言語学から古代学へ―折口学生成への道―」（『東横学園女子短期大学紀要』第41号，2007）。
(24) 「月曜通信」（『民間伝承』第11巻10・11合併号，1947），「折口君とニホのこと」（『定本柳田國男集』13巻）。
(25) 岡野弘彦『折口信夫の晩年』中公文庫，1977。
(26) 有賀喜左衛門「民俗資料の意味―調査資料論―」（『金田一博士古稀記念言語・民俗論叢』三省堂出版，1953）。
(27) 「年会に対する批判と反省」（上野勇）（『日本民俗学』第2巻3号，1955）。
(28) 関敬吾「日本民俗学の歴史」（『日本民俗学大系』第2巻，平凡社，1958）。
(29) 杉本仁「第13章　次代の日本人に」（『柳田國男伝』三一書房，1988）。
(30) 『柳田國男伝』三一書房，1988，1099―1100頁。
(31) 今井冨士雄「柳田國男の民俗学」（『成城文芸』29号，1987）。
(32) 堀一郎「柳田学の中心課題」（『学燈』1975年7月号）。
(33) 今野円輔『柳田國男随行記』秋山書店，1983。
(34) 公職追放は昭和21年（1946）5月から5年間で，その間一切の公職につくことが禁止された。追放解除後は，経団連相談役や国際電信電話公社社長などを歴任した。渋沢家も財閥解体の対象とされ，また敬三が自ら蔵相として導入した財産税のために，祖父栄一以来の東京三田綱町の豪邸も物納することとなった。その渋沢邸はのちに栄一，敬三の2代に仕えた杉本行雄の尽力によって払い下げを受けて青森県三沢市の古巻温泉に移築保存されている。杉本行雄「栄一，敬三先生の住まわれた家」（『渋沢敬三著作集　月報1』平凡社，1992）参照のこと。
(35) 網野善彦「戦後の日本常民文化研究所と文書整理」（神奈川大学日本常民文化研究所編『歴史と民俗』13号，1996〈『網野善彦著作集』18巻，岩波書店，2009〉，同『古文書返却の旅』中公新書，1999）。

(36) 越智信也「Ⅱ『漁業制度資料調査保存事業』と資料の整理・保存の経過」(『中央水産研究所所蔵文書の概要』独立行政法人水産総合研究センター中央水産研究所・神奈川大学常民文化研究所，2006)。

(37) 「祭魚洞文庫」というのは渋沢敬三がアチック・ミューゼアムを改装したさいに新たに水産史研究室を設けて，その部屋に与えた名称で，収集された水産関係の図書や資料の総称となったもの。

(38) その後，東京女子大学から宇野家に移されていた古文書類は名古屋大学から神奈川大学に移った網野善彦たちの手で引き取られ，整理返却などが行なわれていった。

(39) 網野善彦「戦後の日本常民文化研究所と文書整理」(神奈川大学日本常民文化研究所編『歴史と民俗』13号，1996〈『網野善彦著作集』18巻，岩波書店，2009〉)。

(40) 『民間伝承』第11巻6・7合併号，1947。

(41) 井之口章次『歩く・見る・書く―民俗研究六十年』岩田書院，2005。

(42) 大藤時彦「大学と日本民俗学」(『民間伝承』第4巻9号，1939)。

(43) 倉石忠彦「國學院大学民俗学研究略史」(『國學院大学大学院紀要』第41輯，2010)。

(44) 宮田登の発言「実際に我々が大学の民俗学関係の講義のなかで渋沢さんの仕事について教わるということはなかったですね。つまり，私たちは当時から柳田國男を中心とした民俗学を教え込まれてきたわけです……。また折口（信夫）さんに対しては，折口学といった存在は別格官幣社扱いでしたね。折口学に接する機会は民俗学概論のなかにはほとんどなかった」(「対談　渋沢敬三の仕事と意義」〈『渋沢敬三著作集』第5巻，付録月報5，1993〉)。

(45) 東京教育大学『東京教育大学文学部記念誌』1977。発足当時の状況については平山和彦氏からの教示を得た。

(46) 『成城学園五十年』成城学園，1967。その後の大学院開設当時の状況については鈴木通大氏からの教示を得た。

(47) 平山敏治郎「ここに傳承文化の泉湧く」(『民俗学研究所ニュース No.61』2003)。

(48) 『あるくみるきく』日本観光文化研究所・近畿日本ツーリスト，1967年創刊。

(49) 宮本馨太郎「民俗博物館建設への歩み（一）―（四）」(『民具マンスリー』第1巻3―6号，1968)。

(50) 文化財保護委員会編『民俗資料調査収集の手引き』1965。

(51) 竹内利美「渋沢敬三と柳田民俗学」(『季刊柳田國男研究』8，白鯨社，1975)。

(52) 文化庁編『文化行政の歩み―文化庁創設10周年にあたって―』ぎょうせい，1978。

5　日本民俗学の新たな出発

（1）　国立歴史民俗博物館の創設

国立民族学博物館　前述のように，白鳥庫吉や渋沢敬三らによる日本民族学会の設立は昭和9年（1934）のことで，昭和14年には東京都下の保谷村に日本民族学会附属研究所と附属民族学博物館とが設立されていました。そして，国立の民族学博物館の建設構想は，昭和15年の皇紀2600年記念事業のなかの1つとして，白鳥庫吉，石黒忠篤，渋沢敬三の3人が中心となって政府に建策する動きがありました。しかし，それは黒板勝美の国史館建設案に吸収されて実現へは至りませんでした。戦時体制下の昭和17年には文部省に民族研究所が創設され，日本民族学会とその附属研究所は発展的解消となりました。それに代わって文部省民族研究所の外郭団体として財団法人日本民族学協会が設立され，機関誌『民族学研究』と附属民族学博物館の運営とがその新しい協会にひきつがれました。その後は戦争の激化の中で，民族学協会も十分な活動はできず，多摩地区の保谷村も空襲の対象の範囲に入るなどせっかく収集された民具資料の保存も危ない状況となりました。その戦中戦後の困難な時期にあって，渋沢の要請によって民族学博物館を保守したのは，前述のように吉田三郎と宮本馨太郎の2人でした。

　戦後になると，日本民族学協会も活動を再開し，保谷村の附属民族学博物館は昭和27年には博物館法の施行とともに正式の博物館としての登録を受けました。そして，昭和29年には日本民族学協会は学会結成20周年を記念して，東南アジア稲作民族文化綜合調査を計画し，昭和39年3月までにベトナム，タイ，カンボジア，ラオスからインドネシア，インド，ネパールまで3次にわたる調査団を送って大量の資料を収集することができました。しかし，日本民族学協会の財政状態は思わしくなく，附属民族学博物館の維持運営ももはや民間の一財団では苦しくなり，標本資料一切を国に寄贈することとなりました。昭和37年には東京都品川区豊町にあった文部省学術局学術課史料館（のちの国

図81　京都大学人文科学研究所で開催された第6回日本人類学会・日本民族学会連合大会
（昭和26年〈1951〉10月27日）
左下には渋沢敬三，柳田國男が椅子に座っており，その後方右には貝塚茂樹や今西錦司も見える。中央奥には梅棹忠夫も見える。

文学研究資料館史料館）の新収蔵庫へと大量の標本資料類が移送されました。

　附属民族学博物館を手放した日本民族学協会から切り離すかたちで，昭和39年にあらためて日本民族学会が発足します。その昭和30年代から40年代初めにかけて国では総理府や文化庁を中心に明治百年記念事業として国立の歴史博物館建設の計画が進められていました。そこで，日本民族学会としても国立民族学研究博物館の設置へ向けての運動が始められました。

　明治百年に当たるのは昭和42年でしたが，昭和45年には大阪千里で世界万国博覧会が開催されることになっていました。そのテーマ館のチーフ・プロデューサーは画家で彫刻家の岡本太郎でした。岡本はフランスのパリ大学民族学科の出身で，民族学への関心がきわめて高く，テーマ館の展示の一部に世界各地の民族資料を使って過去・現在・未来の世界を表現する構想を立て，その要

（1）　国立歴史民俗博物館の創設　　195

請にもとづいて民族学者の泉靖一と梅棹忠夫の2人がそのための収集団を組織しました。その収集団は「日本万国博覧会世界民族資料調査収集団」という名で大量の民族資料の収集を行なっていきました。そして，それが国立民族学博物館の設立へと深く結び付いていきました。

　昭和42年の明治百年に先立ってその数年前からさまざまな記念事業の計画が作られましたが，その1つに国立の歴史博物館建設の計画がありました。その検討委員の1人でもあった岡本太郎は，民族学博物館の必要なことを強く力説し，歴史博物館と民族博物館を両翼に配して中央に民族学研究所を置くという案を提示しました。しかし，文部省は，民族学研究博物館はこの明治百年記念事業とは別途に構想を進めているので記念事業からは外して検討するという方針を示します。戦前の文部省民族研究所の存在がそれに関係していた可能性もあります。そうして，東京首都圏への国立歴史民俗博物館，大阪千里の万博公園跡地への国立民族学博物館の創設へとという流れとなりました。昭和45年3月から開催された世界万国博覧会が9月に閉幕すると，国立民族学研究博物館の用地はその万博公園跡地ということでかたまっていきましたが，実はその設置形態が問題でした。それまで博物館設置の根拠となる法律には2種類があり，公立・私立の博物館は博物館法で，国立博物館（上野の東京国立博物館，京都，奈良の国立博物館）は文部省設置法でした。しかし，この新たな国立民族学研究博物館はそれらとは異なる新しい国立大学共同利用機関の博物館という区分に位置づけられる方向へと展開していきました[1]。つまり，国立学校設置法にもとづく新たな第3の形態へとなったのです。その方向が現れ始めたのは昭和47年5月30日に提出された調査会議の「基本構想」のころでした。これはひじょうに大きな意味がありました。博物館でありながら調査，資料収集，研究，展示を総合的に行なう先端的な研究機関として，研究部のポストは教授・助教授・助手というまさに大学以上の恵まれた研究環境の創設へと向かったのです。

　ただし，調査会議や創設準備室の段階から使ってきた国立民族学研究博物館の仮称は，これを修正せざるを得ないことになります。それは建設予定用地が日本万国博覧会記念公園内であったためでした。建設省都市局から都市公園法にもとづく施設しか建設できない，それは陳列館であり，大学などの研究施設は不可能である，という強い姿勢が示されたのでした。

図82　国立民族学博物館の初代館長,
　　　梅棹忠夫

図83　国立民族学博物館

（1）　国立歴史民俗博物館の創設

そこで昭和48年夏ころから昭和49年1月末まで文部省大学学術局と建設省都市局との間のねばり強い長い交渉の結果,「学」は残し,「研究」ははずすという折衷案が取り決められたのでした。
　そうして,ついに国立民族学博物館の設置が法律で定められたのが昭和49年6月7日のことでした。梅棹忠夫初代館長(1920―2010)のもと,建築の一応の工事を終えて展示の一般公開がはじめられたのが昭和52年11月でした。その組織は第1から第5まで5つの研究部に10の研究部門が設けられ,それに所属する教授・助教授・助手の教官の定員が49名ほど確保されたのでした[2]。最先端の民族学の学問拠点としての恵まれた研究環境を得て日本の民族学は大きく発展し,また若い研究者もここから数多く育っていきました。そうして渋沢敬三たちの長年の念願の一部がようやくかなったのでした。

国立歴史民俗博物館　千葉県佐倉市にある国立歴史民俗博物館の建設計画が公式に決ったのは,昭和41年(1966)11月に明治百年記念事業の1つとして閣議決定された時点でした。しかし,それまでには長い前史がありました。その1つが前述のような歴史学者黒板勝美を中心とする紀元2600年記念事業の1つとしての国史館(仮称)の建設計画でした。昭和15年が紀元2600年にあたっていましたが,昭和11年に紀元二千六百年祝典評議員会が内閣に設置されると,その委員となった黒板は事業の1つとして国史館(仮称)の建設を主唱し,11月の第2回総会でそれが事業決定されました。黒板の構想した国史館は単なる博物館ではなく,日本の歴史的文化の綜合的な研究所であったといわれています[3]。その後,その国史館建設事業は文部省の所管となり,計画の具体化がはかられるとともに,建設予定地も現在の千代田区霞が関1丁目の帝国議会旧議事堂跡地に内定していたようです。しかし,事業決定直後に黒板が病に倒れたこともあり,その後は戦争の激化の中で実現することはありませんでした。
　戦後,昭和25年に文化財保護法が成立して文化財保護委員会が設置されると,歴史や文化の資源保存と活用とが要望されるようになり,国立民俗博物館設立への運動が始まりました。昭和28年10月,日本民俗学会,日本民族学協会,日本人類学会,日本常民文化研究所は,あいついで国立民俗博物館新設に関する建議書を文化財保護委員会に提出しました。同年12月には日本博物館協会も設立要望を決議するとともに,渋沢敬三たちは国立民俗博物館設立に関

する要望書を参議院に提出しました。しかし，なかなか採択にはいたりませんでした。

　大きく動き始めるのは，昭和42年（1967）に迎える明治百年記念事業の1つとしての国立歴史博物館の建設構想の提示からでした。昭和41年4月5日，総理府に明治百年記念準備委員会が設置されます。その委員となった坂本太郎は，みずから希望して事業部会に所属し，日本の歴史を一貫する国立歴史博物館の建設を主唱しました(4)。そして，その歴史博物館以外にも歴史民族博物館や民族博物館や明治記念博物館などさまざまな提案がなされていった中で，前述のように文部省は民族学研究博物館は別途に構想するので，この記念事業からは外し，日本に関する歴史民俗博物館を設置したいとの意見を提出しました。そして前述のように東京首都圏への国立歴史民俗博物館，大阪千里の万博公園跡地への国立民

図84　国立歴史民俗博物館の初代館長，井上光貞

図85　国立歴史民俗博物館

（1）　国立歴史民俗博物館の創設　　199

族学博物館の創設へという方針が固まっていきました。東京首都圏での国立歴史民俗博物館の建設用地についても紆余曲折があり難航しましたが，国や県など関係者の尽力によって千葉県佐倉市の現在地に落ち着くことになりました。

　この国立歴史民俗博物館の創設にあたっては，その設立への準備室長であり初代館長でもあった井上光貞（いのうえみつさだ）（1917―83）の努力をここに特筆しておく必要があるでしょう。その第1は，当初は文化庁所轄の附属機関として文化財の保護に資することを目的とする東京，京都，奈良にある国立博物館に近いもので，かつ調査研究をも目的とする東京の国立科学博物館と同様の形態で発足することが予定されていたのを，学術的な調査研究と資料の活用とを目的として一足先に設立されていた大阪千里の国立民族学博物館と同様な国立大学共同利用機関としての形態への変更を実現した点でした。この困難の克服はなみなみならぬ関係者の努力と理解の賜物であり，後世忘れることのできない学問への恩恵でもあります。後世に続く人たちがこれを忘れてはバチが当たるといっても過言ではないでしょう。歴史は人間一人ひとりが創るものだという迫力ある事実がそこにはあります(5)。

　井上光貞館長の特筆すべき決定の第2は，国立歴史民俗博物館という名称問題への決断でした。はじめのうちは国立歴史博物館と仮称されていたのが文化庁が担当官庁となるなかで国立歴史民俗博物館へとその仮称が変わってきていたことについて，民俗の名称を入れる入れないという問題で歴史学，考古学の委員と民俗学の委員との間での意見の対立があった状態に対して，「三学協業の理念」とその実践による新たな広義の歴史学の開拓をこの研究博物館の第1の目的でありその使命としたことでした。意見が分かれたなかで最終的に国立歴史民俗博物館の名称を決定していった井上館長の考えについて記された次の文章を引用しておくことにしましょう。

　　歴博の準備室に入っていろいろと従来のいきさつを知り，また諸方面から検討を加えていくうちに，私の考え方は少しずつ変ってきた。それは，歴博のめざすべき学問的裏付けにおいて，従来の歴史学を軸とし，一方に考古学を，他方に民俗学をふまえたような方向を考えることに積極的な学問的意義があり，それに比べると，歴博の名称問題は，大局的には，マイナーな問題であるという考えが強くなってきたからである。（中略）考古

学や民俗学のような有形・無形の"物"の調査研究にまつ広義の歴史学の形成がクローズアップされていることは明らかである。そのような学際的研究の場は，従来の学科制に束縛された大学の史学科では育ちにくいのであるが，たまたま歴博は，歴史学，考古学，民俗学の3部門の寄りあいとして構想されている。私はそのような機関こそ，三つのグループからなる館員相互の共同作業を通じて，たとえば古代史と考古学，近世史と民俗学，ないしたとえば3部門協力の民衆宗教史や，都市の歴史など，大学では形成しにくい共同研究のための日常的な場として，歴史学の一分野を形成できる，と信ずるものである[6]。

　こうして，国立歴史民俗博物館は国立学校設置法の一部改正によって，昭和56年（1981）4月14日に設置され，昭和58年3月16日に開館式典が挙行され，18日から展示の一般公開がはじまりました。しかし，残念なことにその開館を直前にして井上光貞初代館長は2月27日に急逝してしまいました。しかし，井上光貞初代館長によって蒔いておかれた学問の種子は，情報資料研究部，歴史研究部，考古研究部，民俗研究部という5つの研究部に52人の教授・助教授・助手の研究部定員が確保された[7]ことによって，その後，歴史学，考古学，民俗学の三学協業の掛け声の下に，歴史資料分析科学などの参加とともに新たな広義の歴史学の開拓へ向けて次々と大きな研究成果が蓄積され発信されていくこととなりました。とくに民俗学の研究職として国立の先端的研究機関に12のポストが得られたというのにはひじょうに大きな意味がありました[8]。柳田國男がその生涯をかけて創設した日本民俗学の研究実践への道がようやくそこに大きく開けたのでした。そして，現在は平川南館長を中心にその研究活動が進められています。

（2）　日本民俗学の新たな出発とその豊かな可能性

比較研究法と地域研究法の併行的活用　柳田國男（やなぎたくにお）が中心となり，折口信夫（おりくちしのぶ）の理解と協力，渋沢敬三の理解と支援によって創生され，いま私たちが継承発展させていきたいと念願している日本民俗学の強みとは何か，その1つは，柳田が実践的に説いた比較研究法を研磨しながら，それに加えて戦後の民俗学が磨いてきた地域研究法や個々の精密な事例分析の方法を併せ活用することによ

って，民俗の伝承論と変遷論という2つの分析視点に立つところにあります。全国的な視野に立って民俗の伝承情報を蒐集整理して比較分析すると同時に，個別事例の詳細精密な数値情報をも蒐集整理し個別分析を行なうという方法です。具体的な実践例を示さないとわかりにくいと思いますので，ここに小さな実践例の1つを紹介しておきます。研究者ごとに多くの実践例があるのですが，ここでは自分の例をあげておきます。冒頭の1の(3)でもふれておきました両墓制に関する研究事例です。

　比較研究法におけるもっとも重要な作業は，同類の事例情報を全国規模で蒐集整理することです。そこから得られるのは，両墓制の場合，その　(1)分布状態，(2)多様な変化形・ヴァリエーションの存在状況，についての情報です。まず先行研究と報告資料をもとに知られるのが，近畿地方に濃密で，中国四国地方や中部関東地方には特殊な分布状況が見出されるのみ，そして東北地方や九州地方にはほとんどみられない，という情報です[9]。数多くの対象事例に対しては自らの分析視点による情報の蒐集整理が必要であり，可能な限り自分の実地調査が必要です。活字化された報告資料はやはり二次的な参考資料でしかありません。自分の足でつかんだ一定程度の分量の情報蒐集から指摘できるのが，(1)石塔という要素が中世末から近世以降に普及してきた仏教的供養装置であるという位置付け，と，(2)その普及以前からの旧来の埋葬墓地の存在，です。そして，その埋葬墓地に対する新しい石塔という要素の付着の仕方には，図86にみるような5つのパターンがあることが判明します。そして，それらは大別して，無石塔墓制，両墓制，単墓制の3つのタイプに分類されます[10]。

　そこで，次に両墓制の濃密な分布をみせる近畿地方の墓地と，両墓制の分布がみられない東北地方や九州地方の墓地との両者の比較を行ないます。すると，両者の墓参習俗の決定的な差異が浮かび上がってきます。お盆にもまったく墓参をしない近畿地方の事例と，さかんに墓参をして墓地で飲食までする東北地方や九州地方の事例，という大きな差異です[11]。そこで，あらためて注意してみると，前述のように，奈良時代から平安時代前期までの「六国史」などの古代の文献によれば，近畿地方においても古く8世紀から9世紀には家の近くもしくは一定の選定された場所に墓地を設けて墓参したり墓の側に庵を設けて死者のために籠っていたりする習俗がさかんにみられたことがわかります[12]。

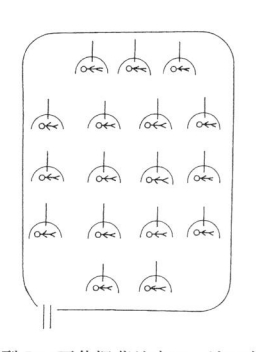

類型Ⅰ＝死体埋葬地点に一連の墓上装置を施すだけで石塔は建てない。
（事例―奈良県高市郡高取町寺崎）

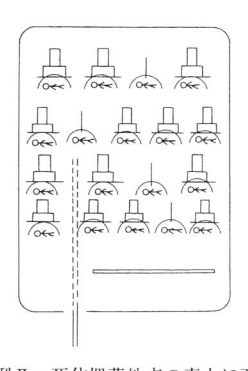

類型Ⅱ＝死体埋葬地点の真上に石塔を建てる。
（事例―京都府北桑田郡京北町高野）

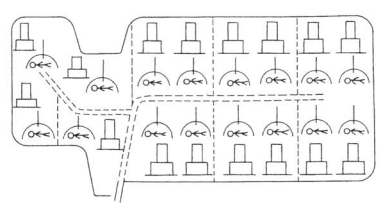

類型Ⅲ＝死体埋葬地点のそばに少しずらして石塔を建てる。
（事例―京都府北桑田郡京北町細野宮之辻）

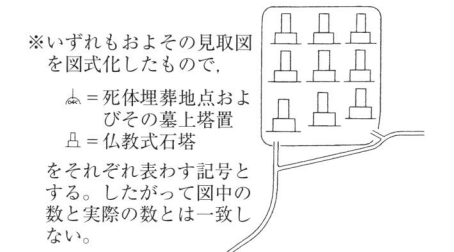

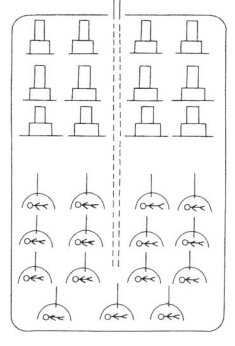

※いずれもおよその見取図を図式化したもので，
⚰ ＝死体埋葬地点およびその墓上塔置
🗿 ＝仏教式石塔
をそれぞれ表わす記号とする。したがって図中の数と実際の数とは一致しない。

類型Ⅳ＝死体埋葬地点から全く離れて石塔を建て墓域が死体埋葬の区画と石塔建立の区画との両区画に二分されている。
（事例―香川県三豊郡仁尾町南草木）

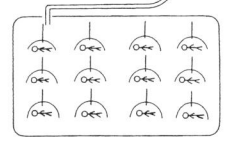

類型Ⅴ＝死体埋葬地点とは全く離れて石塔を建て，死体埋葬の墓地と石塔建立の墓地とが完全に隔絶して別々になっている。
（事例―京都府綴喜郡田辺町打田）

図86　埋葬地点と石塔の立地関係

（2）　日本民俗学の新たな出発とその豊かな可能性　　203

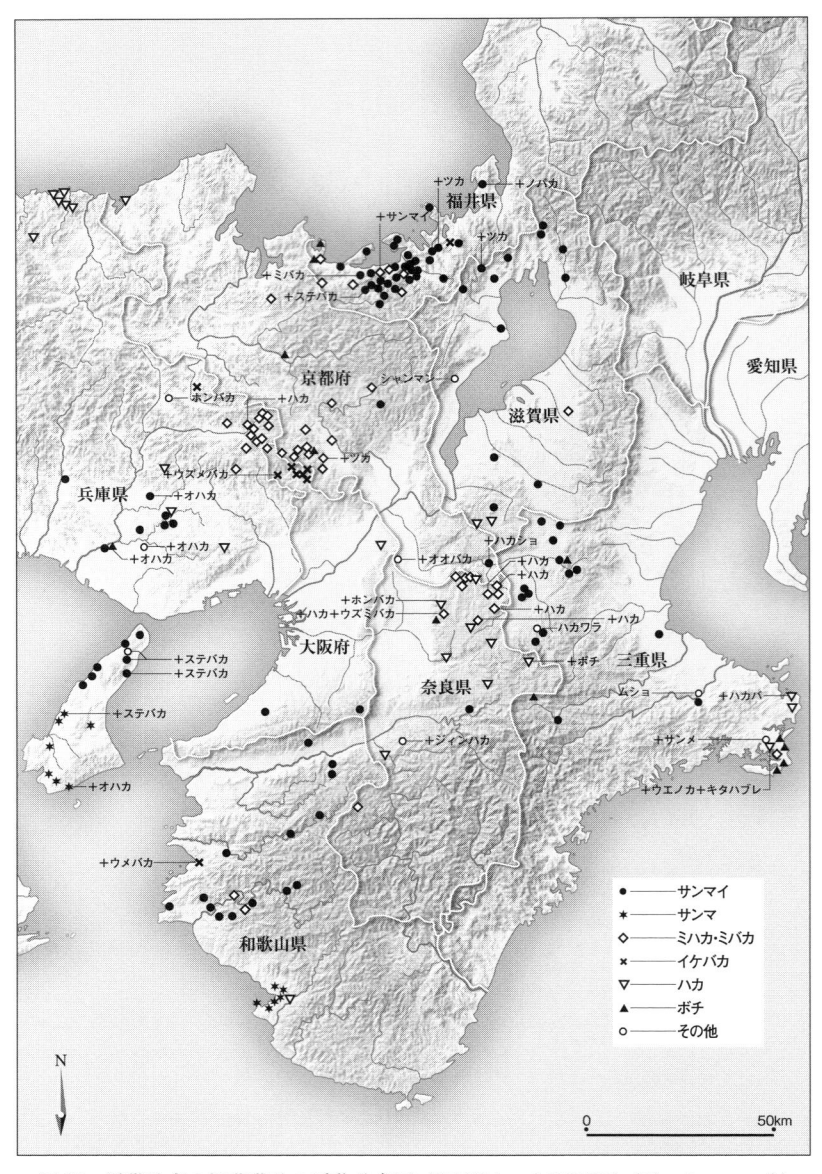

図87　近畿地方の埋葬墓地の呼称分布図（作図協力＝白砂昭義氏〈ジェイ・マップ〉）

それが9世紀後期から10世紀にかけての摂関政治の確立期を画期とする平安貴族の触穢思想の高揚とともに，墓地が死穢の充満する忌避すべき場所へと変わっていったこともわかります[13]。つまり，両墓制を成立させている極端な死穢忌避の観念は，人類一般に共通している死穢忌避観念ではなく，平安貴族の触穢思想の形成とともに歴史的に形成された特殊な死穢忌避の観念であることが判明します。そして，そこに近畿地方に濃密な両墓制の分布の理由があることが理解されてくるのです。

　柳田に学ぶ比較研究法はこのように全国規模での民俗情報の蒐集に努めますが文献資料情報をも活用します。そして，民俗情報を歴史情報として読み解くのです。そのもう一つの例を墓地の呼称から説明してみます。図87は両墓制の埋葬墓地の呼称について調べてみた分布図です。サンマイは念仏三昧に由来する語と考えられますが，平安末期の『百錬抄』や鎌倉時代の日蓮書状「妙法比丘尼御返事」などに墓地の意味で用いられている例があります[14]。それらは石塔建立の風習がみられるようになる中世末から近世前半期よりもずっと以前のことです。それに対してミハカというのは身の墓という意味で，両墓制が成立してから埋葬墓地と石塔墓地とを区別する呼称の必要性が生じたのちに作られた語です。その古いサンマイと新しいミハカとがみごとに柳田のいう方言周圏論に合致する分布を示しているのです。柳田の民俗学の構想を伝言ゲーム的に否定してきた戦後日本の民俗学には大きな視野狭窄があったのではないでしょうか。批判するにしても継承するにしても自らの原典確認と現地確認とが必要不可欠なはずです。日本の民俗学はその原点から再出発すべきです。

　ただし，柳田だけが唯一無二の民俗学の先駆者ではありません。渋沢敬三の説いた固有名詞と数値を大切にする民俗学であることも重要です。そこで，比較研究法と併用されるべき方法が，地域研究法による精密な事例研究です。緻密なケーススタディーです。両墓制も現在の景観だけからではその歴史的民俗的意味はわかりません。具体的な埋葬習俗の調査確認と石塔建立の歴史的追跡確認とが必要です。表18は，奈良県の山間部の吐山という村落における墓地の設営と石塔建立を数値的に確認してみたものです[15]。春明院墓地とドサカ墓地とは両墓制の事例ですが，景観上は下方の寺堂近辺に石塔墓地が設営されており上方の山の斜面に埋葬墓地が広がる両墓隣接型です。この吐山という集

表18　10年ごとの石塔の建立数の追跡整理

	1600						1700													
	4	5	6	7	8	9	1	2	3	4	5	6	7	8	9	1	2	3	4
春明院	2		1	4	1		1	1		2		1	1	2	3	1		1	2
ドサカ			1						1		1	3	5	8	7	8	6	7	8	5	13
ムシロデン												1	1	1	1	4	1	3	5	5
仏法寺							1		1				1	1		5	1			2
地蔵院		1											1			1	3	3	1	1
コフケ				1												1	1	3	1	1
草尾家												1	2		2		1	2		1	3
田町マエ				1								1		1	1	4	2	2	2	3
田町インノウ																				
田町オクガイト															1					4
小計	2	1	4	4	1	0	0	1	2	1	3	3	7	9	14	13	24	15	19	19	30

	1800										1900									
	5	6	7	8	9	1	2	3	4	5	6	7	8	9	1	2	3	4	5
春明院		1	3		1		2	1	1	2				1		4			1	1
ドサカ	7	12	9	4	6	7	5	9	8	6	9	8	8	10	15	10	17	10	13	12	5
ムシロデン	1		6	2	4	2	3	4	4	1	9	3	2	7	4	7	3	5	7	5	4
仏法寺	2	1	2	2			4	2	2	3	2	9	4	4	3	7	8	7	9	11	4	5
地蔵院	1		3	4	3	2	2	2	2	3	2	9	4	4	6	4	3	12	12	11	8	12
コフケ	1	1			1											1					
草尾家	1		1	1							1	1			1	2	1	2	2	3	2
田町マエ			4	4		2	1	2	1		1	2	1	2		3	3	1	3	6	2	6	3
田町インノウ			1			1			1	1			1			1	3	1	1	2	4
田町オクガイト	1							1			2	1	1		4	1	4	4	12
小計	14	26	25	16	16	13	20	21	16	27	26	19	30	27	34	43	52	50	54	62	19

	2000				年記計	無年記計	総計
	6	7	8	9			
春明院		1	1	1	44	33	77
ドサカ	7	2	2	2	275	165	440
ムシロデン	4	2	2	5	121	35	156
仏法寺	2	3	3	1	102	47	149
地蔵院	5	7	6	5	144	26	170
コフケ			1		14	86	100
草尾家		1		1	27	12	39
田町マエ	1	4			68	67	135
田町インノウ	1	1	2	4	26		26
田町オクガイト	5	1	6	4	61		61
小計	25	23	22	23	0	875		1,353

表19　石塔に記されている人物・墓籍簿から見出せる人物

	石塔基数	人名照合	割　合	墓籍簿	石塔あり	割　合
春明院・セノコタニ	7	2	28.6%	184	2	1.0%
ドサカ	67	50	74.6%	329	59	17.9%
ムシロデン	27	18	66.7%	142	21	14.8%
地蔵院・コフケ	56	44	78.5%	211	62	29.3%
仏法寺・ババヲ	38	15	39.5%	110	19	17.3%
田町マエ	20	10	50.0%	41	13	31.7%
田町インノウ	13	8	61.5%	58	12	20.7%
田町オクガイト	38	30	78.9%	120	36	30.0%
草尾家	10	8	80.0%			

注　とくに注目されたのは，生まれたばかりや生後1年未満の乳幼児のための石塔が多いという点。

落では，その春明院墓地で16世紀後期にこの地の土豪の石塔が建てられ始めるのが最初期で，その段階ではまだ一般の家では石塔の建立は行なわれていません。春明院墓地ではその後もあまり石塔の建立は増加していません。ドサカ墓地の方では1660年代以降に石塔建立が進んで近現代へと至っています。現在もっとも典型的な両墓制の景観を示しているのは，1つはまったく石塔の建てられていないババヲの埋葬墓地に対応する仏法寺の石塔墓地です。もう1つは表18のなかのコフケの埋葬墓地に対応する地蔵院の石塔墓地です。いずれも1700年頃から石塔の建立が始まりますが，その当時はコフケの埋葬墓地にも地蔵院にも併行して石塔が建てられています。石塔建立がコフケではなく地蔵院に集中し始めるのは1800年以降です。また，ムシロデン墓地は現状としては埋葬墓地に石塔が建立されており単墓制の典型的な景観を示しています。しかし，明治初年から昭和30年代までの死亡者リスト，墓籍簿で確認してみます。その死者一覧に見出される死者の名前と石塔に刻まれている名前とを照合してみます。すると，このムシロデン墓地には埋葬されていない人物の石塔が少なくないことがわかってきます。つまり，現在の景観からみれば，この吐山の墓制は両墓制と単墓制とが併存している事例として把握されるのですが，民俗学が本来あるべき歴史的な変遷論の立場に立つならば，そのような単純な印象的な把握で止まってはならないということが思い知らされるのです。

　近畿地方村落の歴史における特別な死穢忌避観念の展開という歴史視界を開

表20　5歳以下の乳幼児や子供の死亡者数とその割合

墓地	期間	妊娠中	1年未満	2年未満	5年未満	7年未満	10年未満	計	被埋葬死者数	割合
春明院墓地	1889年—1945年の57年間	26人 約17.2%	45人 約46.3%	6人 約51%	9人	0人	0人	86人	155人→151人	約57%
ドサカ墓地	1885年—1945年の61年間	41人 約14.7%	44人 約30.5%	11人 約34.1%	14人	3人	2人	135人	286人→278人	約48.5%
ムシロデン墓地	1890年—1945年の56年間	24人 約19.6%	24人 約39.3%	2人 約40%	2人	1人	1人	54人	123人→122人	約44.2%
ロフケ墓地	1885 1897年—1945年の49年間	25人 約16.7%	26人 約34.2%	6人 約38.2%	6人	2人	2人	67人	152人→149人	約44.9%
ババヲ墓地	1886年—1945年の60年間	17人 約19.3%	22人 約44.3%	2人 約46.6%	0人	2人	0人	43人	88人→88人	約48.8%
マエ墓地	1886年—1945年の60年間	2人 約5.2%	12人 約36.8%	2人 約42.1%	4人	0人	0人	20人	40人→38	約52.6%
インノウ墓地	1888年—1945年の58年間	8人 約15.4%	9人 約32.7%	3人 約38.6%	2人	1人	0人	23人	52人→52人	約45.2%
オクガイト墓地	1886年—1945年の60年間	24人 約22.8%	15人 約37.1%	3人 40%	5人	0人	0人	47人	107人→105人	約44.7%
ドノニシ墓地	1886年—1945年の60年間	18人 約18.3%	19人 約37.7%	5人 約42.8%	5人	2人	0人	49人	100人→98人	50%

いてくれるなど，これまで有効に機能してきた両墓制と単墓制という概念ですが，それをいったん相対化してあらためて，日本の長い埋葬習俗の歴史の中に石塔という新たな要素が時代ごとに定着し機能してきたその展開史をとらえなおしていく，という新たな視界が開けてくるのです。そして同時に，高度経済成長期を経てすでに約30年，現在ではその近畿地方の村落においても長い歴史を刻んできた土葬の習俗が消滅し新たな火葬が急速に普及してきています。その眼前の変化とその動態についての直接調査の歴史的チャンスがいまこそ現場にあるのです。現在の民俗学にとって，伝統と変化という日本列島各地で展開している眼前の多くの事実を見逃してはならないでしょう[16]。

　なお，表19・20はこの吐山における明治初年から昭和30年代までの墓籍簿に見出される人名と石塔に刻まれた人名とを照合してみた結果の一部を示すものです。ここで注目されるのは，(1)石塔が建てられた死者というのはわずか10％台から30％台にすぎないということ，(2)石塔が建てられたのは多くが乳幼児であったということ，(3)乳幼児の死亡率が非常に高く40％から50％近いものであったということ，などです。「七つ前は神の子」などといって乳幼児には大人並みの葬送は行なわれず石塔など建てない，などというこれまでの民俗学の通説は，この事実だけからでも崩れていきます。また，柳田が「葬制の沿革について」[17]でも言及しているように，葬送墓制の歴史や民俗の研究の上で墓標や石塔という要素がいかに狭い範囲の事実しか知らせてくれない資料であるかということも痛感されます。やはり，渋沢敬三の提示した数値と固有名詞を重視する民俗学に立ちかえることこそが，次世代を担う若い研究者たちにとって，いまもっとも重要であるといってよいでしょう。

変遷論と伝承論とを併含する視点　日本の民俗学の基本は広義の歴史学ですが，柳田國男や折口信夫の民俗学は，単に広義の歴史学にとどまるものではありませんでした。前述のように，堀一郎はそれを，文献史学を超えるような文化歴史科学と表現していました。時代の変遷による民俗の変遷を，地方ごとに見出せる伝承情報の差異に注目しながら，日本各地の立体的な生活文化史を再構成しようとするものであり，同時にその民俗伝承の中に含まれている中核的なメッセージを読み解こうとしていたのです。そうして発見されたのが，「ハレとケ」「神去来と依り代」「常世とまれびと」などの抽象化された分析概念で

あったわけです[18]。あとにつづく私たちも日本の民俗学として新たにどのような概念が発見できるかに努めたいものです。これも具体的な実践例を示さないとわかりにくいと思いますので，自分の身近かな小さな実践例を紹介しておきたいと思います。冒頭の1の(3)でもふれておいた「ケガレ・カミ」論と，それに関連する道祖神の民俗信仰の歴史についてです。

図88 丹塗りの道祖神

図88は，菅江真澄（すがえますみ）も見た可能性のある秋田県下の路傍の丹塗りの道祖神の一種です。柳田に学ぶ視点からすれば，この民俗事例との比較の意味から，10世紀の『小野宮年中行事』（藤原実資〈957―1046〉著）にみえる「天慶元年（938）九月一日外記云」とある「道饗祭事」の「近日東西両京大小衢　刻木作神　相対安置　凡厥體像髣髴大夫　頭上加冠鬢邊垂纓以丹塗身　成緋衫色　起居不同　遞各異貌　或所又作女形　対大夫而立之　臍下腰底　刻絵陰陽　搆几案於其前　置坏器於其上　児童猥雑　拝礼慇懃　或捧幣帛　或香花　號日岐神　又称御霊　未知何祥　時人奇之」[19]という記事が想起されます。そこで，「人形道祖神」という概念を作って日本各地の路傍の神々の調査を進めた神野善治が収集した資料情報および大島建彦や倉石忠彦の論考，その他の情報[20]を参照すれば，路傍の道祖神の類については，次のような点が指摘できます。

(1)藁人形の類と石像の類とがある，(2)藁人形の類は新潟県から東北地方にかけて多くみられ，正月などを機に毎年作りかえて村境の路傍に立てておき，村を疫病や厄災から守るものとするタイプが多い，(3)石像の類は群馬，長野，山梨，神奈川，静岡など関東地方から中部地方の各県に多く，近世以降の造立になる，(4)藁人形でも石像でも焼くタイプと焼かないタイプとがある，(5)新潟県下から長野県下，静岡県下へかけての一定の地方に藁人形の場合も石像の場合も共に，村人を疫病や厄災から守るために小正月の行事で焼くという事例が分布している，(6)石像の場合にはその中間的なタイプとして灰を塗るタイプと柴を供えるタイプとがある，灰を塗るというタイプは，新潟県，静岡県，愛知県，

岐阜県など中部・東海地方に，また岡山県，鳥取県，島根県，山口県など中国地方にも少しずつその分布がみられる，(7)道祖神にまつわる伝説として兄妹婚や父娘婚という近親婚禁忌の伝承があり，兄妹婚は群馬，長野，岐阜の各県を中心にその外延部の栃木，新潟，富山，静岡，愛知の各県の一部にその分布が見られる，また，九州北部の福岡，大分，長崎，熊本の各県では兄妹婚は一部のみで父娘婚の伝承が圧倒的に多い，などです。

　これらの事実を民俗の変遷論の視点から考えるならば，10世紀の平安京で流行した丹塗りの男女双体の路傍の神，それは岐神とか御霊とも呼ばれて疫病や災厄から人びとを守る神としての信仰を集めていたものであったのが，時代の流れの中で地方へも伝播して東北地方から関東地方や中部地方の各地に，その歴史的な変化の跡を示すかのようなかたちでさまざまな展開例を生み出しながら伝承されている，という歴史情報として整理分析できると思います。近親婚禁忌や性欲の強調などについても，『宇治拾遺物語』やお伽草子の『和泉式部』や『子安物語』，また『新猿楽記』や『遊女記』などの語る道命阿闍梨と和泉式部の伝説や道祖神の伝説などが絡み合って作られた話が，その語り手を得て変形を重ねながら，東西へと広まっていったその過渡的な状態を伝えているという可能性も浮かび上がってきます。今後さらにより多くの資料情報の蒐集と整理の必要性が広く共有され実践されていくならば，道祖神の類が民俗として発信している歴史世界がその比較研究によってあぶり出しの絵のように浮かび上がってくるにちがいないと予想されます。

　一方，この道祖神について伝承論の視点から考えるならば，その根強い伝承性の意味について考えることになります。そこで，道祖神の特徴として指摘できるのは以下の点です。

　(1)男女ともに性器が強調される神である，(2)道祖神の由来譚として多く語られているのが兄と妹との近親婚の禁忌とその違反という話である，という点です。この性器の強調については，民俗の伝承事例群は２つのタイプに分類できます。第１は，田の神祭りの類に登場する類感呪術的な意味づけです。性器から連想される生殖と生産と豊穣への祈願です。第２は，この道祖神の類のように性器のもつ汚穢性と生殖力という両義的な特徴から連想されるきわめて象徴性に満ちたメッセージです。それは，近親婚禁忌を犯すという強烈な罪穢れと

しても表現されています。ここに発せられているメッセージとはまさにケガレの逆転のメカニズムだといってよいでしょう。つまり，この民俗伝承から抽出できるのが，冒頭の1の(3)でも指摘しておいた「ケガレ・ハラヘ・カミ」のメカニズムであり，「ケガレ・カミ」という概念です[21]。

柳田や折口に学ぶ日本の民俗学は，こうして民俗の変遷を追跡するとともに，民俗の発信しているメッセージを読み解くのです。そこに，日本民俗学の独創性があるといってよいでしょう。

高度経済成長と生活変化　柳田國男や折口信夫が体験しなかった生活の大変化，それが戦後日本の高度経済成長です。柳田の『明治大正史世相篇』につづく新たな現代民俗学の研究が求められています。ここに国立歴史民俗博物館での2つの実践例を紹介しておきましょう。

1つは，1997年度（東日本）と1998年度（西日本）の2年度にわたって全国計60人の委員を委嘱して実施した共同調査の成果報告書『死・葬送・墓制資料集成』（東日本編1・2，西日本編1・2，総計2000頁）です。それは1960年代の死・葬送・墓制の実態と1990年代のそれとを，同じ家もしくは同じ地区の具体的な葬儀の事例に即して2つの時代の間の変化を含めて詳細に記録し把握をしておこうというものでした。その活用の一環として『葬儀と墓の現在』[22]などがあります。そこでは以下のような事柄が具体的な事実をもとに裏づけられました。(1)かつての自宅での死から病院での死へ[23]，血縁的関係者と地縁的関係者を中心とした近隣同士の相互扶助的な葬儀から葬儀社やJAなど業者の提供するサービスによる葬儀へ，つまりこの時期に起こった大きな変化とは「死と葬儀の商品化」であった，(2)昭和40年代（1965―75）が列島各地における公営火葬場の建設による土葬から火葬への一大変化の時期であった，そしてそれにより土葬にともなう墓穴掘りや墓上装置やさまざまな禁忌などの伝承が消失していった，(3)遺体処理の簡便化，清めの作法など多くの儀礼の省略化，米や酒など飲食物の位置づけの変化等々とともに，人びとの意識の変化も進み，死霊畏怖や死穢忌避の観念の希薄化と，その一方で死者は個人としての記憶と記念の対象と位置づけられるようになってきている，などです。そして，民俗学というのは柳田國男が何度も強調していたように，全国規模の情報収集のためにおおぜいの研究者の共同作業の必要な学問であること，また，新たな都市

型社会における核家族とその成員の老いと死と葬送のあり方に対する人びとのこれからの新たな対応動向に対する観察と分析とが現在の民俗学には眼前の最重要課題であること，もちろんその場合も日本各地のおおぜいの研究者の協力が大切であることなどが確認されました。そしてその後，高度経済成長期以降の生活変化は，いまさまざまな波状と時差とを含む展開を見せており，死・葬送・墓制の民俗の変化はむしろその後の 2000 年以降に急速に大幅に起こっていることがあらためて自覚されてきています。骨葬，直葬，通夜式・葬儀式・告別式，等々かつては存在しなかったような方法や儀式が伝承の変化形として生まれてきており，それと同時に JA その他の業者による葬祭ホールの全国的規模での建設とその利用拡大など，眼前の大きな変化に対して，現在の民俗学ではさらに追跡的な調査研究が進められているのが現状です[24]。

　もう1つは，国立歴史民俗博物館で 2010 年 3 月にオープンした第 6 室「現代」における「高度経済成長と生活の変貌」というコーナーに向けての研究準備をも兼ねて 2007 年度から 2009 年度にかけて実施した基幹研究「高度経済成長と生活変化」です。そのコーナーは民俗学の分野が担当しているものですが，関沢まゆみ教授が中心となって多くの人たちの協力のもとに資料情報の収集と展示へと結びつけたものでした。研究論文集としての成果報告書は 2011 年に刊行予定ですが，それは歴博創設の理念にそって民俗学と歴史学や自然科学その他との学際協業による成果です。それによってたとえば経済史学では当然，1955 年から 1973 年の第 1 次オイルショックまでの 18 年間を高度経済成長期ととらえてその原因や結果について集中的に分析するのですが，民俗学ではその後も波状的に現れる生活現場の構造的な変化を継続的に追跡し続けながら同時代的に分析を進めていく視点に立つ，というたがいの相違点や対照性などが確認されて，学際的な協業の意義あることが確認されています。もちろんそこでは単なる衣食住などの生活変遷史を追うというだけではなく，それをもたらす政治や経済，ポリティクスやエコノミーの力学をも射程に入れるという民俗学の視点が用意されています。

　高度経済成長による生活の大規模変化に対する民俗学の対応方法として重要なのは，ビフォアーアフターを丹念に観察分析するという視点と方法です。高度経済成長期の技術革新や燃料革命に始まり，その後グローバル化やバーチャ

図89　福島県南会津郡の只見川電源開発により湖底に沈んだ田子倉集落

図90　田子倉での生活風景
熊狩りや川漁や山菜取りなど山村の生活が営まれていた

図91　急ピッチで進められたダム建設工事（昭和34年〈1959〉頃）

図92　昭和37年（1962）に竣工した東京北区の赤羽台団地
戦後復興から高度経済成長へという経済動向の中で人口の大都市集中化が進み，昭和30年（1955）には住宅公団が設立されて住宅団地の整備が進められた

（2）　日本民俗学の新たな出発とその豊かな可能性

図93　赤羽台団地の家族

図94　赤羽台団地のダイニング・キッチン

表21　昭和30年代から昭和40年代にかけての衣食住の変化

	衣		食			住				
	電気洗濯機	ミシン	電気冷蔵庫	電気がま	電子レンジ	扇風機	石油ストーブ	ルームエアコン	ガス湯沸かし器	応接セット
昭和33(1958)	24.6	64.2	3.2	9		22.6				9.4
昭和34(1959)	36.7	68.1	9.7	23.5		34.1				14.7
昭和35(1960)	40.6	69.5	10.1	31		34.4				15.5
昭和36(1961)	50.2	74.1	17.2	41.8		41.9	7.7	0.4		12
昭和37(1962)	58.1	75.8	28	48.4		50.6	15.2	0.7		14.4
昭和38(1963)	66.4	79.1	39.1	52.9		60.6	28.6	1.3		15.9
昭和39(1964)	72.2	80.3	54.1	55.7		67.4	40.6	1.8		16.5
昭和40(1965)	78.1	83.9	68.7	58.3		77.3	49.9	2.6		18.8
昭和41(1966)	81.8	82.4	75.1			79.1	57.3	3.2		19.1
昭和42(1967)	84	83.6	80.7			80.9	62.6	4.3		21.1
昭和43(1968)	86.7	84	84.5			82.7	69.4	5.6	26.5	21.3
昭和44(1969)	89.8	85.4	90.1			86.9	75	6.5	33.9	22.5
昭和45(1970)	92.1	84.5	92.5			88.5	82.2	8.4	42.7	26.1
昭和46(1971)	94.3	84.4	94.5			88.7	83.9	10.2	52	27.1
昭和47(1972)	96.3	84.8	93.5			91.7	85.3	13	56.4	27.7
昭和48(1973)	97.3	85.3	95.6			93.4	87.8	16.5	62.1	28.8
昭和49(1974)	97.6	83.7	97		12.4	94.4	89.1	15.1	66.5	30.3
昭和50(1975)	97.7	84.8	97.3		16.5	95.1	87.5	21.5	70.7	32.9

	住			娯楽					そのほか(移動手段)	
	電気掃除機	ステンレス流し台	食堂セット	白黒テレビ	カラーテレビ	ステレオ	ピアノ	カメラ	乗用車	スクーター・オートバイ
昭和33(1958)				10.4			1.3	38.5		
昭和34(1959)				33.5			1.8	44.3		9.4
昭和35(1960)	7.7			44.7			2	45..8		9.6
昭和36(1961)	15.4		6.2	62.5		3.7	2.7	49.2	2.8	13.5
昭和37(1962)	24.5		9.9	79.4		7.2	3.3	51.8	5.1	14.8
昭和38(1963)	33.1	12.4	13.7	88.7		10.8	3.7	56.4	6.1	15.6
昭和39(1964)	40.8	17	16	92.9		13.4	4.1	58	6.6	16.6
昭和40(1965)	48.5	24.2	19.7	95		20.1	5.8	64.8	10.5	18.1
昭和41(1966)	55.3	28.8	20.2	95.7		23.9	6.9	65.8	13.5	18.2
昭和42(1967)	59.8	31.6	23.9	97.3		25.8	6.8	67.4	11	17.2
昭和43(1968)	63	37.6	26.2	97.4	6.7	28.9	7	66.4	14.6	19.7
昭和44(1969)	70.3	43.2	28.3	95.1	14.6	32.5	7.9	69.8	18.6	17.8
昭和45(1970)	75.4	49.1	32.7	90.1	30.4	36.6	9.1	72.1	22.6	18.7
昭和46(1971)	79.9	52.9	34.5	82.2	47.1	38.7	9.4	74.7	25.8	16.9
昭和47(1972)	85.2	60.5	37.1	75.1	65.3	44.9	11.3	76.8	29.3	15.9
昭和48(1973)	88.8	66.9	40.1	65.5	77.9	48.5	11.7	77.7	34.5	14.9
昭和49(1974)	91.5	71.1	44	56.2	87.3	50.4	12.7	79.4	37.6	15.9
昭和50(1975)	93.7	74.6	46	49.7	90.9	55.6	14	82.4	37.4	15.5

注　経済企画庁『消費者動向予測調査結果報告書』各年をもとに作成。普及率各数値(%)は都市部のもの。

ル化が加速度的に進んでいる現代社会におけるアップテンポな生活変化を前にして，民俗学は何ができるのか，その有用性と存在意義をみずから考えようという視点です。それは，高度経済成長期以前の伝統的な生活の中には存在しなかった生活便利品，古くはテレビや洗濯機，今ではパソコンや携帯電話など，柳田や折口の時代には存在しなかった生活用具や，生活環境のあり方を前にして，技術と意識の伝承と対応とが，個々の現場的にまた列島規模的にどのようになされているのか，へと注目する視点です。新しく生まれ定着してきている歳時習俗や娯楽芸能などにももちろん注目して，その社会現象の意味を読み解きながら，それだけでなくビフォアーアフターの歴史的展開に向かって分析の眼を注ぐのです。そして，文化人類学や社会学や現代史の分野の研究者との交流により，民俗学の独自性，独創性を具体的な研究成果によって提示していくことが大切です[25]。

学際化と国際化のなかで　柳田國男の民俗学が基本的に学際的で国際的なものであったことを，明確に伝えているのは大藤時彦の言葉です[26]。それをここに引用しておきます。

「最近数多く発表されている柳田國男論の中には２つの大きな間違いをおかしているものがある。その１つは柳田先生が文献を排撃したということで，民俗学が文献史学を否定したかのように考えるものである。これはとんだ間違いで，柳田先生ほど多くの文献に目を通した人はそうないと思う。たとえば「大日本史料」とか，「大日本古文書」などという大部のものの既刊分を全部通読してカードをつくっている人は史学者の中にもそんなにないと思う。先生がいつも言われたのは，常民の生活史などには文献のみでは判明しないものがあるので，そこに民俗学の働く部門があることを主張されたのである。

それからもう１つは，柳田先生が反西洋の態度をとられたといわれていることである。これもどういうことを言っているのか私にはわからない。柳田先生がどれだけ多く外国の書物を読まれたかは，柳田文庫に所蔵されている書物を見ればすぐわかることである。本によっては２回も３回も通読されたものがある。先生はわれわれに対していつも外国の書物を読むことを奨められた。ただ先生の注意されたのは，外国の学者の説をそのままにとって日本の事実にあてはめ，外国の学者のあげた事柄に対して日本にも同様のことがございますとい

うだけでは腑甲斐ないことではないか，日本のような経験を持った文明国は世界にそう多くはないはずである．日本人が持ち伝えてきた経験には外国人のまだ気のつかないことがあり，外国の学者の説にも訂正するに足るものがあると思う．日本の学者の任務としてそういう点をよく考えてみなければならないということを強調されたのであった」．

　このような柳田の文献史料への通暁と歴史世界へのあくなき追跡，そして欧米発信の新しい学問情報への通暁とあくなき追跡，この両者はいまもこれからも日本の民俗学がもっとも継承すべき姿勢だといってよいでしょう．自宅の書斎を開放して郷土研究所や民俗学研究所を設置し民俗学の研究者を育成しようとした柳田や，はじめて大学に民俗学の講座を設けて後進の育成に力を注いだ折口や，またみずから率先して国立の民族学や民俗学の研究機関としての博物館の設立に向けてその熱意を実践的行動として傾注しつづけた渋沢という3人にとって，それこそ国立歴史民俗博物館や国立民族学博物館は彼ら自身の在世中にその眼で見ることはできませんでしたが，まさにその夢の実現でした．そのような国立歴史民俗博物館という恵まれた研究環境を与えていただいて，いつも恐縮しながら私もその先学に感謝しつつ，ほんの小さなものではありましたが学際的なしごとと国際的なしごとに挑戦してみました．歴史学との学際的なしごととしては，近世史研究との交流で中世以来の由緒を伝える旧家の歴史と伝承とを民俗資料とともに古文書や位牌や墓石などの資料調査によって追跡する方法の試論[27]や，また古代王権論に関連して折口信夫の古代研究と歴史学の古代史研究との協業の可能性をめざした鎮魂祭をめぐる試論や，伊勢神宮や出雲大社の創祀という問題に取り組んでみました[28]．

　また，日本民俗学の国際化という点では，科学研究費の助成を受けて柳田國男の方法をフランスのブルターニュ地方のパルドン祭りやトロメニの調査研究に応用してみることにも挑戦してみました[29]．もちろんそれはほんの小さな例にすぎません．国立歴史民俗博物館でも他の大学でも最近では多くの民俗学の研究者によって学際的な研究や国際的な研究が活発化してきています．とくに東アジアを対象とする民俗学の調査研究などではすでにすぐれた研究成果が数多く報告されてきています[30]．これからも若い多くの研究者の参加によって，フォークロアがすでに学問ではなくなってしまっている欧米中心の国際的

図95　フランスのブルターニュ地方に多く伝えられているパルドン祭り
伝統衣装が美しいサンターヌ・ラ・パルーのパルドン祭り

図96　サンジャン・ドゥ・ドアのパルドン祭り
キリスト教の行事であるが，その中には聖水，聖火，聖石などの民俗信仰が根強く伝えられている

な学術世界にあって,いまこそ柳田,折口,渋沢の創生した日本の民俗学の存在意義と独創性とを世界に向けて発信し,むしろその視点と方法とを研磨して輸出していく必要があるでしょう。その際に必要なのは日本民俗学の国際的な名乗りです。最初に述べたように,Japanese Folkloreと名乗ってはなりません。誤解を招くだけです。漢字文化圏ではもちろん日本民俗学,もしくは民俗学でよいと思います。が,欧米言語文化圏に向けては,これまで正式な英語名称が確定していない状態ですのでたいへん困っています。いまフランスでの調査のときには,自分の専門はHistore et Ethnologie du Japonといい,History and Ethnology of Japanと説明して,次いでHistorical Folkloric Cultural Stadies of Japanといってもよいなどといい,最後にはいわば伝承文化学,Traditionologie Culturelle, Cultural Traditionology[31]だなどと言っています。これからの日本民俗学はその研究実質とともにその名称も整えて,名実ともに世界に発信できる学問として成長していく必要があります。

　それはおのずと日本民俗学が,外部からの「好意の軽蔑」と内なる「謙遜の無責任」[32]とを,取り払いつつ進んでいくことを意味するでしょう。

注
（１）　国立大学共同利用機関としては一足先に昭和47年（1972）国文学研究資料館が発足。
（２）　『国立民族学博物館十年史』国立民族学博物館,1984。その後2004年の法人化により定員制は廃止された。
（３）　丸山二郎「仮称国史館」（『古文化の保存と研究』黒板博士記念会,1953）。
（４）　坂本太郎・林屋辰三郎・井上光貞「座談会　国立歴史民俗博物館（歴博）をつくる」（『日本歴史』第397号,1981）。
（５）　坂本太郎,林屋辰三郎,井上光貞の3氏の1月26日の座談会の発言が,「国立歴史民俗博物館（歴博）をつくる」（『日本歴史』第397号,1981）前掲注(4)に掲載されている。残念ながらこの約1ヵ月後の2月27日に急逝してしまうことになる井上光貞初代館長の歴博創設に向けた思いが語られているその発言の一部を以下に紹介し,その意志を肝に命じておくことにしたい。

　　「それでぼくは二つばかりのことを文化庁長官の犬丸直さんに申したのですよ。第一に百年の計という言葉を使わせてもらった。（中略）国家が自分の国の歴史の博物館をつくるというときに,僅か五年にして開館に至らしめるという考えは拙速主義であり,不真面目であるという,これがぼくの指摘したことなんです。それで長官にお

会いして，とにかくぼくは歴史の国立博物館を完成まで百年かけたいと思うといった。もちろんこれは比喩で，まさか『百年河清を俟つ』わけにゆかないが，今までの十年の蓄積は，さっきいったように，実際はわずかなものだ，これからはじめることにして，まず第一段階として開館までこれから十年貸してください，とお話しした。（中略）そうしたら，犬丸さんは，私のいっている意味を理解して下さった。（中略）それから第二番目は，（中略）歴博はやはり研究機関でなければならないという，そういう考え方を半年やっているうちに感じたわけです。（中略）ぼくが歴博は研究機関にすべきだと考えた理由は二つあります。第一は，およそ博物館というのは昔は皇室の持っている財産を国民にみせるという式の考え方のものだった。ところが，現在の博物館はそれではいけない。（中略）博物館を構成している人的な集団が，頭脳集団として非常にレベルの高いものであることが先決条件ではなかろうかと，これが共同利用機関への転換を必要とする第一の問題でした。第二の理由は，博物館の形態というものについて，ぼくの理解するところでは，国立博物館に研究機関との関係に関して三つの形態がある。第一は文化庁の管理する東京国立博物館（東博）ほか三館で（中略）第三は最近できた民族学博物館（民博）で，これは本質的には研究機関であり，教授・助教授制をとる博物館です。（中略）ぼくはそこで（中略）第三の形態，民博の線をとって欲しいことを主張したんです。（中略）研究機関をめざしているときにそういうよい模範ができていた。それにならって研究機関をめざそうではないか。これが，共同利用機関にふみ切った第二の理由です。研究機関をめざしたのは，この二つが主な理由ですが，まだあと二つあるわけです。そのうちの一つは，（中略）文化行政にあたる文化庁の中にいたら研究は頭打ちになって，それに適した予算規模を伸ばすことはできない，（中略）これに反して学術国際局の管理する特別会計による共同利用機関ということになると，自然科学系など巨大なプロジェクトをくんでいる。（中略）これまた共同利用機関への転換をはかった大きな理由でした。それからもう一つは学問の自由ということでしょう。思想的に自由な立場で作るべきものと考えてきたのです。特に歴史の博物館を作るとなるとイデオロギーが入り込みやすいが，歴博は時の政治というものに動かされないようなものを作りたい，時の権力に動かされるようなものをつくるならば，そんなものだったらつくらないほうがましだと，そういう考えであります。（中略）それでぼくには合計していいますと四つの理由があるのです。そしてこう考えてくると，共同利用機関を実現するのでなくては，歴博を作っても意味はないと思うようになりました。それですから，ぼくはほんとうにこれがもしできなかったら文化庁も歴博もやめてしまいなさいといったこともあるのですよ。それならば国費のむだ使いだから，やめてしまいなさいということをお話ししてたことさえあります。ところがそれが幸いに受入れられました。それが受入れられたのはほんとうに文部省・文化庁の上層部の方々や，設立準備委員会の坂本先生，国立大学協会や学術審議会，いろいろな博物館の館長の方々のご助力のたまものです。（中

　　　　略）のちに，歴博の歴史を書くとしたら，これを特筆大書してほしいと思うんです」。
（６）　井上光貞「国立歴史民俗博物館と歴史学」（『教育委員会月報』第342号，1979）。
（７）　その後，2004年の法人化により定員制は廃止された。
（８）　その国立歴史民俗博物館の初代民俗研究部長には，筑波大学の宮田登の推薦もあって國學院大學の坪井洋文（旧姓郷田）が就任した。坪井は若き日に広島青年師範学校を卒業して一時教員を勤め，その後上京して國學院大學文学部に編入学して折口信夫の指導を受けたのち，成城の民俗学研究所で大学の先輩の井之口章次とともに柳田國男の薫陶を受け，研究所の閉鎖後は村武精一や蒲生正男らと親交を深めて社会人類学へも接近していた。
（９）　新谷尚紀「両墓制の分布についての覚書」（『国立歴史民俗博物館研究報告』第49集，1993）。
（10）　新谷尚紀『両墓制と他界観』吉川弘文館，1991。
（11）　関沢まゆみ「宮座祭祀と死穢忌避」（『排除する社会　受容する社会』吉川弘文館，2007）。
（12）　新谷尚紀『生と死の民俗史』木耳社，1986。
（13）　新谷尚紀『伊勢神宮と出雲大社―「日本」と「天皇」の誕生―』講談社，2009。
（14）　新谷尚紀『両墓制と他界観』吉川弘文館，1991。
（15）　新谷尚紀「石塔と墓籍簿」（『国立歴史民俗博物館研究報告』第141集，2008）。
（16）　その点を論じている最近の研究例としては，関沢まゆみ「土葬から火葬へ―火葬の普及とサンマイ利用の変化：滋賀県下の事例より―」（『民俗学論叢』26号，2011）などがある。
（17）　柳田國男「葬制の沿革について」（『人類学雑誌』44巻6号，1929〈『定本柳田國男集』15巻〉）。
（18）　柳田はその学問論の立場から論述的な表現はなるべく薄めていたが，ハレとケの概念については，「木綿以前の事」（『定本柳田國男集』14巻），「食物と心臓」（同）などで明示している。
（19）　新谷尚紀『ケガレからカミへ』木耳社，1987，同「死とケガレ」（『往生考』小学館，2000）。
（20）　神野善治『人形道祖神』白水社，1996，大島建彦「日本神話研究と民俗学」（『日本神話研究の方法』有精堂，1977），同『道祖神と地蔵』三弥井書店，1992，倉石忠彦『道祖神信仰論』名著出版，1990，脇田雅彦「サエノカミ信仰における柴供えと兄妹婚伝承」（『性と民俗』名古屋民俗研究会，1980），脇田雅彦「サエノカミ信仰における灰の習俗と兄妹婚伝承」（『日本民俗学』151号，1984）。
（21）　新谷尚紀『ケガレからカミへ』木耳社，1987。新谷尚紀「死とケガレ」（『往生考』小学館，2000）。なお，このケガレという概念設定からは多くの視点が導かれている。たとえば，賽銭を投げる行為の意味への追跡からは，M.モース以来の古典的な贈与

論に加えてもう1つの贈与論が導き出されている。前者のそれが社会的関係における上下関係を生じさせる贈与であったのに対して，後者のそれは脱社会関係における厄払いの意味をもつ贈与である。新谷尚紀『なぜ日本人は賽銭を投げるのか―民俗信仰を読み解く―』文春新書，2003。

(22) 国立歴史民俗博物館編『葬儀と墓の現在』吉川弘文館，2002。
(23) 自宅死を施設死が上回るのが1976年（昭和51）（『民俗小事典　死と葬送』吉川弘文館，2005）。
(24) 国立歴史民俗博物館基盤研究「高度経済成長とその前後における葬送墓制の習俗の変化に関する研究」2010年度―2012年度など。
(25) 日本社会の近代化の中での民俗の変遷論の立場からも一定のメカニズムの抽出は可能である。たとえばその1例として提示しているのが，近現代日本の民俗伝承については，α波（伝統波），β波（創生波）γ波（大衆波）が併走しつつ展開する，そしてそれは変化しながらも繰り返し循環する，という三波展開論である。それは，農業や漁業など生業活動におけるα波（人力・畜力）→β波（機械力）→γ波（β波の大衆化），婚儀や葬儀など儀礼におけるα波（自前処理と相互扶助）→β波（荘厳化と商品化）→γ波（β波の大衆化），という三波展開が，繰り返されていくという仮説である（新谷尚紀「儀礼の近代」〈『都市の暮らしの民俗学』2006〉，SHINTANI Takanori「AGEING JAPAN AND THE TRANSMISSION OF TRADITIONAL SKILLS AND KNOW-HOW」．"*The Demographic Challenge : A Handbook about Japan*"，Brill Academic Publishers, pp. 561-pp. 569, 2008.）。
(26) 大藤時彦『柳田國男入門』筑摩書房，1973。
(27) 新谷尚紀「家の歴史と民俗」（『国立歴史民俗博物館研究報告』第69集，1996）。
(28) 新谷尚紀「大和王権と鎮魂祭」（『国立歴史民俗博物館研究報告』第152集，2009）。新谷尚紀『伊勢神宮と出雲大社―「日本」と「天皇」の誕生―』講談社，2009。これは僭越ながら，井上光貞初代館長が語っていた歴博の共同研究への期待にこたえたいと思った小さな作業でもあった。「国立歴史民俗博物館（歴博）をつくる」（『日本歴史』397号，1981）に掲載されている井上初代館長の発言の一部を紹介しておく。

「その協同的なプロジェクトの内容ですが，（中略）三番目は（三）基層信仰です。これを祭祀考古学，それから歴史学・民俗学の協業で開拓していけないだろうか。（中略）基層信仰というテーマに触れたのですが，できれば神道をとりあげたいですね。神道は国家宗教だから，歴史上の興味ある隅っこのテーマとしてではなく，堂々と真正面のテーマとしてとりあげるべきだと思う。（中略）文献の人と，民俗学の人と，それから祭祀考古学の人とでやったら意味がありはしないかと思っているのですけれども，（中略）基層信仰に基礎づけられて神道というものが成立しているわけですね。それを明らかにすることが必要ではないかと思うんですがね。ぼくは勉強が足りないせいもあるかもしれないけれども，神道そのものについての学問的な研究は割

合にエアポケットみたいになっているのじゃないかという感じを持つのですがね」。
(29) 新谷尚紀「ブルターニュのトロメニ」(『国立歴史民俗博物館研究報告』第108集，2003)。新谷尚紀・関沢まゆみ『ブルターニュのパルドン祭り―日本民俗学のフランス調査―』悠書館，2008。
(30) 東京教育大学では早くから韓国の民俗学研究者との交流がさかんで，その伝統は筑波大学にも継承され多くの留学生を輩出してきており，その研究成果も多い。また，神奈川大学大学院歴史民俗資料学専攻，國學院大学，成城大学などでも東アジア諸国や欧米諸国にむけての研究推進，研究交流，留学生の受け入れなどが活発化している。また研究者個々人による海外調査や研究交流の実績も枚挙にいとまのないほどであり，今後も大いに期待される。ただし，肝心な点はただ1つ，柳田，折口，渋沢の精神と方法とを継承する日本の民俗学の国際化へという基点である。
(31) traditionology という語は英語ではまだ存在しない語で，社会人類学のトム・ギル氏 Prof. Tom Gill の教示によれば，W. W. Newell 1906年，Journal of American Folklore で，The phenomena of traditionology, if the term may be allowed, have therefore some resemblance to those of botany, と「このような表現は認めていただけるなら」と述べているのが実情である。また，フランス語でも，A. V. ジェネップ A. V. Gennep が，Le folkloriste s'adresse aussi a ses lecteurs, en leur demandant conseil quant au nom de la discipline: 《Admettra-t-on un jour traditionologie, populologie, populographie ou populosophie ? Si un lecteur peut nous offrir une solution raisonnable, nous lui en serons tous reconnaissants》(185)，と述べている程度であり，現状としては受け入れられていない語ではある。
(32) 柳田は，昭和9年(1934)の『民間伝承論』で，「1. 民間伝承論は明日の学問である。一本の稚木である。(中略) 3. だから人間の末子と同じ様に，外部には『好意の軽蔑』があり，内には又『謙遜なる無責任』とも名づくべきものがあつた。是を一つづつ取り拂つて行くことが，言はば此の学問の成長である」と述べている。

あ と が き

　昭和 22 年（1947）7 月，箱根仙石原の折口信夫の別荘，叢隠居で柳田と折口の 2 人の間で交わされた次のような対話が記録されています。それは折口信夫の還暦記念特輯号とされた『民間伝承』第 11 巻の 10・11 合併号に記載されているものです。154 頁の写真がそのときのものです。

　　柳田　在来の史学で葬制史が書けるでせうか。考古学で扱へる範囲は極く限られれているし……。何か他に方法がありますか。上代の葬制を解明する方法が……。
　　折口　あると信じてゐるでせうから，書く者は書くでせうが，ほんとは方法が無いから書けないでせう。つまり，昔の人にとつては，生と死とがはつきりしてゐなかつたのですから。歴史家がどこまで遡れるかは疑問です。しかし，やつぱり葬式といふものがあつたものとして書くでせうね。
　　　　　（中略）
　　柳田　ぢかに古代史に手をつけようといふ気持ちは民俗学者にはないから，まづ足利時代までしか遡らないやうなつもりでゐたけれど，古代の信仰に関する歴史だけでも，こつちの領分にしなければならないかもしれませんね。
　　折口　だつて，信仰に関することは歴史家には判りやしません。
　　柳田　永い間の行きがかりがあるから，「これは民俗学に渡すよ」とはなかなかいふまいな。
　　折口　しかし神道の方では，はつきり民俗学に渡してゐるやうなものですからね。

　これは学者として年齢的にもっとも充実していた 2 人の，歴史学に対する言葉，とくに古代史研究に向けての言葉です。
　私はこの 2 人の巨人が残した学問への追慕の念から民俗学をこころざしてきました。そして，ちょうど 40 歳になったころ，民俗学と文献史学と考古学と

の三学協業による新しい歴史学の創造へという大方針でその活動を始めていた国立歴史民俗博物館民俗研究部にしごとの場を与えられました。それから約20年間，そのたいへん恵まれた研究環境で活動することができました。生と死，神と仏という大きな問題に対する学際的な共同研究を試みることができ，また高度経済成長と生活変化という民俗学にとって眼前の大きな問題に対しても，学際的な共同研究とその成果の1つとしての民俗学の展示コーナーの実現に参加することができました。そのころ個人的には還暦三部作と戯称する著作も刊行することができました（『伊勢神宮と出雲大社―「日本」と「天皇」の誕生―』講談社メチエ選書，2009．『お葬式―死と慰霊の日本史―』吉川弘文館，2009．『ブルターニュのパルドン祭り―日本民俗学のフランス調査―』悠書館，2008〈共著〉）。

　その中の1冊『伊勢神宮と出雲大社―「日本」と「天皇」の誕生―』はとくにこの箱根の叢隠居での昭和22年の柳田と折口の民俗学からの歴史学に対する発言に対して，国立歴史民俗博物館というまさに学際協業をめざす研究機関の創設が実現できたいまならばこそ，あらためて民俗学と文献史学と考古学との学際協業が大切であることを強調したいと考えて，僭越かつ恥ずかしながら，ぜひあの世の2人の先達に捧呈したいという意味を込めて書いたものです。そして，それは同時に224頁の注(28)でも紹介しているように，国立歴史民俗博物館の井上光貞初代館長が三学協業による日本文化と神道及び神社信仰の歴史的研究の新展開へと表明されていたその期待にささやかながらも応えてみたいと思ったしごとでした。めぐるご縁を勝手に感じて感謝しています。

　還暦祝いは引退の強要だといって柳田も折口もかたく固辞しましたが，私はその還暦を機にありがたいご縁をいただきまして，それまでの研究中心のしごと場から研究と教育のバランスの必要なしごと場へと移ることになりました。本書はその最初のしごとです。日本の民俗学を学ぼうとする若い世代へ向けて，柳田，折口，渋沢という偉大な3人の創生世代から次の世代へ，さらに次の若い世代へのつなぎ役の1つと本書がなれば幸いです。このような本は，これまでどおり私が研究機関というしごと場にいたら決して書かなかったろうと思います。しかしいざ，民俗学の教育の現場に立つことを考えたとき，まずは日本民俗学のナビゲーションが若い人たちのためにはぜひとも必要だろうと思いました。そこで，事前の準備はわずかでしたが，新しい渋谷の研究室で引っ越し

荷物の片づけが一段落すると，さすがに豊富な蔵書量を誇る図書館がそばにあるおかげで，その恩恵にあずかりながら書き上げることができました。
　本書の記述ではこれまで書かれたり語られたりしてきた日本民俗学の歴史とは異なる部分も少なくありません。新しい事実を示すことができたとすればありがたいことです。
　本書を書き終えるにあたって，柳田，折口，渋沢のあとも引きつづき日本の民俗学を育てて私たちにまでつないでいただいた数えきれない先輩の研究者の方々へ感謝の念を捧げるとともに，私個人の研究歴からすれば，国立歴史民俗博物館というすばらしい研究機関を創ってくださった多くの関係者の方々，そしていまの新しいしごと場への機縁を開いてくださった方々へ感謝の念を捧げたいと思います。
　いつものことながら吉川弘文館の皆様，とくに具体的な出版への道筋をつけていただいた吉川弘文館の一寸木紀夫氏，めんどうな編集の作業にもていねいに当たっていただいた並木隆氏，原稿整理など本作りの実際に誠実に尽力いただいた本郷書房の重田秀樹氏に，あつく御礼を申し上げます。

　2011年2月

　　　　　　　　　　　　　　　　　　　　新　谷　尚　紀

付表1　柳田國男・折口信夫・渋沢敬三　対照略年譜　　　　　　　　　（年齢は数え年）

年号	柳　田　國　男	折　口　信　夫	渋　沢　敬　三
明治 8 (1875)	**1歳**　7月31日，兵庫県神東郡田原村辻川（現神崎郡福崎町辻川）に生まれる。松岡操（44歳），たけ（36歳）の六男		
明治12 (1879)	**5歳**　辻川の昌文小学校に入学		
明治16 (1883)	**9歳**　昌文小学校を卒業，加西郡北条町の高等小学校に入学		
明治17 (1884)	**10歳**　冬，一家をあげて北条町に移転		
明治18 (1885)	**11歳**　高等小学校を卒業。この後約1年間，辻川の旧家で蔵書家の三木家に預けられる		
明治20 (1887)	**13歳**　前年12月東大医科別科を卒業した長兄鼎，茨城県北相馬郡布川町で医師開業。8月，東大医科在学中の三兄井上通泰にともなわれ，神戸からの舟旅で上京，布川の長兄宅に身を寄せる	**1歳**　2月11日，大阪府西成郡木津村（現大阪市浪速区鷗町）に生まれる。折口秀太郎（36歳），こう（30歳）の四男	
明治23 (1890)	**16歳**　冬，兄井上通泰をたよって上京		
明治24 (1891)	**17歳**　中学卒業の資格をうるために開成中学に編入学		
明治25 (1892)	**18歳**　1月，桂園派の歌人松浦萩坪の門に入る。同門に田山花袋がいた。開成中学より郁文館中学に転校	**6歳**　木津尋常小学校に入学	
明治26 (1893)	**19歳**　9月，第一高等中学校入学		
明治29 (1896)	**22歳**　7月8日，母たけ脳卒中で発病後半月で死去（57歳）。9月5日，父操急死（65歳）	**10歳**　大阪市南区竹屋町，育英高等小学校へ区外生として入学	**1歳**　8月25日，篤二・敦子の長男として都内深川に生まれる
明治30 (1897)	**23歳**　7月，第一高等学校（在学中に改称）卒業，9月東京帝大法科大学政治科に入学		

年号	柳田國男	折口信夫	渋沢敬三
明治32(1899)		13歳　3月,高等小学校3年修了。4月,南区上本町の府立五中(のちに天王寺高校と改称)に入学。中学の同級には,武田祐吉,岩橋小弥太,西田直二郎らがいた	
明治33(1900)	26歳　7月,帝大を卒業,農商務省農務局に入局,同時に大学院にも在籍		5歳　東京女子高等師範学校付属幼稚園に入る。〔栄一〕爵位(男爵)を授けられる
明治34(1901)	27歳　5月29日,柳田家に入籍,正式に柳田家に入る。養父直平(52歳)。養母琴(47歳)。同時に直平の四女孝と婚約		6歳　〔栄一〕都内王子飛鳥山別邸の改築成り,兜町邸より移転
明治35(1902)	28歳　2月,法制局参事官。5月,従七位に叙せられる。9月より専修学校で「農業政策学」を講義	16歳　5月3日,父秀太郎心臓麻痺で急逝(51歳)。年末,自殺未遂	
明治36(1903)		17歳　3月はじめ,自殺未遂。春休み,武田祐吉らと大和旅行	8歳　東京高等師範学校付属小学校に入学
明治37(1904)	30歳　2月,日露戦争はじまる。3月,横須賀の捕獲審検所評定官になる。4月9日,柳田孝と結婚。孝は女高師付属高女卒で19歳	18歳　3月,卒業試験の結果,落第がきまる	
明治38(1905)		19歳　3月,天王寺中学卒業。9月,医科へ進ませようとした家人に一度は従ったが,中途,新設の國學院大学(当時は飯田町に)の予科へ入学。元天王寺中学教諭だった講師三矢重松の恩顧を受けるようになる	
明治39(1906)			11歳　当時,荒川放水路なく,たびたび出水にあう。水道未設,また邸内井戸塩分あり,飲料水は大島川に来る水船より桶にて購入。よ

付表1　柳田國男・折口信夫・渋沢敬三　対照略年譜

年号	柳田國男	折口信夫	渋沢敬三
			って移転を決意,三田綱町・仁礼景範邸の大部分を譲り受け,深川居宅の客間,居間などを移築す
明治40 (1907)	33歳 9月から中央大学で「農政学」の講義をはじめる	21歳 9月,國學院大学本科国文科に進む。金田一京助らと金沢庄三郎の『辞林』編さんを手伝う	
明治41 (1908)	34歳 1月,兼任宮内書記官になる。5月〜8月,九州旅行へ。阿蘇―八代―天草―鹿児島,さらに椎葉へ行く。11月,水野葉舟が連れてきた佐々木喜善に会う	22歳 7月,進級し特待生になる。秋,金田一京助講師の音声学の講義を聴講	13歳 綱町邸竣工,移転。自動車初乗り。玄関先に新築せる馬車および馬小屋不要となり,物置および大工小屋と化す
明治42 (1909)	35歳 3月,『後狩詞記』。8月23日〜31日,東北へ。はじめて遠野を訪れる	23歳 10月,はじめて子規庵の東京根岸短歌会に出席。伊藤左千夫,古泉千樫,土屋文明,斎藤茂吉らに出会う	14歳 東京高等師範学校付属中学に入学(2年までお茶の水,のち大塚)
明治43 (1910)	36歳 4月,『石神問答』の草稿,出版は翌月。5月,『遠野物語』校了。6月,兼任内閣書記官記録課長になる。10月法政大学で「農政学」の講義をはじめる。12月,新渡戸稲造宅で郷土会(郷土研究会とも)が創立され,柳田も参加。この年,『石神問答』の贈本を機に,南方熊楠との文通がはじまる	24歳 7月,國學院大学国文科卒業,大阪へ帰る。秋,母こう病み京大病院に入院,その付き添いに忙殺さる。石川啄木『一握の砂』刊行,精読して余白に感想をしるす。10月10日,國學院の友人大道弘雄あての絵葉書に釈迢空の名がみえる	
明治44 (1911)	37歳 9月,『人類学雑誌』に「『イタカ』及び『サンカ』」の連載をはじめる	25歳 10月,大阪府立今宮中学校の嘱託教員になる	
明治45 大正元年 (1912)	38歳 4月,フレイザーの『黄金の小枝』(金枝篇)を読みはじめる	26歳 8月,今宮中学の生徒伊勢清志,上道清一をつれて志摩,熊野を旅行。この旅行の間の作歌170余首をまとめ,「安乗帖」と題した	17歳 付属中学山岳会に加わり信州上高地に入り,穂高,焼岳等,登山

年号	柳田國男	折口信夫	渋沢敬三
大正2（1913）	39歳 3月,高木敏雄と『郷土研究』創刊	27歳 12月,柳田主宰の『郷土研究』に折口信夫の名で「三郷巷談」を投稿	18歳 学年試験前,再び鼻を患い加古鶴所の病院(小川町)に入院,手術
大正3（1914）	40歳 4月,貴族院書記官長になる。『郷土研究』から高木敏雄が手をひく	28歳 3月,2年半担任をした今宮中学第4期生の卒業と機を一にして辞職,上京。東京・本郷の下宿昌平館に宿し,金沢庄三郎編『中等国語読本』編さんを手伝う。今宮中学の教え子,鈴木金太郎,伊勢清志ら10人ほどが後を追って上京,同宿する。冬,『遠野物語』に感動した詩を書く	
大正4（1915）	41歳 8月,大礼使事務官になる。10月31日〜11月30日,京都での大正天皇の即位式に奉仕	29歳 実家からの帰郷のすすめを断ったため窮迫する。4月「髯籠の話」が『郷土研究』に載る。10月,今宮中学の教え子鈴木金太郎と同居,この年,柳田國男に会い,「郷土会」にも出席するようになる	20歳 黄疸に罹り病臥。付属中学卒。早稲田予備校に通う。仙台・二高受験,一部英法科入学。仙台着後,少時片平町坂経営の下宿に仮寓。渋沢同族会社設立。社長に就任
大正5（1916）		30歳 1月,武田祐吉から『万葉集』の口訳をすすめられる。帰京後,ほぼ三ヵ月で口述完了。9月,『万葉集』上巻を出版。この年,國學院大学内に,郷土研究会を創立	21歳 〔栄一〕喜寿に達し実業界引退
大正6（1917）	43歳 3月,『郷土研究』4巻12号で休刊。3月〜5月,台湾,中国,朝鮮を旅行。この年,「玉依姫考」(のちに『妹の力』収録),「一目小僧の話」(のちに『一目小僧その他』に収録)などを書く	31歳 1月,私立郁文館中学教員になる。2月,『アララギ』同人になる。武田祐吉らの協力をえて『万葉集辞典』の編さんをはじめる。9月,九州旅行のため約1ヵ月無断欠勤,郁文館中学教員を解職される	
大正7（1918）	44歳 8月,郷土会による神奈川県津久井郡内郷村の調査をする	32歳 2月8日,母こう死去(61歳)。8月,雑誌『土俗と伝説』編集発行,休刊になって	23歳 二高卒業。東大入試合格,法科経済科

年号	柳田國男	折口信夫	渋沢敬三
大正8(1919)	45歳 12月24日、貴族院書記官長を辞任、この頃の歌に、「白鷺はをのがしろきをたのむらむ人を見る目のにくらしげなる」	いた『郷土研究』復興の意気込みであった 33歳 1月、國學院大学臨時講師となる。『万葉集辞典』出版。『土俗と伝説』4号にして自然廃刊。5月、『國學院雑誌』に「妣が国へ・常世へ」発表	
大正9(1920)	46歳 7月、朝日新聞社より入社勧誘。旅行をさせてほしいという条件で、柳田家の意向をおして入社を応諾。8月4日、社客員になる。8月、松本信広、佐々木喜善と東北旅行、途次「豆手帖から」（のちに『雪国の春』に収録）。9月、折口信夫宅における國學院大学郷土研究会例会で「フォクロアの範囲」を講演。12月13日より沖縄の旅に出る（年内は九州東海岸を佐多岬まで）。この旅がのちに『海南小記』にまとまる	34歳 5月、「茂吉へ」と題し、歌舞伎座上演の「名残の星月夜」評を書き、『アララギ』に寄稿するが没原稿となる。これが『アララギ』と断絶する一因となる。12月から、國學院大学で民間伝承学を講義	25歳 〔栄一〕日米関係委員会開かれ、米国側委員等を綱町邸に宿泊せしむ。敬三をしてもっぱら、その接待事務に当たらしむ。子爵陞爵
大正10(1921)	47歳 1月5日、佐多岬から那覇へ上陸、以後、宮古、石垣、沖縄本島、奄美を巡歴。2月15日、鹿児島へ。3月、折口信夫宅の小集会で沖縄の話をする。5月、国際連盟事務局次長であった新渡戸稲造の推せんで国際連盟委任統治委員に就任。9月横浜出帆、12月帰国	35歳 7月～8月、琉球旅行。帰途、壱岐にわたる途次、「沖縄採訪手帖」「壱岐民間伝承採訪記」を記録。9月、國學院大学教授になる（全集年譜では翌年4月）。年末、選者を辞し、『アララギ』より遠ざかる	26歳 東大経済学部卒業。横浜正金銀行へ入行。登喜子（父・木内重四郎、母・磯路：岩崎弥太郎の孫）と結婚。2月2日、第1回アチック会合。第2回3月2日、第3回5月22日、アチックミューゼアムソサエティと名づく。当時、邸内物置の天井なき2階（アチック＝屋根裏）を標本室とし、動植物や化石標本等を持ちよったのが初め。当初は郷土玩具の研究等に重点が置かれた
大正11(1922)	48歳 4月21日、一橋如水会館で南島談話会、主な参加	36歳 4月、柳田主催の南島談話会で「琉球視察談」を語	27歳 横浜正金銀行ロンドン支店転任のため神戸出帆、

年号	柳田國男	折口信夫	渋沢敬三
大正12 (1923)	者は上田万年,白鳥庫吉,新村出,折口信夫,金田一京助ら。5月7日,渡欧の旅へ。6月26日,ジュネーブ着。秋,ドイツ,イギリス旅行 49歳 1月〜3月,イタリア旅行。4月〜7月,イタリア語を習う。8月,ドイツ旅行。この間,各地で書籍を買い日本へ送る。9月2日,ロンドンで関東大震災の報を聞く。9月29日,ロンドン発。アメリカを経て11月8日,横浜着	る。三矢重松教授により,國學院大学内に「源氏物語全講会」がはじまる 37歳 5月,「琉球の宗教」を執筆。同月,慶應義塾大学文学部講師になる(全集年譜では6月)。7月17日,恩師三矢重松死去。20日,琉球および先島諸島へ民間伝承採訪旅行に出発。帰路は9月1日,台湾基隆より門司へ。10月,恩師三矢の「源氏物語講読」をひきつぐ	ロンドン着。はじめ電信課,のち日銀代理店詰 28歳 登喜子,来英。関東大震災の報に驚く。イタリー旅行
大正13 (1924)	50歳 4月,慶應義塾大学文学部講師となり,史学科で民間伝承を講義(昭和4年3月まで)。11月27日,國學院大学国文学会で,「俳諧とフォクロア」を講演,帰途,折口信夫宅に寄る	38歳 1月,故三矢重松の「源氏物語全講会」を再興,のち慶應義塾大学に移し(全集講義目録によれば昭和3年から),没年まで続けた。4月,古泉千樫のすすめで『日光』同人に加わる	
大正14 (1925)	51歳 5月,早稲田大学で「農民史」の講義をはじめる(以後約2年ほど)。11月,雑誌『民族』創刊,以後隔月発行	39歳 1月,國學院予科生の間に短歌結社「鳥船社」おこる。5月,はじめての歌集『海やまのあひだ』を刊行	30歳 帰朝発令。8月3日,横浜着。横浜正金銀行退職。アチック復興第1回例会開く。会名をアチックミューゼアムと定めソサエティを除く。この時分よりマテリアルカルチュア研究の方向に進み,民具蒐集につとめる
大正15 昭和元年 (1926)	52歳 この年より,沖縄出身の民俗学徒(比嘉春潮ら)を多くあつめた南島談話会を隔月1回ほど開く	40歳 1月,早川孝太郎と三河北設楽の花祭,信州新野の雪祭をみる。以後,"花狂び"と称されながらも,ほぼ毎年おとずれる。4月,『とりふね』第1選集出る(以後年刊)	31歳 第一銀行,東京貯蓄銀行,渋沢倉庫,各取締役に就任
昭和2 (1927)	53歳 4月,『人類学雑誌』に「蝸牛考」の連載をはじめる。	41歳 國學院学生藤井春洋の生家を能登一ノ宮にたず	32歳 金融大恐慌経験。東洋生命取締役,理化学興業

年号	柳田國男	折口信夫	渋沢敬三
昭和3 (1928)	7月,民俗芸術の会が発会。9月10日,北多摩郡砧村(現世田谷区成城)の新居に移る。この年,『妹の力』の中心になるいくつかの論文を書く **54歳** 9月,秋田県寺内村の菅江真澄の墓前祭に参列。12月,方言研究会が成立,主な参加者は,東条操,上田万年,橋本進吉,折口,西脇順三郎,金田一,松本ら	ねる。9月,「水の女」を『民族』に。12月,雑誌『日光』廃刊 **42歳** 1月,雑誌『民俗芸術』を創刊,「翁の発生」を発表。4月,慶應義塾大学文学部教授となり,芸能史を開講。10日,府下荏原郡大井町出石(現品川区西大井3丁目)に転居,藤井春洋も同居。この家には没年まで住んだ	監査役に就任。正門脇に車庫を建て,その2階をアチックとして元屋根裏より引っ越す
昭和4 (1929)	**55歳** 4月,雑誌『民族』休刊。9月,『真澄遊覧記』復刻校訂本の第1冊を刊行。10月,「聟入考」(『三宅博士古稀記念論文集』所収)	**43歳** 4月,『古代研究』民俗学篇1・国文学篇を出版。7月,雑誌『民俗学』創刊。12月,信州新野の雪祭,三河三沢の花祭見学	**34歳** 綱町邸改造着手。この時分より「祭魚洞」なる号を用いはじめる。書物を購いて読まざるを,獺(かわうそ)いたずらに魚を捕り岸に棄置く様を諷笑せる支那古句月夜「獺祭魚」による。なお,釣を好み,いたずらに殺生するにもかける
昭和5 (1930)	**56歳** この年,『木思石語』『一日小僧その他』『桃太郎の誕生』にまとめられる一連の論文を発表する。11月,朝日新聞社論説委員を辞す(以後客員,のち社友)	**44歳** 1月,『春のことぶれ』出版。6月,『古代研究』民俗学篇2出版。8月下旬,はじめての東北旅行,遠野,恐山,男鹿などを回る。途中,佐々木喜善が同行。4月に『東京日日新聞』(のちの『毎日新聞』)の歌壇選者となる	**35歳** 魚介養殖取締役会長就任。この前後数年,岡書院を後援。早川孝太郎『花祭』等出版を支援。第一銀行本店竣工,兜町より移転。工事進行状況を16ミリに撮る。綱町邸改造成る。アチックを発祥の元物置小屋跡に新設,移転。地方同人よく来館,宿泊す。改造を機に,三河の花祭を邸内で実演
昭和6 (1931)	**57歳** 1月,『明治大正史世相篇』を朝日新聞社より出版	**45歳** 1月,藤井春洋,金沢歩兵連隊に入営	**36歳** 栄一の死去により,子爵襲爵。東京貯蓄銀行会長に就任
昭和7 (1932)	**58歳** 1月7日,養母柳田琴死去。4月,「郷土生活の研究法」の会を開く。有賀,小林	**46歳** 3月,文学博士の学位をうける	**37歳** 栄一の看病による過労にて急性糖尿病を患い,前年歳末より呉内科に入院。

年号	柳田國男	折口信夫	渋沢敬三
	正熊,後藤興善,大藤時彦らが参加。12月,東京帝大農学部で農業史の時間に民俗学の講義を開始(昭和10年2月まで)。12月7日,養父柳田直平死去		この間,塩に関するアンケートを各地に発送。続いて1月〜5月,柴豪雄博士と三津・松濤館に静養。この間,豆州内浦漁民史料発見整理。これを機にアチックを拡張,漁業史研究室を新設。祝宮静,山口和雄,桜田勝徳,宇野脩平ら,相前後して来る。第一銀行常務となる。渋沢倉庫参与となる。三津滞在中より数年,ナマコの飼育を試みる。〔篤二〕10月6日,永眠
昭和 8 (1933)	59歳　1月,『桃太郎の誕生』出版。5月,比嘉春潮と雑誌『島』を編集発行(以後2年間)。9月14日,自宅で「民間伝承論」を毎週1回木曜に話すことにする。参加者は比嘉,後藤,大藤,杉浦健一,大間知篤三ら。これがのちの木曜会になり,さらに日本民俗学会の談話会になった	47歳　4月,藤井春洋,國學院大学講師となる。8月,箱根仙石原に温泉付別荘分譲地を買う	38歳　アチック同人並びに書生など一堂に会し,第1回柏竃社(のち柏窓会に改名)大会。この頃より青淵記念として竜門社に実業史博物館設立を提唱,資料蒐集に努め爾後約10年にわたる。資料は一時,第一銀行に保管,のち石川旧阪谷邸(竜門社)に収め,戦後文部省史料館に寄託。遠藤武,もっぱらこれに当たる。『祭魚洞雑録』刊行
昭和 9 (1934)	60歳　1月11日,第1回木曜会。この春,山村調査を計画,以後3年間継続した。4月,書斎を郷土生活研究所として開放。8月,『民間伝承論』出版	48歳　4月,鈴木金太郎,転勤により大阪へ去る。同居約20年間に及ぶ。この年は,夏から秋,中部,東北の各地を旅行。西津軽では水虎像の模造を仏師に依頼	39歳　『アチック彙報』等,刊行しはじめる
昭和10 (1935)	61歳　2月,『国史と民俗学』出版。7月31日〜8月6日,日本青年館で日本民俗学講習会が開かれる。8月『郷土生活の研究法』出版。「民間伝承の会」発会,9月,雑誌『民	49歳　6月,國學院大学郷土研究会で河童祭。水虎像は以後,出石の自宅玄関に祀られる。7月31日からの柳田國男の還暦を祝う民俗学講習会の世話人になる。8月,	40歳　京城電気,渋沢倉庫各取締役に就任。『アチックマンスリー』第1号発刊。足半(あしなか)研究活発

年号	柳田國男	折口信夫	渋沢敬三
昭和11 (1936)	間伝承』も発刊 62歳　8月,関敬吾と共編で『昔話採集手帖』を出す	「民間伝承の会」発足。雑誌『日本民俗』発刊 50歳　日本民俗学講習会で「礼儀の発生」講演	41歳　高橋文太郎と相計り,保谷村に民族学協会付属博物館を開設。アチック収蔵民具挙げて寄贈,移管。今和次郎の協力により同地内に武蔵野民家を移築
昭和12 (1937)	63歳　5月から全国海村調査開始。5月〜6月,東北帝大で日本民俗学を講義。6月末,京都帝大で日本民俗学の講義。7月,日中戦争はじまる	51歳　1月,『短歌文学全集釈迢空篇』。3月ごろ,はじめて頭髪をのばす。4月,短歌「死者の書」を発表	42歳　1月1日より『魚名集覧』の原稿を書きはじめる。東洋生命包括移転に伴い,帝国生命取締役に就任。『豆州内浦漁民史料』序を書く
昭和13 (1938)		52歳　11月,箱根仙石原山荘地鎮祭。12月,箱根にこもって小説「死者の書」を執筆	43歳　渋沢倉庫取締役を辞任。笈の調査研究,活発化
昭和14 (1939)		53歳　1月〜3月,小説「死者の書」を『日本評論』に連載。4月,箱根仙石原に山荘(叢隠居)竣工,以後没年まで夏期休暇はほとんどここですごした。11月,京都帝大史学科で,神道を中心に集中講義	44歳　当時敬三,夜遅くアチックに姿を現わし駄弁を弄す。市川信次,「麦と兵隊」をもじり下の替え歌を作り流行した。 アチックの夜の歌 　1.床へ床へと心はいそぐ 　　ねどこいよいか住みよいか 　　先生のお帰りと振り返りや 　　水をくれろと酔心地 　　これから話が長くなる 　2.小手をかざして時計を見れば 　　一時をすぎるも早近しいよいよ冴える市川さん 　　ますますはずむよたばなし 　　早くねどこへはいりたい 　3.椅子を背にして夢路を

年号	柳田國男	折口信夫	渋沢敬三
			たどる 市村君は高いびき おきろおきろと小野君に云われ 馬鹿を云うなとまたねむる 彼のねむりのたくましさ この年,宮本常一来る
昭和15 (1940)	**66歳** 8月,『妹の力』出版。10月,東京帝大で日本方言学会創立大会が開かれ,初代会長に推される	**54歳** 4月,國學院大学に「民俗学」の講座を新設。学内に民俗学資料室をもうける	**45歳** 竹内利美来る。「『豆州内浦漁民史料』について」を書く
昭和16 (1941)	**67歳** 1月20日,日本民俗学の建設および普及に功あったとして第12回朝日文化賞をおくられる。3月22日,民俗学関係者による受賞祝賀懇親会が開かれる(司会折口信夫)。12月,太平洋戦争はじまる	**55歳** 2月25日,柳田國男朝日文化賞受賞記念講演会に,「日本民俗学の過去及び将来」講演。12月,藤井春洋,応召	**46歳** 日本農学会より『豆州内浦漁民史料』に対し農学賞授与される。全国貯蓄銀行協会会長,第一銀行副頭取に就任
昭和17 (1942)	**68歳** 3月,『菅江真澄』出版。10月,『木思石語』,11月,『山島民譚集』,12月,『日本の祭』を出版	**56歳** 6月,日本文学報国会文学部理事になる	**47歳** 日本銀行副総裁に就任。第一銀行,東京貯蓄銀行,帝国生命,京城電気,渋沢同族会社等,関係会社の役員をすべて辞任。この頃アチックを日本常民文化研究所と改称。「式内水産物需給試考」(『日本魚名集覧』第1部刊行)
昭和18 (1943)		**57歳** 4月,大日本芸能学会を創設し,会長になる。雑誌『芸能』創刊。9月,藤井春洋,再応召。この後,翌年6月まで加藤守雄同居。同月,『死者の書』青磁社より刊行	**48歳** 母・敦子永眠。論文「塩」を書きあげる。『塩──「塩谷問答集」を中心として』『「延喜式」内水産神饌に関する考察若干』『魚名に関する若干の考察』刊行
昭和19 (1944)	**70歳** 8月,『火の昔』出版	**58歳** 4月,藤井春洋を養嗣子として入籍する相談のため能登一ノ宮へ。7月,春洋,	**49歳** 日銀総裁に就任。大蔵省顧問となる。田中啓文永年の蒐集にかかる銭幣館

年号	柳田國男	折口信夫	渋沢敬三
昭和20 (1945)	71歳　3月,『先祖の話』執筆へ。8月15日,終戦。「感激不止」と日記にしるす。9月9日,木曜会再開,氏神と山宮祭のことを話す	硫黄島へ。21日,柳田,鈴木金太郎を保証人として春洋を入籍 59歳　3月,印刷中の『古代感愛集』空襲により焼失。大阪の生家も焼ける。31日,硫黄島玉砕と大本営発表。8月15日,終戦の詔勅を聞いてのち,箱根の山荘に40日間こもる	全資料を日銀に譲り受ける。『日本魚名集覧』第2部刊行 50歳　外資金庫設立委員に就任。貴族院子爵議員に当選。内務省顧問となる。5月,大空襲。8月15日,終戦。10月9日,幣原喜重郎より組閣本部に招かれる。大蔵大臣受諾,親任。預金封鎖,新円切り換え,財産税導入などを実施。綱町邸は空襲でも幸い消しとめられ無事であったが,アチック同人の原稿その他,防空壕にて焼失したもの多し
昭和21 (1946)	72歳　7月,枢密顧問官になる。9月28日,『民間伝承』の復刊と古稀記念文集刊行を記念して,日本民俗学講座が開講。12月,「新国学談1-『祭日考』」出版	60歳　5月,國學院大学で「神道概論」を開講。戦後もっとも心血をそそいだ題目だった	51歳　4月,幣原内閣総辞職。5月の吉田内閣成立まで蔵相に在職。その後,公職追放。漁業史関係図書,東大農学部に寄贈申し出,搬出。日本民族学協会会長に就任。六学会連合を推進,のち九学会(言語,考古,社会,宗教,心理,人類,地理,民俗,民族)となる。崖下の旧田島および足立の家に移転。本邸は大蔵省に官邸として貸与,のち財産税にて敷地とともに物納
昭和22 (1947)	73歳　3月,昭和9年からの木曜会を解消して,書斎を民俗学研究所とする。6月,「新国学談2-『山宮考』」出版。7月,芸術院会員になる。11月,「新国学談3-『氏神と氏子』」出版	61歳　3月,いちどは焼失した『古代感愛集』を改訂して出版。4月から國學院大生岡野弘彦同居。7月,箱根山荘に柳田國男を招き歌仙をまく。10月,『日本文学の発生序説』『神道宗教化の意義』,11月,『短歌啓蒙』,12月,『迢空歌選』出版	
昭和23 (1948)	74歳　4月,民俗学研究所,財団法人として認可される	62歳　1月,歌集『水の上』を,3月,歌集『遠やまひこ』を刊	53歳　文部省に庶民資料館設置を推進。『漁民事蹟略』

年号	柳田國男	折口信夫	渋沢敬三
		行。9月,橿原神宮で3日間の万葉講座をもったのち,能登一ノ宮に回り,春洋の墓石をえらぶ。帰京してのち,墓碑銘をおくる。「もつとも苦しきたゝかひに最苦しみ死にたるむかしの陸軍中尉折口春洋ならびにその父信夫の墓」	原稿再編
昭和24 (1949)	75歳 3月,学士院会員になる。4月1日,民間伝承の会が日本民俗学会として発足,会長になる	63歳 2月,柳田國男との対談「神道の原始型」をNHKから放送。7月,能登一ノ宮に,春洋と自身の墓を建てる。12月,宮中御歌会詠進歌選者となり,以後没年まで続ける。雑誌『民族学研究』に柳田國男との対談「日本人の神と霊魂の観念」載る	54歳 水産庁と相談,水産資料館設置推進。水産庁より水産史料蒐集方委託される。かつて東大へ寄贈した水産史文書,種々経緯の末,庶民資料館および水産資料館に分割移管に落ち着く。この頃より数年『南方熊楠全集』出版ならびに菌譜作成に尽力,全集のみ成功。日本生物化学研究所取締役に就任。南米協会財務委員長。日本民族学協会理事長事務取扱
昭和25 (1950)	76歳 7月,國學院大学教授になることを応諾。10月24日～11月1日,折口信夫と共に関西旅行	64歳 『民族学研究』に前年12月発表のつづきの柳田対談「民俗学から民族学へ」載る。10月,柳田國男に従い,伊勢に4泊して両宮,主な摂末社を巡拝し,大和当麻,橿原をへて,大阪へ出る。岡野弘彦同行	55歳 日本常民文化研究所,財団法人となる。初代理事長,桜田勝徳
昭和26 (1951)	77歳 5月,國學院大学大学院の開講式に出席(昭和35年まで理論神道学の講義)。11月,第10回文化勲章を受ける。12月,『民俗学辞典』が毎日出版文化賞受賞	65歳 この年,河出書房の『日本文学講座』に,「日本文学研究法 序説」「古代演劇論」を載せる。6月,腰部神経痛の状態悪化,床についたまま講じることもあった	56歳 崖下住居より元研究所を改修移転。追放解除。日本瓦斯化学工業,日本電気,新日本化学の取締役に就任。日本経営者団体連合会相談役に就任。日米産業調査会会長
昭和27 (1952)	78歳 1月1日のNHK放送「稲と正月」をはじめ,この年は	66歳 1月,硫黄島の洞穴で発見された折口春洋の考科	

年号	柳田國男	折口信夫	渋沢敬三
	稲作に関する話を諸所で多くした	表の写真を見て,戦死を確認した。7月〜8月,軽井沢に滞在,「民族史観における他界観念」「さうや　さかいに」を書く。8月に入って体調悪化。9月20日,箱根から帰っての國學院大講義では軽い言語障害を感じる。22日,軽い脳出血に似た発作,1週間後にもとに復す	
昭和28(1953)	79歳　9月3日,折口信夫死去。5日,信夫追悼のため,家にこもる。12日,追悼式に列席	67歳　2月,『かぶき讃』を創元社から出版。「自歌自註」の口述を,伊豆旅行中に岡野弘彦に対してはじめる。5月,堀辰雄の葬儀に参列。7月5日,箱根へ。春洋歌集『鵄が音』校了。「追ひ書き」成る。8月,三矢重松30年祭祝詞起草あたりを機に,体調いちじるしく悪化,池田彌三郎,角川源義,伊馬春部,岡野ら相談の上,29日帰京させる。31日,慶応病院入院。9月3日午後1時死去。胃癌であった	58歳　開国百年記念文化事業会委員としてアチック同人を動員,生活編および社会経済編を執筆,提出。日本航空協会顧問,国際電信電話取締役社長,国際文化振興会顧問他
昭和29(1954)			59歳　『絵引は作れぬものか』『奥能登時国家文書』本書刊行の由来『祭魚洞襍考』刊行
昭和30(1955)	81歳　12月,民俗学研究所の発展的解消を発言		60歳　『東北犬歩当棒録』刊行
昭和31(1956)	82歳　1月16日,邸内の隠居所に移転		61歳　株式会社文化放送設立。協会をこれに改組。犬山に設置される財団法人モンキーセンター会長に就任。国際電電の社長を退任して会長に就任
昭和32(1957)	83歳　4月7日,民俗学研究所解散決定。8月,蔵書を成城大学に委託することに決		

年号	柳田國男	折口信夫	渋沢敬三
昭和33 (1958)	める。9月末,蔵書を成城大学へ移す **84歳** 1月9日から神戸新聞に「故郷七十年」の連載はじまる(9月下旬まで)		**63歳** 国際電電会長を退き顧問に就任
昭和34 (1959)	**85歳** 11月,『故郷七十年』出版		**64歳** 『日本魚名の研究』改訂版刊行
昭和35 (1960)	**86歳** 5月13日,千葉の教育会館で「日本民俗学の頽廃を悲しむ」講演		**65歳** 旅行先の熊本市において発病,東京大学付属病院沖中内科に入院。国際電電顧問を退き再び取締役社長に就任
昭和36 (1961)	**87歳** 2月,『定本柳田國男集』の出版をきめる。7月,『海上の道』出版		**66歳** 東洋大学理事に就任。日本通運(株)取締役。『犬歩当棒録』刊行
昭和37 (1962)	**88歳** 4月22日,親戚による米寿祝賀会開かれる。5月3日,成城大で日本民俗学会主催の米寿祝賀会開かれる。柳田賞設置が発表された。8月8日,心臓衰弱のため死去。1月から,『定本柳田國男集』の刊行がはじまっており,以後昭和39年11月まで毎月刊		**67歳** 2月,虎ノ門共済病院に入院。5月,退院。国際電電取締役社長を退任し,相談役に就任。『日本釣漁技術史小考』刊行
昭和38 (1963)			**68歳** 朝日文化賞受賞。文部省史料館構内に民俗資料収蔵庫落成。東洋大学より文学博士の名誉学位。8月18日,病状悪化し,虎ノ門共済病院に再入院す。10月25日,糖尿病に萎縮腎を併発し,午後9時30分死去。その直前に勲一等瑞宝章を授与さる

付表2　無形の民俗文化財記録作成総表　　　　　　　　　　　　　　（計は作成完了件数）

選択決定	選　択　対　象	地　　域	作　成　年　度	計
昭29.11 5種目	1正月行事	岩手・秋田・埼玉・新潟・長野・三重・島根・岡山・徳島・大分・鹿児島（完結）	新潟・秋田（昭30）三重（32）島根（34）埼玉・長野（35）岡山・鹿児島（37）岩手（38）大分（39）徳島（42）	11
	2年齢階梯制	東京・石川・長野・静岡・愛知・三重・徳島・愛媛・高知・長崎（完結）	高知（昭31）静岡（32）長野（33）三重（35）石川（38）愛知（39）東京・徳島（40）愛媛（41）長崎（43）	10
	3中馬制	長野（完結）	長野（昭30）	1
	4蔓橋の製作工程	徳島（完結）	徳島（昭30）	1
	5ドブネの製作工程	新潟（完結）	新潟（昭32）	1
昭30.3 2種目	6田植に関する習俗	岩手・秋田・茨城・新潟・富山・岐阜・島根・広島・高知・長崎・鹿児島（完結）	秋田・広島（昭31）新潟・茨城（32）岐阜（33）岩手（34）島根（36）富山（37）長崎（38）鹿児島（40）高知（41）	11
	7木地屋の生活伝承	岩手・宮城・新潟・石川・岐阜・愛知・三重・滋賀（完結）	三重（昭30）新潟・愛知（31）岩手（32）宮城・滋賀（33）石川・岐阜（35）	8
昭31.3 2種目	8アイヌのユーカラ	北海道（完結）	北海道（昭31）	1
	9背負運搬習俗	全国一円（完結）	日本民族学協会（昭31）	1
昭32.3 2種目	10狩猟習俗	秋田・山形・茨城・新潟・宮崎（完結）	宮崎（昭32）新潟（34）秋田（38）茨城（39）山形（42）	5
	11傀儡子の舞及び相撲	福岡・大分（完結）	福岡・大分（昭36）	2
昭33.3 2種目	12おしらあそび	東北地方（完結）	東北大学（昭33）	1
	13ともどの製作行程	島根（完結）	島根（昭33）	1
昭34.3 5種目	14八郎潟漁撈習俗	秋田（完結）	秋田（昭37）	1
	15有明海漁撈習俗	佐賀（完結）	佐賀（昭36）	1
	16蓋井島「山の神」神事	山口（完結）	山口（昭34）	1
	17播磨総社一ツ山・三ツ山神事	兵庫（完結）	兵庫（昭34）	1
	18京都八坂神社の祇園祭	京都（完結）	京都（昭34）	1

選択決定	選択対象	地域	作成年度	計
昭35.3 1種目	19アイヌの建築技術及び儀礼	北海道(完結)	日本民族学協会(昭35)	1
昭36.3 2種目	20上三原田の歌舞伎舞台の装置・操作	群馬(完結)	群馬(昭36)	1
	21長野県下の代表的民家の間取・使い方	長野(完結)	長野(昭36)	1
昭37.3 1種目	22阿波の太布紡織習俗	徳島(完結)	徳島(昭37)	1
昭38.3 1種目	23八雲神社の山あげ祭	栃木(完結)	栃木(昭38)	1
昭39.3 1種目	24博多山笠行事	福岡(完結)	福岡(昭39)	1
昭40.3 1種目	25長崎の「かくれキリシタン」習俗	長崎(完結)	長崎(昭40)	1
昭41.3 1種目	26伊勢の「お木曳き」行事	伊勢市(完結)	伊勢市(昭41)	1
昭42.3 3種目	27津島神社の天王祭	愛知(完結)	愛知(昭42)	1
	28越後のしな布紡織習俗	新潟(完結)	新潟(昭42)	1
	29出雲の藤布紡織習俗	島根(完結)	島根(昭42)	1
昭43.3 1種目	30兵庫県の酒造習俗	兵庫(完結)	兵庫(昭43)	1
昭44.3 2種目	31芭蕉布の紡織習俗	鹿児島(完結)	鹿児島(昭44)	1
	32種子島のまるきぶねの製作習俗	鹿児島(完結)	鹿児島(昭44)	1
昭45.3 1種目	33甑島の葛布の紡織習俗	鹿児島(完結)	鹿児島(昭45)	1
昭45.11 1種目	34種子島宝満神社のお田植祭	鹿児島(完結)	鹿児島(昭46)	1
昭46.9 1種目	35古川祭	岐阜(完結)	岐阜(昭48)	1
昭48.2 2種目	36越後・佐渡のいらくさ紡織習俗	新潟(完結)	新潟(昭48)	1
	37蒼柴垣神事 (あおふしがき)	島根(完結)	島根(昭49)	1

選択決定	選択対象	地域	作成年度	計
昭48.8 1種目	38伊勢の「白石持ち」行事	伊勢市(完結)	伊勢市(昭48)	1
昭50.3 1種目	39出雲の火鑽習俗	島根(完結)	島根(昭50)	1
昭51.3 1種目	40若狭の産小屋習俗	福井(完結)	福井(昭51)	1
昭52.3 4種目	41盆行事	山形・茨城・埼玉・新潟・長野・静岡・京都・大阪・岡山・徳島・高知・鹿児島	茨城(昭53) 岡山(52) 新潟(54) 徳島・鹿児島(58) 埼玉(61) 大阪(62) 山形・静岡・京都(63) 高知(平元)	11
	42中付駄者の習俗	福島(完結)	福島(昭52・53)	1
	43信濃の火鑽習俗	長野(完結)	長野(昭52)	1
	44土佐の茶堂の習俗	高知(完結)	高知(昭52)	1
昭53.3 2種目	45片品の猿祭	群馬(完結)	群馬(昭53)	1
	46伊予の茶堂の習俗	愛媛(完結)	愛媛(昭53)	1
昭53.12 3種目	47村山地方のオナカマ習俗	山形(完結)	山形(昭54)	1
	48尾張三河の火鑽習俗	愛知(完結)	愛知(昭54)	1
	49対馬の亀ト習俗	長崎(完結)	長崎(昭54)	1
昭54.12 4種目	50津軽のイタコの習俗	青森(完結)	青森(昭55)	1
	51吾妻のお茶講の習俗	群馬(完結)	群馬(昭55)	1
	52知多木綿の紡織習俗	愛知(完結)	愛知(昭55)	1
	53阿波の辻堂の習俗	徳島(完結)	徳島(昭55)	1
昭55.12 4種目	54南部の酒造習俗	岩手県稗貫郡(完結)	岩手(昭56)	1
	55磐城・岩代のミコサマの習俗	福島(完結)	福島(昭56)	1
	56貫前神社の鹿占習俗	群馬県富岡市(完結)	群馬(昭56)	1
	57讃岐の茶堂の習俗	香川(完結)	香川(昭56)	1
昭56.12 4種目	58陸前磐城のオガミサマの習俗	宮城(完結)	宮城(昭57)	1
	59七尾の酒造習俗	七尾市(完結)	七尾市(昭57)	1
	60松阪木綿の紡織習俗	松阪市(完結)	松阪市(昭57)	1

選択決定	選択対象	地域	作成年度	計
	61 備中の辻堂の習俗	岡山(完結)	岡山(昭57)	1
昭57.12 2種目	62 南部のオガミサマの習俗	岩手(完結)	岩手(昭58)	1
	63 日向の祠堂の習俗	宮崎(完結)	宮崎(昭58)	1
昭58.12 5種目	64 羽後のイタコの習俗	秋田(完結)	秋田(昭59)	1
	65 越中の田の神行事	富山(完結)	富山(昭59)	1
	66 丹後の藤布紡織習俗	京都(完結)	京都(昭61)	1
	67 安芸・備後の辻堂の習俗	広島(完結)	広島(昭59)	1
	68 豊後の水車習俗	大分(完結)	大分(昭59)	1
昭59.12 4種目	69 北上山地の畑作習俗	岩手(完結)	岩手(昭61)	1
	70 奈良田の焼畑習俗	山梨(完結)	山梨(昭60)	1
	71 安芸・備後の水車習俗	広島(完結)	広島(昭60)	1
	72 周防・長門の辻堂の習俗	山口(完結)	山口(昭60)	1
昭60.12 3種目	73 白山麓の焼畑習俗	石川・福井・岐阜(完結)	福井(昭61) 岐阜(昭62) 石川(平元)	3
	74 日向の焼畑習俗	宮崎(完結)	宮崎(昭61)	1
	75 筑前・筑後の水車習俗	福岡(完結)	福岡(昭61)	1
昭61.12 2種目	76 土佐の焼畑習俗	高知(完結)	高知(昭62)	1
	77 対馬の釣鉤製作風俗	長崎(完結)	長崎(昭62)	1
昭62.12 1種目	78 丹後の漁撈習俗	京都(完結)	京都(平元)	1
平2.3 3種目	79 南奥羽の水祝儀	宮城・福島(完結)	宮城(平2) 福島(平2)	2
	80 美濃の水車習俗	岐阜(完結)	岐阜(平2)	1
	81 北川上流域の農耕習俗	宮崎(完結)	北川町(平6・7)	1
平3.2 4種目	82 下野の水車習俗	栃木(完結)	栃木(平3)	1
	83 関東の大凧揚げ習俗	埼玉・千葉・神奈川(完結)	千葉(平3) 埼玉・神奈川(平4)	3

付表2 無形の民俗文化財記録作成総表

選択決定	選 択 対 象	地　　　域	作　成　年　度	計
	84壱岐の船競争行事	長崎(完結)	長崎(平4)	1
	85日向南郷神門神社・木城比木神社の師走祭り	宮崎(完結)	宮崎(平3)	1
平4.2 3種目	86東海地方の大凧揚げ習俗	愛知・静岡(完結)	静岡(平4)　愛知(平21)	2
	87近江八幡の火祭り	滋賀(完結)	滋賀(平10)	1
	88沖縄北部のウンガミ	沖縄		0
平6.12 6種目	89津軽の地蔵講の習俗	青森		0
	90房総のお浜降り習俗	千葉		0
	91遠江の御船行事	静岡(完結)	静岡(平10)	1
	92山陰の大凧揚げ習俗	鳥取・島根		0
	93沖縄の綱引き	沖縄(完結)	沖縄(平16)	1
	94久高島の漁撈習俗	沖縄県知念村		0
平7.11 3種目	95岩手の蘇民祭	岩手(完結)	岩手(平12・13)	1
	96南予地方の牛の角突き習俗	愛媛(完結)	愛媛(平11・12)	1
	97田代の売薬習俗	佐賀県鳥栖市・基山町		0
平8.12 3種目	98尾張・三河の花のとう	愛知(完結)		1
	99讃岐の馬節供	香川		0
	100大分の鏝絵習俗	大分		0
平9.12 1種目	101能登のキリコ祭り	石川		0
平10.12 4種目	102会津の初市の習俗	福島		0
	103東松山上岡観音の絵馬市の習俗	埼玉(完結)	東松山市(平12)	1
	104松本のミキノクチ製作習俗	長野県松本市		0
	105飛騨の絵馬市の習俗	岐阜		0
平11.12 3種目	106冬木沢参りの習俗	福島		0
	107阿波の襖カラクリの習俗	徳島		0

選択決定	選択対象	地域	作成年度	計
	108大原八幡宮の米占い行事	大分		0
平12.12 3種目	109庄内のモリ供養の習俗	山形(完結)	山形(平20)	1
	110北関東のササガミ習俗	茨城・栃木(完結)	茨城・栃木(平16)	2
	111松本のコトヨウカ行事	長野県松本市		0
平14.2 2種目	112稲取のハンマアサマ	静岡(完結)	静岡(平20)	1
	113薩摩の馬踊りの習俗	鹿児島		0
平15.2 1種目	114岡山県の会陽の習俗	岡山(完結)	岡山(平18)	1
平16.2 2種目	115青森県南部地方の虫送り	青森		0
	116愛知のオマント	愛知		0
平17.2 2種目	117阿仁地方の万灯火	秋田		0
	118北信濃の柱松行事	長野(完結)	飯山市(平19)	1
平18.3 1種目	119最上地方の山の神の勧進	山形県最上地方		0
平19.3 1種目	120芦屋の八朔行事	福岡県芦屋町	芦屋町(平21)	1
平20.3 3種目	121氣比神社の絵馬市の習俗	青森県おいらせ町		0
	122お枡廻しの習俗	福島・茨城		0
	123出雲・伯耆の荒神祭	島根・鳥取		0
平22.3 3種目	124青森県津軽地方の虫送り	青森県		0
	125大島半島のニソの杜の習俗	福井県おおい町		0
	126佐田岬半島の初盆行事	愛媛県伊方町		0
計	126種目			156

挿図表一覧

図 1　和歌森太郎(1)（和歌森民男氏提供）　　9
図 2　宮田　登（宮田知子氏提供）　　9
図 3　藁人形のショーキサマ（新潟県旧津川町）　　11
図 4　毎年 3 月に村人たちが身体の病んだところや痛いところにこすり付けた藁を持ち寄って作る人形の材料（新潟県旧津川町）　　11
図 5　両墓制の埋葬墓地（京都府旧田辺町）　　13
図 6　両墓制の石塔墓地（京都府旧田辺町）　　13
図 7　宮座の当屋（奈良市大柳生，関沢まゆみ氏提供）　　15
図 8　宮座の当屋の家（奈良市大柳生，関沢まゆみ氏提供）　　15
図 9　お盆に誰も墓参しない墓地（奈良県旧山辺郡，関沢まゆみ氏提供）　　17
図 10　お盆にみんなで墓参して飲食までする墓地（青森県旧平内町，小田嶋恭二氏提供）　　17
図 11　『日本歳時記』に載せる正月の門松飾りや羽根つきの図（『日本歳時記』八坂書房より）　　25
図 12　本居宣長四十四歳自画自讃像（『本居宣長全集』別巻 3，筑摩書房より）　　29
図 13　平田篤胤（『明治維新と平田国学』国立歴史民俗博物館展示図録 2004 より）　　30
図 14　菅江真澄（『定本柳田國男集』第 3 巻，筑摩書房より）　　32
図 15　菅江真澄の足跡(1)—(3)（秋田県立博物館　菅江真澄資料センター図録『真澄紀行』の地図をもとに作成）　　36-37
図 16　菅江真澄の描いた生身剝（なまみはげ）図（『おがのさむかぜ〈牡鹿の寒かぜ〉』文化 8 年〈1811〉正月 15 日記事）　　38
図 17　坪井正五郎と東京人類学会の人たち（日本人類学会提供）　　41
図 18　『人類学会報告』創刊号表紙（複製本，日本人類学会提供）　　41
図 19　鳥居龍蔵と弟子の樋口清之（國學院大學学術資料館〈考古学〉提供）　　45
図 20　雑誌『民俗』創刊号表紙　　47
図 21　雑誌『郷土研究』創刊号表紙（成城大学民俗学研究所所蔵）　　52
図 22　郷土会の人たち　柳田の渡欧送別会（成城大学民俗学研究所提供）　　53
図 23　新渡戸稲造　第一高等学校校長時代（『新渡戸稲造』さっぽろ文庫 34 より）　　53
図 24　柳田國男(1)（『柳田国男写真集』岩崎美術社より）　　56
図 25　南方熊楠が柳田へ送った写真（『南方熊楠全集』第 8 巻，平凡社より）　　56
図 26　折口信夫(1)（國學院大學折口博士記念古代研究所提供）　　60
図 27　折口信夫宅での柳田國男渡欧壮行会（國學院大學折口博士記念古代研究所提供）　　64

図 28　雑誌『民族』創刊号表紙（成城大学民俗学研究所所蔵）　66
図 29　昭和 2 年 8 月 25 日に完成して 9 月 10 日に転居した北多摩郡砧村の柳田邸（『柳田国男写真集』岩崎美術社より）　66
図 30　新築邸宅内の書斎（『柳田国男写真集』岩崎美術社より）　66
図 31　岡　正雄（岡千曲氏提供）　68
図 32　折口信夫(2)（國學院大學折口博士記念古代研究所提供）　69
図 33　雑誌『民俗学』創刊号表紙（成城大学民俗学研究所所蔵）　75
図 34　柳田國男(2)（『柳田国男写真集』岩崎美術社より）　78
図 35　「蝸牛考」の方言周圏論図（昭和 5 年刊の初版本掲載の図を若干修正）　80-81
図 36　『明治大正史世相篇』（成城大学民俗学研究所所蔵）　84
図 37　『民間伝承論』（『柳田国男全集』第 8 巻，筑摩書房より）　88
図 38　『郷土生活の研究法』（『柳田国男全集』第 8 巻，筑摩書房より）　88
図 39　民俗資料の三部分類（著者作製）　91
図 40　柳田國男(3)（成城大学民俗学研究所所蔵）　93
図 41　雑誌『民間伝承』創刊号（成城大学民俗学研究所所蔵）　98
図 42　渋沢敬三（渋沢史料館所蔵）　102
図 43　昭和 8 年の夏に新築なったアチック・ミューゼアム（神奈川大学日本常民文化研究所提供）　106
図 44　アチックに洛月島の金支鏑氏を迎えて（『渋沢敬三著作集』第 3 巻，平凡社より）　106
図 45　アチックにて民具をかぶって記念写真（渋沢史料館所蔵，『渋沢敬三著作集』第 5 巻，平凡社より）　109
図 46　アチックから刊行された彙報・ノートなど（國學院大學所蔵）　109
図 47　折口信夫(3)（國學院大學折口博士記念古代研究所提供）　120
図 48　折口信夫(4)（國學院大學折口博士記念古代研究所提供）　120
図 49　『先祖の話』の表紙（田中正明氏所蔵）　135
図 50　和歌森太郎(2)（和歌森民男氏所蔵，『和歌森太郎著作集』第 4 巻，弘文堂より）　148
図 51　瀬川清子　150
図 52　箱根叢隠居での折口信夫（國學院大學折口博士記念古代研究所提供）　153
図 53　柳田と折口(1)（國學院大學折口博士記念古代研究所提供）　154
図 54　柳田と折口(2)（國學院大學折口博士記念古代研究所提供）　154
図 55　柳田と折口(3)（『柳田国男写真集』岩崎美術社より）　155
図 56　柳田と折口(4)（國學院大學折口博士記念古代研究所提供）　155
図 57　柳田と折口(5)（『柳田国男写真集』岩崎美術社より）　155
図 58　関　敬吾　159
図 59　西田直二郎と大阪天王寺中学の同級生（國學院大學折口博士記念古代研究所提供）

図60　堀　一郎　*162*
図61　古島敏雄（『社会を見る眼・歴史を見る眼』農山漁村文化協会より）　*164*
図62　黒田俊雄（『黒田俊雄著作集』8巻，法蔵館より）　*165*
図63　折口信夫と金田一京助（國學院大学折口博士記念古代研究所提供）　*167*
図64　折口信夫の晩年（國學院大学折口博士記念古代研究所提供）　*168*
図65　折口信夫追悼式（『柳田国男写真集』岩崎美術社より）　*169*
図66　石田英一郎（『石田英一郎全集』6，筑摩書房より）　*171*
図67　有賀喜左衞門（『有賀喜左衞門』第10巻，未来社より）　*171*
図68　民俗学研究所解散記念の席で（成城大学民俗学研究所所蔵）　*175*
図69　柳田國男米寿記念祝賀会での柳田夫妻と金田一京助（國學院大学折口博士記念古代研究所提供）　*177*
図70　柳田國男の最後の写真（『柳田国男写真集』岩崎美術社より）　*177*
図71　柳田國男と渋沢敬三（『柳田国男写真集』岩崎美術社より）　*179*
図72　網野善彦（講談社学術文庫より）　*179*
図73　折口信夫(5)（國學院大学折口博士記念古代研究所提供）　*183*
図74　井之口章次と國學院大学民俗学研究会（上＝國學院大学折口博士記念古代研究所提供，下＝國學院大学民俗学研究会提供）　*183*
図75　和歌森太郎(3)（和歌森民男氏所蔵，『和歌森太郎著作集』第5巻，弘文堂より）　*185*
図76　大藤時彦（大藤時彦名誉教授頌寿記念会刊『民俗学覚書』筑摩書房事業出版〈制作〉より）　*186*
図77　宮本常一と渋沢敬三（『別冊太陽　宮本常一』〈日本のこころ　148〉平凡社より）　*186*
図78　後藤　淑（昭和女子大学提供）　*187*
図79　宮家　準　*187*
図80　竹田聴洲（『ある民俗学者の軌跡』〈仏教大学アジア宗教文化情報研究所〉より）　*187*
図81　京都大学人文科学研究所で開催された第6回日本人類学会・日本民族学会連合大会（渋沢史料館所蔵，『渋沢敬三著作集』第5巻，平凡社より）　*195*
図82　国立民族学博物館の初代館長，梅棹忠夫（国立民族学博物館梅棹資料室提供）　*197*
図83　国立民族学博物館　*197*
図84　国立歴史民俗博物館の初代館長，井上光貞　*199*
図85　国立歴史民俗博物館　*199*
図86　埋葬地点と石塔の立地関係（『両墓制と他界観』吉川弘文館より）　*203*
図87　近畿地方の埋葬墓地の呼称分布図（作図協力：白砂昭義氏〈ジェイ・マップ〉）

図88　丹塗りの道祖神（秋田県大館市新沢）　*210*
図89　福島県南会津郡の只見川電源開発により湖底に沈んだ田子倉集落（田子倉会提供）　*214*
図90　田子倉での生活風景（田子倉会提供）　*214*
図91　急ピッチで進められたダム建設工事（田子倉会提供）　*215*
図92　昭和37年に竣工した東京北区の赤羽台団地（UR都市機構カスタマーコミュニケーション室提供）　*215*
図93　赤羽台団地の家族（UR都市機構カスタマーコミュニケーション室提供）　*216*
図94　赤羽台団地のダイニング・キッチン（UR都市機構カスタマーコミュニケーション室提供）　*216*
図95　フランスのブルターニュ地方に多く伝えられているパルドン祭り　*220*
図96　サンジャン・ドゥ・ドアのパルドン祭り　*220*

表1　菅江真澄の旅の軌跡　*33-34*
表2　近世知識人たちの風俗習慣への関心　*39*
表3　土俗会と発表テーマ　*45*
表4　官僚としての柳田國男の履歴　*52*
表5　柳田・南方論争　*55*
表6　柳田國男の「神樹論」と折口信夫の「依代論」　*59*
表7　日本民俗学の形成　*62*
表8　まれびとの発見　*71*
表9　ターニングポイントとしての昭和4年　*86*
表10　『民間伝承論』と『郷土生活の研究法』の主な内容　*91*
表11　日本民俗学講習会での講演題目と講師とその年齢　*95*
表12　民間伝承の会の設立までの動き　*97*
表13　民俗学に対する疑問の例示　*145*
表14　民俗学研究所から刊行された民俗誌その他　*150*
表15　九学会共同調査　*153*
表16　戦後民俗学史略年表　*160-161*
表17　戦後の柳田國男　*173*
表18　10年ごとの石塔の建立数の追跡整理　*206*
表19　石塔に記されている人物・墓籍簿から見出せる人物　*207*
表20　5歳以下の乳幼児や子供の死亡者数とその割合　*208*
表21　昭和30年代から昭和40年代にかけての衣食住の変化　*217*

索　　引

あ

会津八一　99
『アチック・マンスリー』　108
アチック・ミューゼアム　102, 103, 107, 187
『アチック・ミューゼアム彙報』　108
『アチック・ミューゼアム・ノート』　108
アナール派歴史学　19
アニミズム　1
網野善彦　180, 182
有賀喜左衛門　65, 67, 74, 76, 87, 100, 101, 105, 121, 170, 181
アルフレッド・ラドクリフ・ブラウン　148
アンティ・アールネ　2

い

池田弥三郎　174
石黒忠篤　54, 100, 103, 111, 156
石田英一郎　4, 88, 89, 95, 96, 104, 125, 156, 170, 177
石橋臥波　51, 55, 58
一国民俗学　125, 126
井上光貞　200
伊能嘉矩　44〜46
井之口章次　172, 177, 183
伊波普猷　98
今井冨士雄　175, 178
今西錦司　125
岩倉市郎　108
岩本通弥　7, 126

う

ヴィクター・ターナー　10
ウイリアム・ジョン・トムズ　1, 38, 47, 55
ウイルヘルム・ハインリッヒ・リール　38
内田武志　32, 104
宇野修平　180
梅棹忠夫　198

え

エスノグラフィー　43
エスノロジー(民族学)　2, 43
エドマンド・ロナルド・リーチ　10
エドワード・サイード　18
エドワード・バーネット・タイラー　1, 171
『絵巻物による日本常民生活絵引』　110
エミーユ・デュルケイム　11
エリック・ホブズボウム　19

お

大藤時彦　24, 88, 89, 95, 121, 151, 176, 182, 185, 186
大間知篤三　88, 93, 98, 151, 152, 156, 176, 188
大矢透　42
岡野弘彦　168
岡正雄　65, 74, 90, 96, 124, 176
岡本太郎　195, 196
「翁の発生」　71
小倉学　122, 132
オリエンタリズム　18
折口信夫　9, 30, 51, 58, 74, 94, 95, 100, 105, 119, 130, 154, 156, 166, 179, 201, 209

か

カールレ・クローン　2
海村調査　94
『海南小記』　63, 73
貝原益軒　25
カオス・コスモス・ノモス論　10
『蝸牛考』　77, 78, 86, 158
幽世論　30
『勝五郎再生記聞』　30
神奈川大学日本常民文化研究所　180
金関丈夫　127
鎌田久子　149, 154, 172, 185, 186
神野善治　210
カルチュラル・アンソロポロジー(文化人類学)　2, 171, 172
カルチュラル・スタディーズ　19
Cultural Traditionology　221
河岡武春　105, 181
川村邦光　132
関東大震災　64

き

紀元2600年記念事業　194, 198
九学会連合　152
「郷土会」　57
郷土会　51, 54
『郷土研究』　31, 51, 55, 58, 61
『郷土生活研究採集手帖』　92
『郷土生活の研究法』　6, 61, 87, 89, 133
漁業制度資料調査保存事業　179
『金枝篇』　2
金田一京助　67, 74, 94, 98, 100, 166, 178

く

倉田一郎　118, 123
グリム兄弟　2
黒板勝美　111, 194, 198
クロード・レヴィ・ストロース　5
黒田俊雄　163, 165

け

ケガレ　10, 12
ケガレ・カミ　212
ケガレ・ハラヘ・カミ　12
削り掛け　40

こ

公職追放　102
郷田(坪井)洋文　10, 172, 177, 183

高度経済成長　20, 189, 212, 213
高度経済成長期　191, 209, 213, 218
國學院大学郷土会　76
国史館　194, 198
『国史と民俗学』　116
国文学研究資料館　181
国民国家（ネイションステイツ）　18, 46
国民精神文化研究所　128, 129
国立学校設置法　196, 201
国立大学共同利用機関　196, 200
国立民族学研究博物館　195, 196
国立民族学博物館　4, 111, 182, 194, 196, 198〜200, 219
国立歴史民俗博物館　4, 196, 199, 200, 213, 219
後藤総一郎　24, 63
御　幣　40, 42
コモンピープル　112, 117
今和次郎　108

さ
サーヴァイヴァルズ　162, 163
祭魚洞文庫　181
桜井德太郎　10
桜田勝德　84, 88, 93, 176, 181
サブカルチャー　19, 20
「山村生活調査第一回報告書」　92
『山村生活の研究』　92
山村調査　92, 94, 113, 145
3・15事件　86, 96
サンマイ　205
山民大殺戮　115
「山立と山臥」　92

し
ジェームス・ジョージ・フレーザー　2, 171
死穢忌避観念　12, 15
『死・葬送・墓制資料集成』　212
七生報国　134
渋沢敬三　20, 74, 96, 100, 101, 103, 105, 111, 156, 179, 187, 190, 194, 198, 201, 209

「斯民」　58
シャルロット・ソフィア・バーン　2
ジャン・ポール・サルトル　5
周圏論　18
重出立証法　7, 135
重要民俗資料　188, 189
十陵五墓の制　16
十陵四墓の制　16
守随一　88
常　民　112, 116, 117
『常民文化研究所ノート』　108
ジョージ・ローレンス・ゴンム　1
觸穢思想　16, 18, 205
『諸国風俗問状』　31
『女性と経験』　149
女性民俗学研究会　149, 151
白鳥庫吉　46, 100, 111, 194
神樹論　60, 63
人種学（Ethnology）　42
「神道私見」　129
新村出　100, 156
人類学 Anthropology　2, 38, 42, 65
『人類学会報告』　40

す
水産庁資料館　181
菅江真澄　32, 35, 210
『豆州内浦漁民史料』　110

せ
西北研究所　125
世界万国博覧会　195
瀬川清子　94, 149, 176
関敬吾　24, 96, 129, 148, 157, 158, 172, 176
関沢まゆみ　14, 213
関根康正　12
『仙境異聞』　30
『全国民俗誌叢書』　151
全国民俗資料緊急調査　189
『先祖の話』　133

そ
『想像の共同体』　18
ソーシャル・アンソロポロジー（社会人類学）　2, 171

ソシオロジー（社会学）　2

た
大政翼賛会　119, 131
高木敏雄　51
高橋文太郎　108, 111
M. ダグラス　11
田中外交と幣原外交　87
『旅と伝説』　77
『玉勝間』　28
単独立証法　135
単墓制　14, 202, 209

ち
治安維持法　131
地域研究法　201, 205
「地方学」　53
千葉德爾　159
地方改良運動　46, 57
中央水産研究所　180
『町人嚢』　27

つ
『創られた伝統』　19
坪井正五郎　38, 40, 46

て
E. デュルケイム　11
転向マルキスト　88
伝承文化学　221
伝承論　19, 209

と
東京教育大学史学方法論教室　185
『東京人類学会雑誌』　42, 43
『東京人類学会報告』　40
道祖神　210, 211
頭屋制度　131
『遠野物語』　19, 52, 63, 94, 133
とこよ（常世）　70
「常世及び『まれびと』」　68
土俗会　44, 45
土俗学（Ethnography）　42, 43
トラディシオン・ポピュレール（民間伝承学）　2
Traditionlogie Culture　221
鳥居龍蔵　44, 46, 100

索　引　255

な

直江広治　184
中道等　84
那珂通博　35
ナチズム　3
なまはげ　70
波平恵美子　10

に

肉食禁忌　18
西川如見　25, 27
西田直二郎　159, 186, 187
日露戦争　46
日清戦争　46
新渡戸稲造　52, 64, 103
『日本歳時記』　25, 26
『日本常民生活資料叢書』　108
日本常民文化研究所　111, 112, 178〜180, 182, 198
『日本庶民生活史料集成』　31
日本民具学会　181
『日本民俗学』　96, 156, 176
日本民族学協会　194, 198
日本民俗学講習会　94
『日本民俗学大系』　176, 177
『日本民俗学入門』　129
日本民俗学会　46, 96, 156, 185, 198
日本民族学会　100, 194, 195
『日本民族学会報』　176

の

荷前使　16
『後狩詞記』　52, 63, 133

は

芳賀矢一　46, 47, 58
萩原龍夫　128, 148, 156, 177, 188
橋浦泰雄　75, 84, 87〜89, 95, 99, 110, 121, 123, 124, 176
橋川文三　132
「柱松考」　59
『花祭』　104
花　祭　104
早川孝太郎　104
ハラメウチ（孕め打ち）　67
ハレ・ケ・ケガレ　10

ひ

ハレとケ　209
伴信友　29

ピーター・ルドウィッグ・バーガー　10
比較研究法　201, 202, 205
「髭籠の話」　59
『日次記事』　79
平田篤胤　29, 30
平山敏治郎　159, 186

ふ

フィンランド民俗学　2
フォークロア　2, 38, 47, 55
フォークロア folklore　1
フォークロリズム　19
フォークロリスムス　4, 19
フォルクス volks　3
フォルクスクンデ volkskunde　2, 3, 38, 47, 48, 55
福田アジオ　7, 182, 184
藤田省三　133
フランツ・ボアズ　148
古島敏雄　163
古野清人　111
ブロニスワフ・カスパル・マリノフスキ　148, 171
文化勲章　152
文化財保護委員会　188, 189, 198
文化財保護法　198
文化庁　189

へ

ベネディクト・アンダーソン　18, 132
変遷論　19, 209

ほ

方言周圏論　7, 16, 77, 78
祝宮静　188
保坂達雄　167
墓籍簿　209
堀一郎　128, 130, 162, 163, 186

ま

牧田茂　159, 183
益田勝実　132

マルチカルチュラリズム（多文化主義）　18, 20
まれびと　69, 74, 209
満州某重大事件　86

み

南方熊楠　54
ミハカ　205
宮座祭祀　14〜16, 20
宮田登　9, 10, 182, 184, 185
宮本勢助　108
宮本馨太郎　111, 112, 181, 188, 194
宮本常一　104, 181, 186
『民間伝承』　61, 96, 99, 118, 121, 122, 145, 157
民間伝承の会　96, 145
『民間伝承論』　6, 61, 87, 89, 133
民　具　108
『民具マンスリー』　181
『民具問答集』　110
民　俗　26
『民俗』　46, 55
『民族』　63, 64, 68, 70, 74, 103
『民俗学』　51, 74, 76, 77, 87, 100
民俗学　46
民族学 Ethnologie　65
民族学院 Institut d'Ethnologie　65
民俗学協会 The Folk-lore Society　1
民族学協会　125
『民族学研究』　100, 111, 194
民俗学研究所　145, 147〜149, 151, 152, 171, 172, 183, 185, 186
『民俗学辞典』　151, 152, 157
民族学博物館　111
民俗学会　74, 100
『民俗芸術』　71, 77
民俗継承体　93
民族研究所（文部省）　111, 124, 125, 194, 196
民俗語彙　147
『民俗採訪』　184
民俗資料の三部分類　90
『民俗台湾』　122, 127
民俗品　108

民俗文化財　189

む

無形民俗資料　189
無形民俗文化財　190
「聟入考」　82, 86, 121
無石塔墓制　202
村上清文　108

め

メアリー・ダグラス　10
『明治大正史世相篇』　20, 83, 84, 86, 88, 212
明治百年記念事業　195, 198, 199

も

最上孝敬　14, 175, 176
木曜会　92
本居宣長　28
文部省史料館　181

や

ヤイカガシ　43
屋代弘賢　30, 31
柳田國男　1, 9, 24, 51, 156, 162, 179, 186, 190, 201, 209
『柳田國男伝』　24, 52, 63
柳田文庫　185, 186
山口麻太郎　93
山田孝雄　130
山中笑　40

ゆ

有形民俗文化財　190
『雪国の春』　63, 73

よ

吉田三郎　112
淀川盛品　35
嫁叩き　67
よりしろ(依り代・依代)　58, 74, 209
依代論　60
4・16事件　86

り

E. リーチ　11
『離島生活の研究』　151
離島生活の調査　151
竜門社　180
両墓制　12, 14, 16, 20, 202, 205, 209

る

ルーラルエコノミー　57
ルリオグラフィー　57
ルリオロジー　57

れ

霊肉別留観念　15
レジオナリズム(劃地調査法)　97

ろ

ロバート・ラヌルフ・マレット　2

わ

和歌森太郎　7, 9, 24, 128, 130, 148, 157, 172, 175, 177, 184
『和名抄』　79

著者略歴
1948年　広島県生まれ
1977年　早稲田大学大学院文学研究科史学専攻博士後期課程単位取得
現在　国立歴史民俗博物館名誉教授，国立総合研究大学院大学名誉教授，元國學院大學大学院および文学部教授，社会学博士(慶應義塾大学)

〔主要編著書〕
日本民俗大辞典　上・下(共編)　民俗小事典　死と葬送(共編)　生と死の民俗史　両墓制と他界観　日本人の葬儀　死と人生の民俗学　ケガレからカミへ　神々の原像―祭祀の小宇宙―　柳田民俗学の継承と発展―その視点と方法―　日本人の春夏秋冬 季節の行事と祝いごと　お葬式―死と慰霊の日本史―　伊勢神宮と出雲大社―「日本」と「天皇」の誕生―

民俗学とは何か　柳田・折口・渋沢に学び直す

2011年(平成23)5月20日　第1刷発行
2020年(令和 2)4月 1 日　第3刷発行

著　者　新(しん)谷(たに)尚(たか)紀(のり)

発行者　吉　川　道　郎

発行所　株式会社　吉川弘文館
〒113-0033　東京都文京区本郷7丁目2番8号
電話　03-3813-9151〈代〉
振替口座　00100-5-244
http://www.yoshikawa-k.co.jp/

印刷＝株式会社　三秀舎
製本＝ナショナル製本協同組合
装幀＝古川文夫

© Takanori Shintani 2011. Printed in Japan
ISBN978-4-642-08053-8

JCOPY 〈出版者著作権管理機構　委託出版物〉
本書の無断複写は著作権法上での例外を除き禁じられています．複写される場合は，そのつど事前に，出版者著作権管理機構(電話 03-5244-5088，FAX 03-5244-5089, e-mail : info@jcopy.or.jp)の許諾を得てください．

新谷尚紀著

お葬式
―死と慰霊の日本史―

誰にでもやがて訪れる死。日本人はいかに死者を葬ってきたのか。葬式・墓・慰霊をキーワードに、各地の多様な習俗、弔い方や、死生観をたどる。死の歴史を見つめ直し、死への向きあい方をやさしく語る、葬式の日本史。

四六判・272頁／1500円

葬式は誰がするのか
―葬儀の変遷史―

高齢社会を迎え、死と葬送への関心が高まっている。葬法の歴史を追跡し、各地の葬送事例から、葬儀とその担い手（隣近所と家族親族）の変遷を民俗学の視点から解き明かす。葬祭ホールなど、現代の葬送事情も紹介する。

Ａ５判・206頁／3500円

神々の原像
―祭祀の小宇宙―

日本における神とは何か。この難問に民俗学の立場から迫る。各地の神社や寺院の儀式と祭り、歴史と伝承などを通して、日本の神観念の淵源を探り、神がケガレの吸引浄化装置として生まれる仕組みを具体的に検証する。

（歴史文化ライブラリー・オンデマンド版）

四六判・208頁／2300円

吉川弘文館　　　　　　　　　　　（価格は税別）

民俗小事典 死と葬送

新谷尚紀・関沢まゆみ編
四六判・438頁／3200円

伝統的な葬送儀礼が大きく揺らぐ現在、死に対する日本人の考えはどう変化してきたのか。死・葬送・墓・供養・霊魂をキーワードに解説する。尊厳死や無宗教葬などの現代的関心にも触れた、死について考えるための読む事典。

精選 日本民俗辞典

福田アジオ・新谷尚紀・湯川洋司編
神田より子・中込睦子・渡邊欣雄
菊判・704頁／6000円

民俗学の基本用語700余を精選し、最新の成果をふまえてわかりやすく解説する。社会のあり方から日常生活まで幅広い項目を収め、日本の「いま」を読み解く学問としての民俗学を一冊にまとめた、初学者にも最適な辞典。

日本民俗大辞典

上・下（全2冊）
福田アジオ・新谷尚紀・湯川洋司編
神田より子・中込睦子・渡邊欣雄
四六倍判・平均1080頁／各20000円

総項目6300、沖縄・アイヌなども視野に入れた、従来の日本民俗学の枠組みを超える質量ともに最大・最高水準の民俗大百科。柳田國男以来の民俗学の蓄積を生かしつつ人文社会科学の成果も取り入れ、民俗文化の全容を解明。

吉川弘文館　　　　　　　　　（価格は税別）